ARCHILOCHOS

Griechisch und Deutsch

herausgegeben von **Max Treu**

H E I M E R A N V E R L A G

Auf dem Umschlag: Adler des Zeus nach einer schwarz-
figurigen Vase, vermutlich Caere

2. verbesserte Auflage 1979
© Heimeran Verlag, München 1959
Alle Rechte vorbehalten, einschließlich
die der fotomechanischen Wiedergabe
Druck und Bindung: Sellier Druck GmbH, Freising
Archiv 278 ISBN 3 7765 2189 9

Das neueste Archilochos-Fragment, 1974 aus Mumienkartonage in Köln wiedergewonnen und seither oft behandelt, erspart dem Interpreten trotz des relativ guten Erhaltungszustandes keineswegs ungeahnte Schwierigkeiten (vgl. M. Treu, Archilochos und die Schwestern. — In: Rhein. Mus. 119, 1976, 97ff.). Wagen wir es, im Text, der Früheres und Späteres enthält, nach der Wiederkehr der Motive Ausschau zu halten, so werden wir zu einigen poetisch relevanten Zügen geführt — oder können deren Fehlen konstatieren. So fehlt in dieser Epode ein Abschluß, woraus sich eine Folgerung allgemeiner Art für den Anfang ergibt. Da ist eine weibliche Person Gesprächspartnerin des Dichters, von ihm als Tochter der Amphimedó apostrophiert und — in einem Blumenbeet — zu einem Petting mißbraucht. Diese Szene impliziert Ortswechsel. Ich finde einen solchen angekündigt in v. 16 „ich werde im Garten vor Anker gehen" — die unepische Art sei zugegeben. Die Sprecherin als „ältere Frau", evtl. Bordellmutter oder dgl., zu diagnostizieren, halte ich für poetisch unmöglich. Alle Mahnungen etc. wären dann an eine Person gerichtet, die faktisch und bis ans Ende davon nicht berührt wird.

πάμπαν ἀνασχόμενος. ἴσον δὲ τολμ[‿ __ ‿ ≃
εἰ δ' ὧν ἐπείγεαι καί σε θυμὸς ἰθύει[,

  ἔστιν ἐν ἡμετέρου ἢ νῦν μέγ' ἱμείρε[ι ‿ ≃
καλὴ τέρεινα παρθένος. δοκέω δέ μι[ν
εἶδος ἄμωμον ἔχειν. τὴν δὴ σὺ ποίη[σαι φίλην   5
τοσαῦτ' ἐφώνει. τὴν δ' ἐγὼ ἀνταμει[βόμην.

  'Αμφιμεδοῦς θύγατερ, ἐσθλῆς τε καὶ [‿ __ ‿ ≃
γυναικός, ἣν νῦν γῆ κατ' εὐρώεσσ' ἔ[χει,
  τ]έρψιές εἰσι θεῆς πολλαὶ νέοισιν ἀνδ[ράσιν
παρὲξ τὸ θεῖον χρῆμα. τῶν τις ἀρκέσε[ι.   10
  τ]αῦτα δ' ἐφ' ἡσυχίης εὖτ' ἂν μελανθῆ[__ ‿ ≃
ἐ]γώ τε καὶ σὺ σὺν θεῶι βουλεύσομεν.

  π]είσομαι ὥς με κέλεαι. πολλόν μ' ἐ[__ ≃ __ ‿ ≃
θρ]ιγκοῦ δ' ἔνερθε καὶ πυλέων ὑποφ[‿ ≃
  μ]ή τι μέγαιρε φίλη. σχήσω γὰρ ἐς ποιη[φόρους   15
κ]ήπους. τὸ δὴ νῦν γνῶθι. Νεοβούλη[ν ‿ ≃
  ἄ]λλος ἀνὴρ ἐχέτω. αἰαῖ πέπειρα δ. [__ ‿ ≃
ἄν]θος δ' ἀπερρύηκε παρθενήιον
  κ]αὶ χάρις ἣ πρὶν ἐπῆν. κόρον γὰρ οὐ κ[‿ __ ‿ ≃
ἥβ]ης δὲ μέτρ' ἔφηνε μαινόλι[ι]ς γυνή.   20

ἐς] κόρακας. ἄπεχε. μὴ τοῦτο εφ.ιταν[__ ‿ ≃

δ]πως ἐγὼ γυναῖκα τ[ο]ιαύτην ἔχων
  γεί]τοσι χάρμ' ἔσομαι. πολλὸν σὲ βούλο[μαι ‿ ≃
σὺ] μὲν γὰρ οὔτ' ἄπιστος οὔτε διπλόη,

ἡ δ]ὲ μάλ' ὀξυτέρη. πολλοὺς δὲ ποιεῖτα[ι φίλους   25
δέ]δοιχ' ὅπως μὴ τυφλὰ κἀλιτήμερα
  σπ]ουδῆι ἐπειγομένο⟨ι⟩ς τὼς ὥσπερ ἡ κ[ύων τέκηι.
τοσ]αῦτ' ἐφώνεον. παρθένον δ' ἐν ἄνθε[σιν
  τηλ]εθάεσσι λαβὼν ἔκλινα. μαλθακῆι δ[έ μιν
χλαί]νηι καλύψας, αὐχέν' ἀγκάλη⟨ι⟩σ' ἔχω[ν,   30
  __]ματι παυ[σ]αμένην τὼς ὥστε νέβρ[‿ __ ‿ ≃
μαζ]ῶν τε χερσὶν ἠπίως ἐφηψάμην
  __ ‿]. ἔφηνε νέον ἥβης ἐπήλυσιν χρόα
≃ __]ε σῶμα καλὸν ἀμφαφώμενος
  __]ὸν ἀφῆκα μένος ξανθῆς ἐπιψαύ[ων τριχός.   35
                                        (Liedschluß)

Meide sie völlig; ich kam zu dem gleichen Schluß.
Ist's aber dringend, steht der Sinn darauf zuerst,
bei uns zuhause lebt, der Sehnsucht wohlgeneigt,
ein Mädchen, schön und schlank; es scheint mir, die Gestalt
ist ohne Tadel; nimm zu deiner Liebsten sie!"
So sprach sie. Ich erwiderte darauf:
„Tochter der Amphimedó, der klugen und vieledlen Frau,
die nun schon längst in kühler Erde ruht,
Es gibt noch vieles, was das junge Blut ergötzt,
Auch außer dem, was göttlich ist. Sei dies genug!
Davon in aller Ruhe, wenn es dunkel wird,
Beraten wollen ich und du mit Gott.
Da will ich, was du nahelegst, befolgen gern
Wir bleiben innerhalb von Mauerkranz und Dachgebälk
Verarg' mir's nicht: Zum Garten will ich gehn,
wo frisch der Rasen grünt, und dieses merk dir gut:
Ein andrer Mann mag Neobule frein. O weh!
Sie wurde feist; des Mädchens Blüte ging dahin
Der frische Reiz ist fort, der Übermut nur blieb.
Der Jugend Grenzen zeigt ein rasend Weib.
Zum Kuckuck! Weg mit ihr! Nicht dazu kam ich her,
ein solches Weib zu holen mir. Ich würde doch
den Nachbarn zum Gespött. Ich nehme lieber dich:
Du bist nicht treulos, nicht voll Wankelmut.
Sie aber ist recht kühn. Viel Freunde holt sie sich.
Ich fürchte, daß sie blinde Frühgeburten wirft
bei solchem Ansturm. Nun, die Hündin tut das auch."
So sprach ich. Darauf bog ich auf ein Blumenbeet,
das Mädchen nieder. Und legt ihr weich
den Mantel um, und hielt in meinem Arm den Kopf.
Sie hörte auf zu zittern wie ein kleines Reh.
Ich streichelte ganz sanft die junge Brust —
Der Jugendblüte Anflug zeigte ihre Haut —
Betastend ihren schönen Körper rührte ich
ans Haar. Solch Streicheln brachte mich um meine Kraft.

Ὁμή[ρου]

τεῖχος δ᾽ οὐ χραίσμη[σε τετυγμένον οὐδέ τι τάφρος]

Ἀρχι[λόχου]

χραίσμησε δ᾽ οὔτε π[ύργος οὔτε _∪≥]

Ὁμήρου   5

ὥς π[οτ]έ τις ἐρέει[· τότε μοι χάνοι εὐρεῖα χθών]

Ἀρχιλόχου

[.......(.)]· ἐμοὶ τόθ᾽ ἤδη γῇ χα[_∪≥]

Ὁμήρου

[μή τι σύ γ᾽] ἀθανάτοισι θεο[ῖς ἀντικρὺ μάχεσθαι]   10

Ἀρχιλόχου

κοὐδεὶς δ᾽ ἔπειτα σὺν θεοῖ[σ(ι) _∪≥]

Ὁμήρου

[...........]..π.[..]πιχ[

P. Hibeh II (1955) nr. 173 (anon.). — v. 2 = Hom. Il. 14, 66. —
v. 6 = Hom. Il. 4, 182. — v. 10 = Hom. Il. 5, 130

].[ ].[ ].[ ].....[.]...

]ηρας ἔλπομαι γὰρ ἔλπομαι

Homer (Ilias 14, 66):

Und die errichtete Mauer so gut wie der Graben nichts nützte

Archilochos:

Da nützte weder Turm (noch Graben viel)

Homer (Ilias 4, 182):

Mancher spräche wohl so. Dann soll mir die Erde sich öffnen!

Archilochos:

⌣ _ mir soll die Erde dann (sich öffnend weit)

Homer (Ilias 5, 130):

Nicht mit unsterblichen Göttern darfst je du dich messen im
Kampfe

Archilochos:

Und dann: noch keiner mit den Göttern (_ ⌣ ⌣)

Homer:

. . . .

(Vergleich von Homer-Versen mit Trimetern des Archilochos)

. . . .

denn ich seh, ich seh's voraus

ἀ]νολβῶν ἀμφαΰτήσει στρατός

].ντες...ον Ἀρκάδος σ' ὄνον

].πολλ..ελγονται νέοι   5

].α· διὰ πόλιν κουροτρόφος

]τα.........ισ.ται

].........αιχαγεαι

]το.. σι..ο.λο.ι..γας

]ν· τέωι προσερχεται[.].δε   10

]ως⁺Ἀφροδίτηι⁺⟨·⟩φίλος

]χωνα τ' ὄλβιος

]ερον[

(I) P. Ox. XXII (1954) nr. 2314 col. I et (II) nr. 2313
fr. 27, quod fragmentum partem eiusdem carminis continere
agnovit M. Derbisopoulou

        . . . .

                  ]ν[

          ......γε.[

          ..εργμα[5

          ..αρ ευσεβεω [

          ρ.μειβομ[

γύνα[ι], φάτιν μὲν τὴν πρὸς ἀνθρώπω[ν

μὴ τετραμήνηις μηδέν· ἀμφὶ δ' εὖ.[

ἐμοὶ μελήσει· [θ]υμὸν ἵλ[α]ον τίθευ.   10

ἐς τοῦτο δή τοι τῆς ἀνολβείης δοκ[έω]

. . . *von Unglücklichen*
      eine Schar wird lauthals schreien
. . *(spotte)nd sie dich nannten*
      „Esel des Arkadiers"
. . . . *(was) die jungen*
      Leute oftmals sehr entzückt
. . . .
      durch die Stadt, der Jugend freund,
. . . .
      . . . .
. . . .
      . . . .
. . . .
      . . . .
. . . . ;
      Wem steht derlei wohl bevor?
. . . .
      als ein Aphroditefreund
. . . .
      . . . . *glücklich ist*

                    . . . *die Tat"*
(und vor der Leute Tadel lebt) in mir die Scheu".
. . . . . . *da sprach ich (so zu ihr):*
„O Herrin, vor der Leute übler Rede brauchst
du keine Furcht zu haben: meine Sorge bleibt
(Glück und Gelingen): ruhig sei darum dein Sinn!
Meinst du, so elend wär' ich, so zu gar nichts nutz

ἥκειν; ἀνήρ τοι δειλὸς ἄρ᾽ ἐφαινόμην
[οὐ]δ᾽ οἷός εἰμ᾽ ἐγῳ[.]υτὸς οὐδ᾽ οἵων ἄπο.
[ἐπ]ίσταμαί τοι τὸν φιλ[έο]ν[τα] μὲν φ[ι]λέειν,
[τὸ]ν ἐχθρὸν ἐχθαίρειν τε [κα]ὶ κακο[στομέειν], 15
[μύ]ρμηξ — λόγω..υν τ[ῶιδ᾽ ἀλη]θείη πάρ[α].
[πό]λιν δὲ ταύτη[ν..].[....ἐ]πιστρε[φεα]ι̣[
[..].οι ποτ᾽ ἄνδρες ἐξε[.....]σαν, σὺ δ̣[ὲ]
[τὴ]ν ειλες αἰχμῆι κα̣[ὶ μέγ᾽ ἐ]ξηρα[ς κλ]εος
κείνης ἄνασσε κα̣ὶ τ[υραν]νίην ἔχε.   20
π[ολλοῖ]σ[ι δ]ὴ [ζ]ηλωτὸς ἀ[νθρ]ώπων ἔσεαι
            ]νηι σὺν σ[μ]ικρῆι μέγαν
            ]ας ἦλθες ἐκ Γορτυνίης
]..ο....π.εστ̣α̣θη[.]
            ].αι τόδ᾽ ἁρπαλ[ί]ζομ[αι]   25
            ].γυης ἀφικ[
            ].μοισινε.[.......].ς
            ]χεῖρα καὶ π[..]εστ̣[α]θη[.]
]ο̣υσας φ̣[ο]ρτίων δέ μοι με[.]..
            ].ος ειτ᾽ ἀπώλετο   30
            ]νε̣.α μηχανή
]λ.ς οὔτιν᾽ εὑροίμην ἐγώ
].κῦμ᾽ ἁλὸς κατέκλυσεν
].ν χερσὶν αἰχμητέων ὕπο
ἥ]βην ἀγλ[α]ὴν ἀπ[ώ]λεσ[α]ς   35
]θει̣ καί σε θε[ὸς ἐρ]ρύσατο
].[.]. κἀμὲ μουνωθέντ᾽ ἴδῃ⟨ι⟩ς
]ν ἐν ζόφωι δὲ κείμενο⟨ς⟩
]ἐ[ς] φά[ος κ]ατεστάθην.

(explicit)

P. Ox. XXII (1954) nr. 2310 fr. 1 (a) col. I, 1—39

....[.]...ε.[..].υπαντῳ.[
.].νος· .δ[...]οιμε⟨ι⟩....[
....] ἐπικροτεῳδ[

geworden? Einem Feigling achtest du mich gleich,
verkennst mich selbst und meiner Ahnen wahre Art!
Ich weiß sehr wohl zu lieben den, der liebt, und weiß
den Feind zu hassen und ihm Schlimmes (anzutun):
so heißt es von der Ameise, — der Spruch ist wahr.
Die Stadt hier, die du jetzt durchschreitest, war dereinst
von (fremden) Männern schon (? bis auf den Grund zerstört):
du nahmst sie ein im Speerkampf, schufst dir großen Ruhm,
dein ist jetzt hier die Herrschaft, Herrscherin sei du!
Beneidenswert vor vielen wird dein Schicksal sein,
die du mit kleinem Schiff (die) große (Fahrt gewagt)
(und hierher) kamst (aus Kreta und) vom (Strand) Gortyns
. . . . wurd(est du?) gestellt
und gern . . ergreif ich (die Gelegenheit)
. . . . kam
. . . .
(da du) die Hand (mir) reichst) und (mir) zur Seite steh(st)
. . . . . (für) die Ladung (sorge?) ich
. . . . dann zugrunde ging
. . . . Hilfe ist
(Sonst) fänd' ich heute niemand, (keinen einz'gen Freund):
in Meereswogen fanden (viele schon) ihr Grab,
im Speer- und Schwertkampf (traf die anderen der Tod).
(Es war ja auch dein) junges Leben in Gefahr:
ein Gott hat dich errettet, daß du . . .
und daß du mich, den so Vereinsamten, hier siehst.
(Allein, verzweifelnd) lag im Dunkel ich, doch jetzt
(hast du mich aufgerichtet und) ich leb im Licht."

(Liedschluß)

. . . . .
. . . . .
..(meine Zähne) schlagen aufeinander

. .]εβαμβάλυζε· πο.[
καὶ τὸ μὲν φυγεῖν ὅταν δὴ[5
ἀνδράσιν κείνοις χολωθεί[ς
δυσμενέων κομῆτα παιδ[
οὔ σε τοῦτ᾽ ἤισχυνεν οὐδὲν[
ὡς ἀπ᾽ εὐεργέα τινάξας ἐτρ[
καὶ γὰρ ⁺αλκιμωτερουος⁺ εὖ κατα[10

τοῦτ᾽ ἐπηβόλη[σ]ε· θεοὺς γὰρ οὐκ ἔνι.[

ἀλλ᾽ ὅτεύνεκεν προπάντων εκ[
ἦλθες ἐκπλ[εύσα]ς ἐφ᾽ ὑγρὰ κύματ[᾽ εὐρείης ἁλός

ἀδρυφής· ο.[...].σ.[......]εκλεϊ[
ἀλλαπαρθε[   ]δεμ.[15
.[..π]όλιν.[   ]ναγν[
....]ι· πολ.[
....]...· π[

P. Ox. XXII (1954) nr. 2317 (anon. tetram.)

καὶ ὁ μέν γε κατ᾽ ἰσχὺν προφέρων, εἰ καὶ ἑνὸς εἴη 144 Bgk.
κρείττων, ὑπὸ δυοῖν γ᾽ ἂν αὐτὸν κατείργεσθαί φησι καὶ
Ἀρχίλοχος καὶ ἡ παροιμία.

Ael. Aristides II 137 (Dindorf)

ἡ μὲν παροιμία φησίν· οὐδὲ Ἡρακλῆς πρὸς δύο·
τὸ δὲ Ἀρχιλόχου ῥητὸν οἷον μέν ἐστιν, οὐκ ἴσμεν, ἴσως δ᾽
ἂν εἴη τοιοῦτον.

Schol. ad l.

..e, schlottere!, ...
Daß man geflohen ist, wenn wirklich ...
über jene Männer empört ...
der Feinde ..., du Langhaar, ...
Das hat dir keinerlei Schande gebracht ...
daß, als du den wohlgefertigten (Schild?)
    von dir geschleudert hattest, du (zur Flucht)
    dich wandtest,
denn auch einem Stärkeren (? ...) gut ..
ist das (d.h. die Flucht) widerfahren: denn die Götter nicht
    (besiegte? je ein Mensch).
Sondern daß du von allen aus ...
heimkehrtest von der Fahrt über die feuchten
    Wogen (des weiten Meeres)
unbeschädigt;
aber ...
... die Stadt
. . . . .
. . . . .

Und daß einer, der sich durch Körperkraft auszeichnet, wenn er auch einem Gegner überlegen wäre, von zweien doch zurückgedrängt würde, das sagt sowohl Archilochos wie das Sprichwort.

Das Sprichwort lautet: nicht einmal Herakles kann gegen zwei aufkommen. Wie der Ausspruch des Archilochos lautet, wissen wir nicht, doch könnte er so ähnlich möglicherweise lauten.

]˘σα[
]μη[
]μφα[
].δερει.[
σ]υμβαλόντε[ς.].[5
].ν ξεινίων φειδοῖατ̣[ο]
]ων ἄθροοι γενοίμεθ[α]
]σης τεύχεσιν πεφρ[
]σφας ἀμφικουρίη λαβ[

P. Ox. XXII (1954) nr. 2313 fr. 13 (tetram.)

. . . .

].ασπιδ[
]ῗσην την[
]ρ̣[..]χθεις ἔργον[
]δ' ἐστιν οὐδ' εἰς τεκμ[
]ς ἔντος δηΐοισ' ἐμ[5
]ν ἀκόντων δοῦπον οὐ[
]ευ[.]ονα[.]ειτῆνδεκα.[
]βων ῥήματ' οὐκε.[
]χἀρ[ο]υδεν ειδος[

P. Ox. XXII (1954) nr. 2313 fr. 5 (tetram.)

. . . .

]αἰσχύνε̣τα̣[ι
]ον ἔρξειας κακ[
]δ' ἀμείβεται·
]αι τί τοι μέλω
]ἀνειρωτᾷς ὁδούς·

P. Ox. XXII (1954) nr. 2318 fr. 1 (anon. trim.?)

. . .
. . .
. . .
. . .
wenn (wir mit den Feinden) zusammenstoßen ...
möge (niemand mit schmerzhaften) Gastgeschenken sparen
        ... vollzählig wollen wir da sein
        ... mit den Rüstungen (gewappnet)
(die Feinde) möge die Umzingelung ergreifen

    .. Schild ..
    ... welche(n) ...
  .. nachdem er ... das Werk ..
aber ... ist keiner(:)Ziel (?) ...
den Schild gegen die Feinde stemmen ...
der Wurfspeere Geräusch nicht ...
....
(wechsel)nd er die Worte nicht ...
denn keine Art ...

    ... schämt (er) sich
du könntest furchtbar Schlimmes tun
    ... antwortet er:
und was kümmert dich meine Person
(und warum) fragst du (mich) nach den Wegen aus?

Fr. 4 (a)

. . . . .
]μεν ἡλι[
]δεμενδυ[
]δεγωγεραιτ[
] . ν . [.] . εδεξαμην[
]αυχένα· ἠδ . εδαζ[5
] . δεδηπ[.] . ησεται·
]αλλοτ᾽ ὦκαχ[. . . . .] . — [
] . βα· μηδεμ[ ]τουν[Fr. 4 (b)
]ειε· λωβη . [ ]ν̅πυθ[

Fr. 1	Fr. 2		
. .	. . .	Fr. 3	]κακ[.] . φαι[10
]δῆμα[	]εινζ[	. .	] . λυρηνπ[
]ξεις· αν[	]κου[.]ἐ[	] . [	]οϛεστι φιλ[τ-
]ωιννε . [	. . .	]νυ . . [	]θα· τηνδ[
] . νοαιφε . [		]σεχθο . [	ο]υσεβουλο[
]νοισιτερ[5		]νυν . [	]δεπαρθε̣[15
] . ιῶνδ᾽ερε . [			]χεκαιμ[
]δανσ . [			] . μοσω . [
]νελα̣[			]χ . ξ[
. . .			. . .

P. Ox. XXII (1954) nr. 2312 fr. 1—4 (trim.)

+ἄιδων+ ὑπ᾽ αὐλητῆρος   123 Bgk.

(I) Schol. Hom. Il. 18, 492 (II) Schol. Ar. av. 1426

Fr. 5(a)

].αφϱοςα.[

].ταιπασα· φ.[

].γϱιουσκι[

]ασαμαιν[

]κεωσαγ.[s

]υνονη[

].αδεω.ατ.[

].ανταδηέιδ[

]ϱαφεισα· τ.[

· · ·

Fr. 5(b)

· · ·   Fr. 5(c)

]σπο[· ·

]θαπ[   ]λα[.].φ[

]με.[   ]μαχλ[

]..[   ].πατ[

· ·   ]μοιπ[

]ειλ[

· ·

Fr. 8

· ·

]μεν·

].ιος

].[

Fr. 6(a)   Fr. 7   ]αμαι

· · ·   · ·   ]ς   s

].ινε..[   ]θυμι.[

]διατελε[   ]πϱοσω[   ]ε

].εδηϊων[   ]...[· ·

].καποτϱ[· ·

Fϱ. 6(b)   τ]εχνηνπασ.[

]ϱφϱύκ[ ]..[

]νεμιεωυτο[

]υπαυλητη[ϱος ?   Fr. 8 A

· ·

].σουτ[

]έλη[

· ·

P. Ox. XXII (1954) nr. 2312 fr. 5—8 (trim.)

        ]π[έρ]χετα[ι
         σχ]έθων
     ]αχ[αι]ρίης
     ]ν ὤξυνας σάθης
     ]ην ἐγὼ δίκην   5
     ]οσεστάθης
     ].οισιν ἤρκεσας·
     ].ε.εσ ἀρκέσειν
      ].ἐλάγχανες
      ].ματι·   10
     ]θενειαδη[ ]
     ]αλλυνας πόλιν[¿
     ]α γὰρ φρονέεις[
        ].ἴζο[
       ]ο .[15
       . . . . .

P. Ox. XXII (1954) nr. 2319 fr. 4 (anon.)

     (a)

       . . .   . . .
   ]. . .α.   ]χενασχεθω[ν
    ].επεις·   εσκε]υασμενο.[
   ]νϊμβριου   κ]αρτερονκε[
   ]ασκεθοι   ]στ[.]. .[ ]ον
   ]μενου   5   ]τευμενος   5
    ]οςως   ]ενηνεχων
    ]χα   ].αρμονέων· [
    ].   ]ετο·
   ]χρεω   ]δομους·[
   ]εοςπεσ[10   . . .
   ].ελπομα[ι
      ]χρεωμ.[P. Ox. XXII (1954) nr. 2313 fr. 6
      ].ουςἔπεις   (tetram.)
      ].ονεειν·

]ροισεχων 15
]ζετο
]....[..]·

(b)

· ·
]οιο.[
]σομαι
]θιφ.ονεει[
Ⳇ]ποτε
]ωπαθειν:[5
· ·

P. Ox. XXII 1954) nr. 2313 fr. 8
(tetram.)

]...άτη[
]αδηδέιλα.[
]χεδειλουσί.[
]καιζηλωτα.[
]θυμωικʼὸυδ ⟋[5

P. Ox. XXII (1954) nr. 2318 fr. 8
(anon. trim.?)

· · ·
]αλλη[
]νμιμν[
]εναιδοιων[
]ω· κεινου[
]ν· ενζοοῖσιδ[5
]ενκακην.[
]ηςαλκηςλ[
]κεινονπ[
]μενοιδ.[
· · ·

P. Ox. XXII (1954) nr. 2313 fr.12
(tetram.)

]..[
α]ιθρίην
]ναι·
]αιτιον
]ʹειςγάρεις 5
]ωνιδη·
].μ.ε[ ]εαι
]ιτοιουτον.[
]νέωνῆ[ ]πὲριπτα[..]νκακωι
]εσσ[ ]ος·
· · · ·

P. Ox. XXII (1954) nr. 2318 fr. 5 (anon. trim.?)

. . .

```
].. .[ ].. .[
δα...μενη[
μα..εκ.ω[
εξησ[.]..[
τροφοςκ...[        5
καιστηθος[
ωΓλαυκ[
α.[.].σσ.[
ισ.[
π..[              10
ομο.[
λα....[
λα...[
τινε.[
ερχ[..]θ[         15
τη.[
προ.[
εβουλομην[
..αγγελου[
ψιησιν[           20
φοιταν· επ[
πασαι.ε.[
ερδειν· ατ[
φαιν[.].ιν[
```

. . .

```
]ην[
].[
]εται
]δέμε
]ύξεαι·           5
].φερειν
]ωτέρω·
]ιῶνύπο
].να[.]ον
]ιζεα[.]          10
]νημένος
]εξε.υκομα[.]
χ]αρινδεσε..[/.].[
]νειχαρ[.]ς
]..[.]δου         15
```

P. Ox. XXII (1954) nr. 2310 fr. 2
(trim.)

(a)   (b)

. . . . . .

. . . . . .

```
]η[[δ]]αρ..[].ιαδεω    2
].ευ.[    ].νοςκα...
```

*

ΕΛΕΓΕΙΑ

εἰμὶ δ᾽ ἐγὼ θεράπων μὲν Ἐνναλίοιο ἄνακτος   1 D.
καὶ Μουσέων ἐρατὸν δῶρον ἐπιστάμενος.

(I) Athen. XIV 627 c (III 384 Kaibel); (II) Plut. Phoc. 7, 6;
Themist. or. 15 p. 185 b

ακάτι̣α̣· χαιβ[25
(χαιπο̣λλο̣ςελ[
πολλωνάϊ[
]ϋ . . ονπυ . [
] . [.] . . παπ̣[
. εσθεδ[35
πρόσε[
εγωμ[

P. Ox. XXII (1954) nr. 2311 fr. 1(a)
(trim.?)

.] . . τ[   ]ηςγαρεις·
ανθ]ρωπωνετι   5
] . αν . ίδη
]ειδοπηιδυνεα[ι
]θαυμαστόςεις

P. Ox. XXII (1954) nr. 2310 fr. 4
(trim.)

col. II

. . .

] . . χφυ[
]   [
] Κάρ   [col. III
          [
]νηλείτης   ἀναμάρτητος[. . .
]τοὺς ἀπεσκολυμμένους   ε . [
τοὺς κεκακουχημένους   ἐμπαλλαγ̣[. . . . τε-]
συκοτραπέζωι[ ]μὴ ἔχον-   ταραγμεν[
τι [ἄ]ρτον ἀλλὰ δι' ἔνδειαν̣   μυσ[ ] η . . [
⟨σῦκα τρώγοντι⟩

P. Ox. XXII (1954) nr. 2328 (anon. Lexicon)

*

ELEGIEN

Ich bin Gefolgsmann des Ares,
        des strengen Gebieters im Kriege,
und der Musen Geschenk
        ist mir, das holde, vertraut.

ἐν δορὶ μέν μοι μᾶζα μεμαγμένη, ἐν δορὶ δ' οἶνος   2 D.
    Ἰσμαρικός, πίνω δ' ἐν δορὶ κεκλίμενος

(I) Athen. I 30f (I, 71 Kaibel); (II) Synes. epist. 129b
(130 Hercher); cf. Suid. s. v. ὑπνομαχῶ

οὔ τοι πόλλ' ἐπὶ τόξα τανύσσεται οὐδὲ θαμειαί   3 D.
    σφενδόναι, εὖτ' ἂν δὴ μῶλον Ἄρης συνάγηι
ἐν πεδίωι· ξιφέων δὲ πολύστονον ἔσσεται ἔργον·
    ταύτης γὰρ κεῖνοι δαίμονές εἰσι μάχης
δεσπόται Εὐβοίης δουρικλυτοί....

Plut. Thes. 5, 3

ξείνια δυσμενέσιν λυγρὰ χαριζόμενοι   4 D.

(I) Schol. Soph. El. 95; (II) Suid. s. v. ξένια et ἐξένισεν

[·]φ·[5 a D.
φρα[
    ξεινοι[
δεῖπνον δορ[
    οὔτ' ἐμοὶ ὡς αι[5
ἀλλ' ἄγε σὺν κώ[θωνι θοῆς διὰ σέλματα νηός]
    φοίτα καὶ κοίλω[ν πώματ' ἄφελκε κάδων]
ἄγρει δ' οἶνον [ἐρυθρὸν ἀπὸ τρυγός· οὐδὲ γὰρ ἡμεῖς]
    νήφε[ι]ν ἐν [φυλακῆι τῆιδε δυνησόμεθα]

(I) P. Ox. VI (1908), nr. 854; (II) v. 6—9: Athen. XI 483 d
(III 64 Kaibel)

. . . . διὲξ σωλῆνος ἐς ἄγγος   5 b D.

(I) Schol. A Hom. Il. 9, 7; (II) EM 324, 16

Hier der Speer gibt mir Brot,
            und den Wein von Ismaros gibt mir
hier mein Speer, und ich trink',
            auf meinen Speer hier gelehnt.

Nicht werden zahlreiche Bogen gespannt,
            nicht sausen die Schleudern,
wenn dort Ares im Kampf
            feindliche Streiter vereint
in der Ebene: nein,
            die Schwerter werden ihr Werk tun:
dies ist der Kampf, den sie,
            durch ihre Lanzen berühmt,
meistern, die Herren Euboias . . . .

Gastgeschenke dem Feind,
            schmerzhafte, schenken wir gern.

(bedenken?) . . .
      (die od. den) Fremden . . .
nicht eine Mahlzeit . . .
      noch auch mir als . . .
Aber nun geh mit dem Krug übers Deck des eilenden Schiffes,
      vom geräumigen Faß ziehe den Deckel hinweg,
hole uns Wein, den roten, und ohne Hefe! Denn klar ist:
      nüchtern sein, während man wacht — dieses Mal können
                              wir's nicht!

. . . . ins Faß durch die Rinne . . .

24

ΕΛΕΓΕΙΑ

ἀσπίδι μὲν Σαΐων τις ἀγάλλεται, ἣν παρὰ θάμνωι   6 D.
ἔντος ἀμώμητον κάλλιπον οὐκ ἐθέλων,
ψυχὴν δ' ἐξεσάωσα. τί μοι μέλει ἀσπὶς ἐκείνη;
ἐρρέτω· ἐξαῦτις κτήσομαι οὐ κακίω.

(I) v. 1—3 in.: med. Arist. Pac. 1298 cum schol.; (II) Sext.
Emp. Pyrrhon. hypot. 3, 216; (III) v. 1—3: Plut. Lacon. inst. 34
p. 239 b; (IV) v. 1—2: Strab. X p. 457 et XII p. 549; (V)
v. 1—2: vita Arati p. 76 s. Maaß; (VI) v. 3—4: Olympiod. in
Plat. Gorg. p. 128, 13 Norvin; (VII) Elias, proleg. philos.
p. 22 Busse. — cf. Philostr. vit. Apoll. 2, 7, Eust. in Dion.
perieg. 533

Πάντα Τύχη καὶ Μοῖρα, Περίκλεες, ἀνδρὶ δίδωσιν.   8 D.

Stob. 1, 6, 3 (p. 84 Wachsmuth) sine poetae nomine

Αἰσιμίδη, δή⟨μ⟩ου μὲν ἐπίρρησιν μελεδαίνων   9 D.
οὐδεὶς ἂν μάλα πόλλ' ἱμερόεντα πάθοι.

Orio, anthol. p. 55, 22 Sturz

Κήδεα μὲν στονόεντα, Περίκλεες, οὔτε τις ἀστῶν   7 D.
μεμφόμενος θαλίηις τέρψεται οὐδὲ πόλις·
τοίους γὰρ κατὰ κῦμα πολυφλοίσβοιο θαλάσσης
ἔκλυσεν, οἰδαλέους δ' ἀμφ' ὀδύνηισ' ⟨ἔ⟩χομεν
πνεύμονας. ἀλλὰ θεοὶ γὰρ ἀνηκέστοισι κακοῖσιν,   5
ὦ φίλ', ἐπὶ κρατερὴν τλημοσύνην ἔθεσαν
φάρμακον. ἄλλοτέ τ' ἄλλος ἔχει τάδε· νῦν μὲν ἐς ἡμέας
ἐτράπεθ', αἱματόεν δ' ἕλκος ἀναστένομεν,
ἐξαῦτις δ' ἑτέρους ἐπαμείψεται. ἀλλὰ τάχιστα
τλῆτε γυναικεῖον πένθος ἀπωσάμενοι.   10

Stob. 4, 56, 30 (p. 1130 Hense)

... ὅταν δὲ τὸν ἄνδρα τῆς ἀδελφῆς ἠφανισμένον ἐν
θαλάττῃ καὶ μὴ τυχόντα νομίμου ταφῆς θρηνῶν λέγῃ
(ὁ Ἀρχίλοχος), μετριώτερον ἂν τὴν συμφορὰν ἐνεγκεῖν,

Mag sich ein Saïer freun an dem Schild,
              den beim Busch ich zurückließ,
   — meine vortreffliche Wehr,
              ungern nur gab ich sie preis! —
Retten konnt' ich mein Leben:
              was schiert jener Schild mich noch länger!
   Kaufen will ich mir bald
              einen, der ebenso gut!

Denn Gedeihn und Geschick
              gibt, Perikles, alles dem Menschen.

Aisimides, wer das Volk und, was es so redet, beachtet,
   keiner von denen erlebt allzuviel, was ihn erfreut.

(Elegie auf den Tod des Schwagers)

Leid und Trauer mißbilligt, mein Perikles, keiner der Bürger
   noch auch die Stadt, wenn sie freudige Feste begehn.
Denn so wahrhafte Männer entriß des wütenden Meeres
      Woge: betäubt und schwer bleibt uns vor Jammer das Herz.
Aber die Götter schufen für alle unheilbaren Leiden,
      Freund, ein Mittel: Geduld, das zu ertragen, und Kraft.
Einmal wird dieser betroffen, dann jener: eben sind wir so
      heimgesucht; und wund, blutend stöhnen wir auf,
aber es trifft auch bald wieder andere. Auf denn, schon heute
      tragt es mit Fassung und reißt los euch vom weibischen
                                                   Schmerz!

   Wenn Archilochos im Klagelied auf den Gatten seiner
Schwester, der auf See bei einem Schiffbruch umgekommen war
und dem daher nicht die übliche Bestattung zuteil wurde, sagt
(Zitat), man hätte gefaßter den Verlust getragen,

εἰ κείνου κεφαλὴν καὶ χαρίεντα μέλεα   10,1.2 D
Ἥφαιστος καθαροῖσιν ἐν εἵμασιν ἀμφεπονήθη
τὸ πῦρ οὕτως, οὐ τὸν θεὸν προσηγόρευσεν.

Plut. and. poet. 6 p. 23 a, b (cf. infra)

(a)   ]ν. . ετο.π[(10, 1.2 D.)
                                       ]ελιπεν
                                       ]ωλεσενα.[
                                       ]μενους
                              ἀλγι]νοεσσα[5
                                       ]εα.
                                       ]νφιλον[
                                       ]μενος
                                       ]νασικε[
       εἰ κείνου κεφαλὴν καὶ χαρίεντα]μέλεα   10
       Ἥφαιστος καθαροῖσιν ἐν εἵμασιν]ἀμφεπον[ήθη
                                       ]ιασας
                                       ]ς· αλλάτ[
                                       ]η
                                       ].απο.[15
                                       ]ολ..ν
                                       ]τ..[
                                       ].[

(b)   . . . .
                                       ]εμ..
                                       ]θιαδεσφεας
                                       ]ς
                              ἐξ]απίνηςγαρ
                                       ]ανος   5
                                       ]γυναικων
                                       ]
                                       ].Αρηος
                                       ].[

(I) P. Ox. XXIII, 1956, nr. 2356; (II) v. 10—11 (= fr. 10, 1—2 D.)
Plut. aud. poet. 6 p. 23 b (mor. I 46 Paton-Wegehaupt)

„wenn des Toten Haupt, wenn seine liebe Gestalt
läge in schneeweißen Linnen,

betreut und umhegt von Hephaistos",

so hat er das Feuer mit diesem Namen bezeichnet, nicht den Gott.

(a)

. . . . .

(uns) ließ

vernichtete . .

. . . .

schmerzliche . .

. . . .

(den?) lieb(en) . .

. . . .

(das liegt) im (Scho)ße (der Götter).
(Wenn des Toten Haupt, wenn seine liebe) Gestalt
(läge in schneeweißen Linnen, betreut und) umhegt (von
Hephaistos)

. . . . (würde ihm solches zuteil)
(trügst du den schweren Verlust vermutlich gefaßter); doch (. .)

. . . .

. . . . .

. . . .

. . . . .

(b)

. . . .

. . und . . . . . sie

. . . .

. . denn plötzlich

. . . .

. . der Frauen

. . . .

. . (von) Ares

. . . .

οὔτε τι γὰρ κλαίων ἰήσομαι οὔτε κάκιον   10, 3.4 D.
θήσω τερπωλὰς καὶ θαλίας ἐφέπων.

Plut. aud. poet. 12 p. 33 b (mor. I, 66 Paton-Wegehaupt)

πολλὰ δ᾽ †ἐυπλοκάμου† πολιῆς ἁλὸς ἐν πελάγεσσι   12 D.
θεσσάμενοι γλυκερὸν νόστον . . . . .

Schol. Ap. Rhod. I 824 (p. 71 Wendel)

κρύπτωμεν ⟨δ᾽⟩ ἀνιηρὰ Ποσειδάωνος ἄνακτος,   11 D.
δῶρα . . .

Schol. Aesch. Prom. 616

Γλαῦκ᾽, ἐπίκουρος ἀνὴρ τόσσον φίλος, ἔσκε μάχηται.   13 D.

Aristot. E. E. p. 1236 a 35 sine nomine poetae; nostro tribuit Bgk.,
abiudicavit Bahntje

συκῆ πετραίη πολλὰς βόσκουσα κορώνας,   15 D.
εὐήθης ξείνων δέκτρια Πασιφίλη.

Athen. XIII 594 d (III 310 Kaibel)

*

ΙΑΜΒΟΙ

. . . . . ἥδε δ᾽ ὥστ᾽ ὄνου ῥάχις   18 D.
ἕστηκεν ὕλης ἀγρίης ἐπιστεφής.

. . . .

οὐ γάρ τι καλὸς χῶρος οὐδ᾽ ἐφίμερος
οὐδ᾽ ἐρατός, οἷος ἀμφὶ Σίριος ῥοάς.

(I) v. 1—2: Plut. de exil. 12 p. 604 c (mor. III 524 Paton-
Pohlenz-Sieveking); (II) v. 3—4: Athen. XII 523 d (III 155
Kaibel)

weder mein Klagen wird helfen noch mache das Schlimme ich
                                                    ärger,
   wenn ich Erheiterung such' oder zu Gastmählern geh.

inständig rufend nach Heimkehr, der süßen, weit draußen im
                                                    grauen,
   schöngekräuselten (?) Meer . . . .

was uns der Herrscher Poseidon als schmerzliche Gabe beschert
                                                    hat,
   wollen wir bergen . .
                 . . . .

                 ————————

Glaukos, den Mitkämpfer schätzt man, — doch nur, solang er
                                                    im Feld steht.

Felsigen Eilands Feige, du füttertest zahlreiche Krähen,
   nahmst alle Fremdlinge auf, recht so, du Jedermannslieb!

                          *

IAMBEN

Trimeter

(Die Insel Thasos)

. . . . . wie ein Eselsrücken streckt
sich unsre Insel, dicht von wüstem Wald bedeckt
. . . .
bestimmt kein schöner Platz ist das, kein lieblicher,
und nicht so freundlich, wie am Siris-Strom das Land.

κλαίω τὰ Θασίων, οὐ τὰ Μαγνήτων κακά.   19 D.

(I) Strab. XIV 647; (II) Heracl. pol. 22 (FHG II 218). —
cf. Clem. Al. strom. I, 131, 7 s (p. 81 Stählin³), Athen. XII
525 c (III 159 Kaibel)

καί μ' οὔτ' ἰάμβων οὔτε τερπωλέων μέλει   20 D.

Tzetz. alleg. ed. Matranga, Anecd. I, 216, 125 ss.

ψυχὰς ἔχοντες κυμάτων ἐν ἀγκάλαις   21 D.

Schol. Arist. ran. 704

                    (incipit)   22 D.

Οὔ μοι τὰ Γυγέω τοῦ πολυχρύσου μέλει
οὐδ' εἶλε πώ με ζῆλος οὐδ' ἀγαίομαι
θεῶν ἔργα, μεγάλης δ' οὐκ ἐρέω τυραννίδος·
ἀπόπροθεν γάρ ἐστιν ὀφθαλμῶν ἐμῶν

(I) Arist. rhet. p. 418 b 28; (II) Plut. de tranq. anim. 10
p. 470 c (mor. III 201 Paton-Pohlenz-Sieveking); (III) v. 1:
Iuba ap. Rufin. gramm. (VI 563 Keil); (IV) v. 3: Schol.
Aesch. Prom. 227. — cf. Hdt. I, 12; argum. Soph. OT
(Hippias FGrHist. 6 F 6); Et. Gud. 537, 26, EM 771, 54

‿ ‒ ὁ δ' Ἀσίης καρτερὸς μηλοτρόφου   23 D.

(I) Schol. Eurip. Med. 708; (II) Schol. Hom. Od. 15, 534;
(III) Anecd. Par. 3, 496,'12 Cramer; (IV) Eust. in Od. 1790, 7

οἵην Λυκάμβεω παῖδα τὴν ὑπερτέρην   24 D.

Schol. A Hom. Il. 11, 786

ἔχουσα θαλλὸν μυρσίνης ἐτέρπετο   25 D.
ῥοδῆς τε καλὸν ἄνθος.
                        ἡ δέ οἱ κόμη
ὤμους κατεσκίαζε καὶ μετάφρενα.

(I) v. 1—2a: Ammon. p. 123 Valcl·enaer; (II) v. 1: Schol.
Theocr. 4, 45 a (p. 147 Wendel) et EM 441, 49; (III) v. 2a:
Athen. II 52 f (I, 123 Kaibel); (IV) Eust. in Od. 1963, 50;
(V) v. 2b—3: Synes. laud. calv. 75 (p. 211 Terzaghi)

Um Thasos klag ich, nicht um der Magneten Leid!

(Auf den Tod des Schwagers)
und weder Iamben noch Gelage freuen mich

im Arm der Wellen (ihrer?) aller Leben liegt

(Gedichtanfang)
Mich ficht des Gyges Reichtum und sein Gold nicht an,
nicht kenn den Neid ich, nicht verarge ich es je,
wenn's Gott so gab: sein Königreich begehr ich nicht:
in weiter Ferne liegt das, meinem Blick entrückt.
(Worte des Zimmermannes Charon)

.. der Herr des schafereichen Asiens

die jüngste Tochter des Lykambes, sie allein
. . .

Sie hielt ein Myrtenzweiglein, freute sich an ihm
und einer Rosenblüte,
                              auf den Rücken hing
und auf die Schultern schattend lang herab ihr Haar.

ἐσμυρισμένας κόμας   26 D.
καὶ στῆθος, ὡς ἂν καὶ γέρων ἠράσσατο

Athen. XV 688 c (III 522 Kaibel). — cf. fort. P. Ox. XXII,
1954, nr. 2311 fr. 1 (a), 5 s. et fr. 2

οὐκ ἂν μύροισι γρηῦς ἐοῦσ' ἠλείφετο   27 D.

(I) Athen. XV 688 e (III 522 Kaibel); (II) Plut. Pericl.
28, 7. — cf. Eust. in Il. 1300, 40

[◡] *ὥσπερ αὐλῶι βρῦτον ἢ Θρ⟨έ⟩ιξ ἀνὴρ*   28 D.
ἢ Φρὺξ ἔ⟨μ⟩υζε· κύβδα δ' ἦν πονευμένη.

Athen. X 447 c (II 472 Kaibel)

Ζεῦ πάτερ, γάμον μὲν οὐκ ἐδαισάμην   29 D.

(I) Hephaest. ench. 6, 2 (p. 18 Consbruch); (II) Schol. metr.
Pind. Ol. 12 (I, 348 Drachmann) et Nem. 8 (III 140 Drachmann). — cf. Mar. Vict. gramm. (VI 135, 30ss. Keil)

πο . υ[30 D.
νο . . [.] . [
φθ . . . . . [.] . [
χ . . . . [
ὦναξ Ἄπολ[λον, καὶ σὺ τοὺς μὲν αἰτίους   5
πήμαινε[καί σφεας ὄλλυ' ὥσπερ ὀλλύεις
ἡμέας δὲ . [
[.]υτ . . . . [
[.]αι . . . αν[
. . . . . δ ϊ . [10
αμυ[. .] . . [

(I) P. Ox. XXII (1954) nr. 2310 fr. 1 col. II; (II) v. 5—6
= fr. 30 D.: Macrob. sat. I, 17, 9s.

. . . . . . *παῖδ' Ἄρεω μιαιφόνου*   31 D.

Eust. in Il. 518, 12

. . . . *Brust und Haare hatte (sie)*
so stark gesalbt, daß selbst ein Greis noch Feuer fing.

Mit Myrrhen salbte sich ein altes Weib wohl nicht
(wenn es nicht eitel wäre)

Wie'n Thraker oder Phryger durch den Strohhalm schlürft
das Bier, so tat sie; vorgebeugt kriegt sie was ab.

Vater Zeus, die Hochzeit ward mir nicht zuteil!

. . . .
. . . .
vernich(tend . . . .
. . . .
Laß, Gott Apollon, leiden die, die schuldig sind,
laß sie verderben, wie nur du verderben läßt,
uns aber . . . .
. . . .
. . . .
. . . .
hilf . . . .
                    (Reste von 4 weiteren Versen)

. . . . . *des blutbefleckten Ares Sohn*

κατ' οἶκον ἐστρωφᾶτο μισητὸς βάβαξ   32 D.

(I) Orion anthol. 37, 4 Sturz; (II) EM 183, 50 („Aristophanes"), cf. Et. Vind. cod. 131 (sine nomine poetae)

πρὸς τοῖχον ἐκ⟨λ⟩ίνθησαν ἐν παλινσκίωι   33 D.

Harpocration 232, 9 Dindorf, cf. Suid. et Phot. s. v.

ἀλλ' ἀπερρώγασί ⟨μοι⟩   34 D.
μύκεω τένοντες

Herodian. π.κλίσ.όνομ. 2, 679, 5 Lentz, cf. Anecd. Ox.
3, 231, 5 Cramer

τοῖον γὰρ αὐλὴν ἕρκος ἀμφιδέδρομεν   35 D.

Schol. Ven. B Hom. Il. 9, 60

.[.]..[36 D.
πινε[
οτιφρον[
γυνη.[
εχθιστε[5
καιπατ[
φιλῆτα ν[ύκτωρ περὶ πόλιν πωλεύμενε
όντῶ[
επ[

(I) P. Ox. XXII (1954) nr. 2311 fr. 1 b; (II) v. 7 = fr. 36
D.: Eust. in Od. 1889, 1

κύψαντες ὕβριν ἀθρόην ἀπέφλοσαν   37 D.

Phot. 193, 22, cf. Hesych s. v.

                         +ἔρξω+
ἐτήτυμον γὰρ ξυνὸς ἀνθρώποισ' Ἄρης   38 D.

Clem. Al. strom. 6, 6, 3 (p. 425 s. Stählin²)

der widerliche Schwätzer war dort ganz zuhaus

da standen sie im Schatten an die Wand gelehnt

sed fracti sunt (mihi) nervi mentulae

ein solcher Schutzwall lief da nämlich um den Hof

. . . .
trink(. .
was (du dir) denk(st) . .
die Frau . .
Verhaßtester . .
und . .
du Dieb, zur Nachtzeit schleichst du lauernd um die Stadt,
nicht . .
    . . .

Als sie sich aufgehängt, war all ihr Hochmut hin.

                                    . . . ich tu's (?) . .
gemeinsam ist tatsächlich allen Menschen Krieg.

χαίτην ἀπ' ὤμων ἐγκυτὶ κεκαρμένος　　　　　39 D.

EM 311, 40

καὶ δὴ 'πίκουρος ὥστε Κὰρ κεκλήσομαι　　　40 D.

Schol. Plat. Lach. 187 b (VI 291 Hermann), cf. paraphr.
Schol. Ven. B Hom. Il. 9, 378

　　　　　　　　　]ς·　　　　　　　　　　　41 D.
　　　οὔ]τις ἀνθρώπου φυή,
ἀλλ' ἄλλος ἄλλωι κα]ρδίην ἰαίνεται
　　　].τ..με..σα[...]. σάθη
　　　]ε βουκόλωι φαλ[..].ωι
　　　]ος μάντις ἀλλ' ἐγὼ ⁺πεσοι⁺　　　5
　　　]γάρ μοι Ζεὺς πατὴρ Ὀλυμπίων
　　　ἔ]θηκε κἀγαθὸν μετ' ἀνδράσι
　　　οὐ]δ' ἂν Εὐρύμας διη.ετο[

(I) P. Ox. XXII (1954) nr. 2310 fr. 1, col. 1, 40ss. (II) v. 2
= fr. 41 D.: Clem. Al. strom. 6, 7, 3 (p. 426 Stählin³);
(III) v. 2: Sext. Emp. adv. math. 11, 44. — cf. Anecd. Par.
3, 488, 17 Cramer

　　　]ιητρ[　　　　　　　　]τομῆι　　　　42 D.
　　　　　　　　　　　　　]λήσομαι
ἐσθλὴν γὰρ ἄλλην οἶδα τοιού]του φυτοῦ
⟨ἴη⟩σιν　　　　　　　　　]δοκέω·
　　　　　　　　　　　　]κακά·　　　　5
　　　　　　　　　ἐ]πίφρασαι·
　　　　　　　　　　　]ησομαι
　　　　　　　　　　]ου λίνου
　　　　　　　　　　]ταθη
　　　　　　　　　　]ν μενοινιω[　　10
　　　　　　　　　　].εισιω[
　　　　　　　　　]....ε.[

(I) P. Ox. XXII (1954) nr. 2312 fr. 14; (II) v. 3 = fr. 42
D.: Schol. Theocr. 2, 48 d (p. 281 Wendel)

sein Haar, einst bis zur Schulter, schor man ratzekahl

man nennt mich Landsknecht, so als wär ein Karer ich

(Überschrift)

(Nicht ist) die menschliche Natur (von einer Art):
des einen Herz freut dieses, andren liegt mehr das.
. . . . der Schweif
. . . . dem Rinderhirten . . . . . .
. . . . ein Seher so wie ich, ... dir
. . . . . . denn der Göttervater Zeus (gab) mir
(das Wissen?), ließ mich (klug) und tüchtig unter andren sein
(mit Rat?), wie nicht mal Eurymas (ihn) . . könnt'.

. . durch einen Schnitt
. . werde ich . .
Ich weiß, wie schön man solch Gewächs auf andre Art
kuriert . . . . meine ich
. . das Schlimme . . .
. . überleg es dir!
. . werde ich
. . (von frisch)em Lein
. . . .
. . begehre ich . .
. . . .
. . . .

ἴστη κατ' ἠκὴν κύματός τε κἀνέμου   43 D.

(I) EM¹ 424, 18 et EM² p. 47, 22; (II) Et. Vind. cod. 158; (III) Zonar. 983

τρίαιναν ἐσθλὸς καὶ κυβερνητὴς σοφός   44 D.

Ammon. in Porph. isag. proem. p. 9, 8ss. Busse

τίς ἄρα δαίμων καὶ τέου χολούμενος   45 D.

. . . .

EM 752, 15 not., cf. Anecd. Ox. I, 400, 6 Cramer

μετέρχομαί σε σύμβολον ποιεύμενος   46 D.

(I) Schol. Pind. O. 12, 10 (I, 351 Drachmann); (II) Schol. T Hom. Il. 23, 199

ἀμισθὶ γάρ σε πάμπαν οὐ διάξομεν.   47 D.

Apoll. Dysc. de adv. 571 b (I, 1, 161 Schneider)

Σφῆκες, πέρδικες καὶ γεωργός

σφῆκές ποτε καὶ πέρδικες δίψει συνεχόμεναι ἧκον πρὸς γεωργὸν καὶ παρὰ τούτου ποτὸν ᾔτουν, ἐπαγγελ-λόμεναι ἀντὶ τοῦ ὕδατος οἱ μὲν πέρδικες περισκάψειν τὰς ἀμπέλους καὶ τοὺς βότρυας εὐπρεπεῖς ποιήσειν, αἱ δὲ σφῆκες κύκλῳ περιστᾶσαι τοῖς κέντροις τοὺς κλέπτας ἀπώσεσθαι. κἀκεῖνος ὑπολαβὼν εἶπεν· „ἀλλ' ἔμοιγέ εἰσι δύο βόες, οἵτινες μηδέν μοι κατεπαγγελλόμενοι πάντα ποιοῦσιν· οἷς ἄμεινόν ἐστιν ἢ ὑμῖν τὸ ποτὸν παρασχεῖν."

Aesop. f. 235 (I) Hausrath

βοῦς ἐστιν ἡμῖν ἐργάτης ἐν οἰκίηι   48 D.
κορωνὸς ἔργων ἴδρις οὐδ' ἀρ ‿∪∪

EM 530, 27 + Et. Flor. p. 194 Miller + Reitzenstein, Ind. lect. Rostock 1891/2 p. 14. — cf. Anecd. Par. 4, 76, 30 Cramer

Auf Wind- und Wellenschneide halte du (das Schiff)

Man kennt sein Schiffchen (?), 's ist ein guter Steuermann.

Welch böser Dämon und worüber aufgebracht
(hat dich) . . .

Um Rat zu fragen, habe ich dich aufgesucht

denn so ganz ohne Lohn bin ich dein Fährmann nicht.

Wespen, Rebhühner und Bauer
(Äsopische Fabel)

Wespen und Rebhühner kamen einst, von Durst gepeinigt,
zu einem Bauern und baten ihn um einen Trunk. Als Gegen-
leistung für das Wasser versprachen die Rebhühner, die Erde
um die Weinstöcke aufzuhacken und für schöne Trauben zu
sorgen, und die Wespen versprachen, rings um (den Wein-
garten) Posten zu beziehen und mit ihren Stacheln die Diebe
zu verjagen. Und der Bauer sagte darauf: „Ich hab ja zwei
Ochsen, die mir nichts versprechen, aber alles besorgen. Besser,
ich gebe ihnen zu saufen als euch!“

Wir haben einen Arbeitsstier in unsrem Stall,
mit langen Hörnern, Arbeiten gewohnt, und nicht
. . .

καὶ παρ' Ἀρχιλόχῳ ἡ ὑφ' ἡδονῆς σαλευομένη κορώνη   49 D.
ὥσπερ

κηρύλος

πέτρης ἐπὶ προβλῆτος ἀπτερύσσετο.

Schol. Arat. 1009 (p. 531 Maaß), cf. fr. 141 Bgk.

141 Bgk.

κινεῖ δὲ (ὁ κίγκλος) τὰ οὐραῖα πτερά, ὥσπερ οὖν ὁ παρὰ τῷ
Ἀρχιλόχῳ κηρύλος.

Aelian. hist. an. 12, 9 (I, 237 Hercher)

Monumentum Archilochium

E₁ col. I

. . κ]αὶ ὅτε
τῶν Π]αρίων
. . κρας
. .
. . ον   5
. . ι
. . ος

(ll. 8—57 perierunt)

E₁ col. II

Μνησιέπει ὁ θεὸς ἔχρησε λῶιον καὶ ἄμεινον εἶμεν
ἐν τῶι τεμένει, ὃ κατασκευάζει, ἱδρυσαμένωι
βωμὸν καὶ θύοντι ἐπὶ τούτου Μούσαις καὶ Ἀπόλλ[ω]ν[ι]
Μουσαγέται καὶ Μνημοσύνει· θύειν δὲ καὶ καλλιερεῖν Διὶ Ὑπερδεξίωι, Ἀθάναι Ὑπερδεξίαι,   5
Ποσειδῶνι Ἀσφαλείωι, Ἡρακλεῖ, Ἀρτέμιδι Εὐκλείαι.
Πυθῶδε τῶι Ἀπόλλωνι σωτήρια πέμπειν ⫶

Die Krähe ließ (vor lauter Lust), der Möwe gleich,
sich niederfallen auf das steile Felsenriff.

Dieser Wasservogel bewegt die Schwanzfedern wie der
„Kerylos" (= eine andre Art von Wasservogel) bei Archilochos.

Das Ehrenmal für Archilochos auf Paros

1. Die neugefundenen Inschriften:

der erste Stein = E_1 *(Kontoleon)*

Kolumne I:

. . . *und als*

. . . *der Parier*

(Z. 3—7 nur geringe Reste, von Z. 8—57 nichts erhalten)

Kolumne II:

(1. Orakel)

Dem Mnesiepes gab der Gott den Orakelbescheid, es sei
vorteilhafter und besser, wenn er in dem heiligen Bezirk, den
er anzulegen sich anschickt, einen Altar errichtet und auf
diesem den Musen und Apoll, dem Musageten, und der Mnemo-
syne opfert: Rauchopfer und Trankopfer darbringen soll er
auch dem Zeus Hyperdexios, der Athana Hyperdexia, dem
Poseidon Asphaleios, dem Herakles, der Artemis Eukleia.
Nach Pytho soll er dem Apollon Dankopfer senden.

Μνησιέπει ὁ θεὸς ἔχρησε λῶιον καὶ ἄμεινον εἶμεν
ἐν τῶι τεμένει, ὃ κατασκευάζει, ἱδρυσαμένωι
βωμὸν καὶ θύοντι ἐπὶ τούτου Διονύσωι καὶ Νύμφαις   10
καὶ Ὥραις· θύειν δὲ καὶ καλλιερεῖν Ἀπόλλωνι
Προστατηρίωι, Ποσειδῶνι Ἀσφαλείωι, Ἡρακλεῖ.
Πυθῶδε τῶι Ἀπόλλωνι σωτήρια πέμπειν [:]

Μνησιέπει ὁ θεὸς ἔχρησε λῶιον καὶ ἄμεινον εἶμεν
τιμῶντι Ἀρχίλοχον τὸμ ποιητάν, καθ' ἃ ἐπινοεῖ :   15

Χρήσαντος δὲ τοῦ Ἀπόλλωνος ταῦτα τόν τε τόπον
καλοῦμεν Ἀρχιλόχειον καὶ τοὺς βωμοὺς ἱδρύμεθα
καὶ θύομεν καὶ τοῖς θεοῖς καὶ Ἀρχιλόχωι καὶ
τιμῶμεν αὐτόν, καθ' ἃ ὁ θεὸς ἐθέσπισεν ἡμῖν.

Περὶ δὲ ὧν ἠβουλήθημεν ἀναγράψαι, τάδε παρα-   20
δέδοταί τε ἡμῖν ὑπὸ τῶν ἀρχαίων καὶ αὐτοὶ πεπρα-
γματεύμεθα :

                  Λέγουσι γὰρ Ἀρχίλοχον ἔτι νεώτερον
ὄντα πεμφθέντα ὑπὸ τοῦ πατρὸς Τελεσικλέους
εἰς ἀγρόν, εἰς τὸν δῆμον, ὃς καλεῖται Λειμῶνες,
ὥστε βοῦν καταγαγεῖν εἰς πρᾶσιν, ἀναστάντα   25
πρωΐτερον τῆς νυκτός, σελήνης λαμπούσης,
[ἄ]γειν τὴμ βοῦν εἰς πόλιν· ὡς δ' ἐγένετο κατὰ τὸν
τόπον, ὃς καλεῖται Λισσίδες, δόξαι γυναῖκας
[ἰ]δεῖν ἀθρόας· νομίσαντα δ' ἀπὸ τῶν ἔργων ἀπιέναι
αὐτὰς εἰς πόλιν προσελθόντα σκώπτειν, τὰς δὲ   30
δέξασθαι αὐτὸν μετὰ παιδιᾶς καὶ γέλωτος καὶ

(2. Orakel)

Dem Mnesiepes gab der Gott den Orakelbescheid, es sei vorteilhafter und besser, wenn er in dem heiligen Bezirk, den er anzulegen sich anschickt, einen Altar errichtet und auf diesem dem Dionysos und den Nymphen und Horen opfert: Rauchopfer und Trankopfer darbringen soll er auch dem Apollon Prostaterios, dem Poseidon Asphaleios, dem Herakles. Nach Pytho soll er dem Apollon Dankopfer senden.

(3. Orakel)

Dem Mnesiepes gab der Gott den Orakelbescheid, es sei vorteilhafter und besser, wenn er den Dichter Archilochos in der Weise ehrt, wie er es beabsichtigt.

———

Da Apollon uns diesen Orakelbescheid gegeben hat, so nennen wir diese Stätte „Archilocheion" und haben die Altäre errichtet und opfern den Göttern sowohl wie dem Archilochos, und wir ehren ihn gemäß der Weisung, die der Gott uns gab.

Von den Dingen aber, die wir aufzeichnen wollten, ist folgendes teils uns von den Alten überliefert, teils haben wir es selbst erforscht.

Man erzählt, daß Archilochos, als er noch recht jugendlich war, von seinem Vater Telesikles aufs Land geschickt worden sei, in die Gemarkung, die „Leimones" (= die Auen) heißt, (25) eine Kuh zum Verkauf (in die Stadt) zu führen, und er sei aufgestanden recht früh bei der Nacht, während der Mond schien, und habe die Kuh zur Stadt geführt. Als er aber an den Platz kam, der „Lissides" (= schlüpfrige Stellen) heißt, da habe er eine Schar Frauen zu sehen vermeint. Er sei der Meinung gewesen, sie kehrten von ihrer Arbeit in (30) die Stadt zurück, habe sich ihnen genähert und sie geneckt, sie aber hätten das mit Scherz und Lachen aufgenommen und

[ἐ]περωτῆσαι, εἰ πωλήσων ἄγει τὴμ βοῦν· φήσαπος δέ,
[εἰ]πεῖν ὅτι αὐταὶ δώσουσιν αὐτῶι τιμὴν ἀξίαν·
[ῥη]θέντων δὲ τούτων αὐτὰς μὲν οὐδὲ τὴμ βοῦν οἰκέτι
[φ]ανερὰς εἶναι, πρὸ τῶν ποδῶν δὲ λύραν ὁρᾶν αὐτόν· 35
καταπλαγέντα δὲ καὶ μετά τινα χρόνον ἔννουν
[γ]ενόμενον ὑπολαβεῖν τὰς Μούσας εἶναι τὰς φανείσας
[καὶ] τὴν λύραν αὐτῶι δωρησαμένας· καὶ ἀνειό-
[μ]ενον αὐτὴν πορεύεσθαι εἰς πόλιν καὶ τῶι πατρὶ
[τὰ] γενόμενα δηλῶσαι :   40

          Τὸν δὲ Τελεσικλῆν ἀκού-
[σ]αντα καὶ τὴν λύραν ἰδόντα θαυμάσαι· καὶ πρῶτομ
μὲν ζήτησιν ποιήσασθαι τῆς βοὸς κατὰ πᾶσαν
[τ]ὴν νῆσον καὶ οὐ δύνασθαι εὑρεῖν :

          Ἔπειθ᾽ ὑπὸ τῶν
[π]ολιτῶν θεοπρόπον εἰς Δελφοὺς εἰρημένον μετὰ
[Λυ]κάμβου χρησόμενον ὑπὲρ τῆς πόλεως, προθυμό- 45
[τ]ερον ἀποδημῆσαι βουλόμενον καὶ περὶ τῶν
[α]ὑτοῖς συμβεβηκότων πυθέσθαι :

          Ἀφικομένων δὲ
[κ]αὶ εἰσιόντων αὐτῶν εἰς τὸ μαντεῖον τὸν θεὶν
εἰπεῖν Τελεσικλεῖ τὸν χρησμὸν τόνδε·

[Ἀ]θάνατός σοι παῖς καὶ ἀοίδιμος, ὦ Τελεσίκλεις,   50
ἔσται ἐν ἀνθρώποισιν, ὃς ἄμ πρῶτός σε προσείπει
νηὸς ἀποθρώισκοντα φίλην εἰς πατρίδα γαῖαν.

Παραγενομένων δ᾽ αὐτῶν εἰς Πάρον τοῖς Ἀρτε-
μισίοις πρῶτον τῶμ παίδων Ἀρχίλοχον ἀπαν-
τήσαντα προσειπεῖν τὸν πατέρα· καὶ ὡς ἦλθεν   55
οἴκαδε, ἐρωτήσαντος τοῦ Τελεσικλέους, εἴ τι τῶν
ἀναγκαίων ὑπάρχει, ὡς ἂν ὀψὲ τῆς ἡμέρας

(explicit col. II)

*ihrerseits gefragt, ob er die Kuh zu Markte führe: als er das
bejahte, hätten sie gesagt, sie würden ihm einen angemessenen
Preis zahlen. Kaum war das gesagt, so wären weder sie selbst
noch die Kuh (35) zu sehen gewesen, zu seinen Füßen aber
habe er eine Leier erblickt. Da sei er erschrocken über alle
Maßen, aber als er nach einer Weile zu sich kam, habe er
begriffen, daß es die Musen waren, die ihm erschienen und die
Leier ihm zum Geschenk machten. Er habe die Leier aufgehoben
und habe den Weg zur Stadt fortgesetzt und dem Vater (40)
berichtet, wie ihm geschah.*

*Telesikles aber sei, als er das hörte und die Leier sah, er-
staunt gewesen, und zunächst habe er Nachforschungen nach
der Kuh auf der ganzen Insel angestellt und habe nicht vermocht, sie zu finden.*

*Später sei er — gemeinsam mit Lykambes — von seinen
Bürgern als Orakelbefrager nach Delphi gewählt und entsandt
worden, um das Orakel über die Polis zu befragen, und habe die
Reise recht (45) gern angetreten in der Absicht, auch nach den
Dingen zu fragen, die sie selbst überraschend erlebt hatten.*

*Als sie nun dorthin kamen und eintraten in die Orakelstätte,
habe der Gott dem Telesikles folgenden Spruch erteilt:*

*(50) „Dir, Telesikles, wird unsterblich sein einer der Söhne
und in Liedern gepriesen: der, der als erster dich anspricht,
wenn du vom Schiffe springst und betrittst den Boden der
Heimat."*

*Als sie nach Paros zurückkehrten zur Zeit der Festtage zu
Ehren der Artemis, sei als erster von den Söhnen Archilochos
dem Vater (55) begegnet und habe ihn angeredet, und als sie
nach Hause kamen und Telesikles fragte, ob von den not-
wendigen Dingen genug im Hause sei, da es schon spät am
Tage*

(Schluß von Kolumne II)

E₁ col. III

(ll. 1—5 perierunt)

EI
OI
AP

Ρ[ηθέντων? δὲ . . .
TO   10
TH
ἀοιδ
σας
λύραν
Ἀρχιλο[χ-   15

ς Ἐν ἀρχε[ῖ μὲν . . .
τεῖ δ' ἑορ[τεῖ . . .
παρ' ἡμῖν
φασὶν Ἀρ[χίλοχον _ _ _ _ _ _ _ αὐτο-]
σχεδιάσ[αντα . . .   20
τινὰς τῶν π[ολιτῶν? . . .
διδάξαντα
παραδεδομ[ένα . . .
κεκοσμημέ[ν- _ _ _ _ _ _ _ _ _ _ κή-]
ρυκος εἰς Π[άρον . . .   25
ΕΛΗΣΕΝΩΙ
καὶ συνακολο[νθ(ησα)-
των καὶ ἄλλων [_ _ _ _ _ _ _ κατασκευ-]
ασθέντων τὰ μ[_ _ _ _ _ _ _ _ _ _ _ πα-]
ρὰ τοὺς ἑταίρου[ς . . .   30

Ὁ Διόνυσος σ[

οὐλὰς ΤΥΑΖ

ὄμφακες α[
σῦκα μελ[ιχρὰ?
οἰφολίωι ερ[35

E₁ Kolumne III:

. . (Zitat, vielleicht eines Orakels)

. .

,,Ar(chilochos? . . .

(Prosa) *Als das ausgesprochen war* . . .

. . .

. . .

Sänger (?) . . .

. . .

die Leier . . .

Archilo(chos . . .

(Sog. Koronis zur Bezeichnung eines neuen Abschnittes)

Am Anfang . . .

aber zu dem Fest (das zu Ehren des Dionysos gefeiert bei uns . . .   *[wird)*

soll, wie man sagt, Ar(chilochos . . . . ein Lied impro-)

visiert haben . . .

einige der B(ürger . . .

er soll es einstudiert haben . . .

das Überlieferte . . .

geschmückt (. . . . . eines He-)

roldes nach P(aros . . .

? ? ?

und, begleit(et . . .   *von Bürgern?)*

und andren (*?ausgestatte-)*

ten die . . .

zu seinen Gefährten . . .

Der Dionysos . . . (Zitat oder Überschrift zum folgenden)

,,*Gerstenschrot opfern* . . .   (Lied auf Dionysos)

,,*Trauben* . . . .   (,,   ,,   ,,   )

,,*Feigen, die süßen (?)* . . . (,,   ,,   ,,   )

,,*opfern dem Beischläfergott*. . . (,,   ,,   ,,   )

Λεχθέντων [δὲ τούτων...
ὡς κακῶς ἀκ[ου(σα)-
ἰαμβικώτερο[ν...
οὐ κατανοήσ[αντ-
καρπῶν ἦν τα[40
ῥηθέντα εἰς τὴ[ν...
ἐν τεῖ κρίσει : Μ[_ _ _ _ _ _ _ _ μετ' οὐ πολὺν]
χρόνον γίνεσθ[αι _ _ _ _ _ _ τοὺς ἄνδρας ἀσθενεῖς]
εἰς τὰ αἰδοῖα.[_ _ _ _ _ _ _ _ _ ἀποπέμψαι]
τὴν πόλιν τινὰς [_ _ _ _ _ _(χρησομένους) περὶ τού-] 45
των, τὸν δὲ θεὸν [εἰπεῖν τὸν χρησμὸν τόνδε·]

(Zitat)

Τίπτε δίκαις ἀν[όμοις...
ἤλθετε πρὸς Π[υθ-
οὐκ ἔστιν πρὶν[ἄκεσμα?...
εἰς ὃ κεν Ἀρχίλ[οχον...   50

Ἀναγγελθ[έντων δὲ τούτων...
μιμνησκομ[εν- _ _ _ _ _ _ _ _ _ _ _ _ _ _ ἐ-]
κείνου ῥη[μα(των?)...
διημαρ[τημένα?...
Διον[υσ-   55
ΠΙΑ
ΑΠ

(explicit col. III; col. IV tota perlit)

E₂ col. I

Νομίσειεν ἄν τις Ἀρχί[λοχον ἄνδρα ἀγαθὸν γενόμενον]
καὶ ἐξ ἄλλων πολλῶν μα[θών, ἃ καθ' ἓν ἕκαστον ἀνα-]
γράφειν μακρόν, ἐν ὀ[λίγ]ο[ις...

(Prosa) *Als diese Worte vorgetragen worden waren,
(meinten . . .) daß Schlechtes gesagt worden sei
(über den Gott und daß) zu spöttisch (Archilochos diese
Verse verfaßt habe, wobei die Leute) nicht begriffen,
(daß nicht von . . . . . sondern von)
Feldfrüchten (die Rede) war, auf den (folgenden Tag
zitierten sie ihn vor Gericht und verurteilten ihn)
bei der Gerichtsverhandlung. (Durch den Zorn des Gottes
aber seien nach nicht langer)
Zeit (in Paros die Männer zeugungsunfähig)
geworden (allesamt, und da habe denn die)
Polis einige (Leute, die das Orakel hierüber befragen
sollten, nach Delphi geschickt,)
der Gott aber (habe folgenden Orakelbescheid erteilt:)*

„Warum kommt ihr nach Delphi . . . (Zitat eines Orakels)
„da im Prozeß ohne Recht . . . („ „ „)
„Nicht ist eher (die Heilung . . . („ „ „)
„bis ihr Archilochos . . . („ „ „)

(Prosa) *Als dies gemeldet wurde (in Paros, sollen sie)
sich erinner(nd . . .
jenes Mannes Wo(rte . . .
womit ein Fehler (begangen worden war . . .
Dionysos . . .
. . .
. . .*

(Schluß der Kolumne III) — (Kolumne IV völlig zerstört)

Der zweite neugefundene Stein:

E₂ Kolumne I:

*Wohl überzeugt dürfte man sein, daß Archilochos (sich
als tapferer Mann bewährt hat),
was man schon aus vielen andren Tatsachen er(sehen
kann, die im einzelnen auf-)
zuschreiben zu weit führen würde; in Kürze (jedoch . . .*

τῶν δηλωσόμε[θα. Πολέμου γάρ ποτε _ _ _ πρὸς τοὺς Να-]
ξίους ἰσχυροῦ ὄντος κ[5
μένα ὑπὸ τῶν πολ[ιτῶν _ _ _ _ _ _ _ _ _ _ ῥή-]
μασι περὶ αὐτῶ[ν . . .
σας ὡς ἔχει πρὸς α[
πατρίδος καὶ ὑπο
καὶ ἐνεφάνισεν ὦ[ς   10
ειν καὶ παρεκάλε[σεν . . .
βοηθεῖν ἀπροφ[ασίστως . . .
καὶ λέγει περὶ αὐτῶν [ἐν . . .

τῆς νῦν πάντες

(Zitat)

ἀμφικαπνιουσιν   15
νηυσίν, ὀξεῖαι δ' α[
δηΐων, αὐαίνετ[αι . . .
ἠλίωι, θράσος ΤΕΛ
οἳ μέγ' ἱμείροντες
Ναξίων δῦναι φά[λαγγας   20
καὶ φυτῶν τομὴν Λ
ἄνδρες ἴσχουσιν Δ
Τοῦτό κεν λεὼι Μ
ὡς ἀμηνιτεὶ παρη[

καὶ κασιγνήτων Ν (aut K)   25
τέων ἀπέθρισαν
ἤριπεν πληγῆισι Δ
Ταῦτά μοι θυμὸς
νειόθεν. ΟΚΟΥΔΕ

Ἀλλ' ὅμως θανόντα[ς . . .   30

Γνῶθι νῦν, εἴ τοι
ῥήμαθ' ὃς μέλλε[ι]ς Α
Οἱ μὲν ἐν Θάσωι Ι
καὶ Τορωναίων Ν
οἳ δ' ἐν ὠκείηισι βά[ντες νηυσὶ . . .   35

wollen wir dies darlegen. (Als nämlich einst .. gegen die
Na)xier ein hitziger (Krieg) ausgebrochen war und ...
. . . von den Bür(gern . . .
in (Wor)ten hierüber . . .
. . wie er zu (ihnen) stand . . .
der Vaterstadt und von . . .
und er zeigte, wie . . .
. . und forderte dazu auf . . .
ohne Ausreden zu Hilfe zu kommen . . .
und spricht über diese Dinge (in einem Lied . . .

dessen (?) jetzt alle . . .

(Zitat eines Archilochosgedichtes in 30 Tetrametern)

,,Mit Qualm schließen von allen Seiten ein . . .
,,mit Schiffen (kamen sie), die spitzen . . .
,,der Feinde, ausgedörrt wird . . .
,,durch die Sonne, entschlossener Mut bis zum Let(zten . . .
,,die sich sehr danach sehnen . . .
,,in die Schlachtreihen der Naxier sich zu stürzen . . .
,,und das Niederhauen der Pflanzungen . . .
,,die Männer halten (auf . . .
,,Dies dem Volk wohl . . .
,,daß (ihr nicht dasitzen? könnt), ohne daß man sich em-
pören müßte . . .
,,und der Brüder . . .
,,wessen . . . sie abgeschnitten haben . . .
,,stürzte unter den Schlägen . . .
,,Dies (will) mein Sinn . . .
,,aus tiefem (Herzen) . . .

,,Aber dennoch (od.: zusammen) sterbend . . .

,,Erkenne nun, ob . . .
,,der du die Worte (hören) wirst . . .
,,Die einen, die in Thasos . . .
,,und der Toronaier . . .
,,die andren aber, die raschen Schiffe besteigend . . .

κοινὸν ἐκ Πάρου Τ
καὶ κασιγνήτων δειν[...
θυμὸς ΑΛ...ΑΓ...ΔΔ
πῦρ δ δὴ νῦν ἀμφι
ἐμ προαστίωι κε[40
Γῆν ἀεικίζουσιν
Ἐρξίη, καταδραμ[
Τῶι σ᾽ ὁδὸν στέλλ[ειν

μηδὲ δεξίους ΕΠΟ

   Εὐξαμένωι οὖν ᾳ[ὐτῶι _ _ _ _ _ _ _ _ (ὑπ)ή-]   45
   κουσαν οἱ θεοὶ καὶ [_ _ _ _ _ _ _ ἐπετέλεσαν τὰς]
   εὐχάς, πάντες [δὲ _ _ _ _ _ _ _ ἄνδρα ἀγαθὸν γε-]

   νόμενον αὐτὸν Ε̩
   ἐν ταῖς μάχαις
   ἐκ τῆς χώρας Κ   50

   ὕστερόν τε χρόν[ου...
   καὶ τῶν πολιτῶν
   ταῖς πεντηκοντ[α?
   τούτων ἐπιπλε[ουσῶν...
   ἀνδραγαθοῦντα Κ̩Α̩   55
   ἀποκτείναντα

   τὰς δὲ καὶ δυομεν[ας?

(explicit col. I)
(col. II—IV perierunt)

(I) Inscr. (s. III a. Chr. n.) Pari reperta, ed. Kontoleon, Arch.
Ephem. 1952, 32 ss. (II) oraculum Ε₁ col. II 50 ss.: AP XIV 113, 2 ss.

A col. I   51 D.

[Σωσθένης ὁ Προσθένου τάδε ἀνέγραψεν ἐκ τῶν τοῦ Δημέου]

[ἀνέγραφεν] δ[᾽ ὁ Δ]ημέας οὐ μόνον περὶ[1

„die neue (Gefahr?) aus Paros . . .
„und in der Brüder Not . . .
„mein Sinn . . .
„Das Feuer, das jetzt rings . . .
„in der Vorstadt (prasselnd . . .
„Die Erde mißhandeln sie! . . .
„Erxies, (bald) herbeizueilen . . .
„Daher (bete ich zu den Göttern, daß sie) dich auf (schnell-
                                    stem) Wege hergeleiten
„und daß (sie) nicht günstige . . .   (Gedichtschluß)

(Prosa) *Wie er nun so gebetet hatte, (. . . . . . . er-
hörten ihn die Götter und (. . . . . erfüllten)
die Gebete, alle (aber wissen, daß als tapferer Mann)*

*er sich bewährt hat . . .
in den Kämpfen (,in denen die Naxier vertrieben wurden)
aus dem Lande . . .*

*ebenfalls in späterer Zeit . . .
und als die Bürger . . .
mit den fünfzig (od.: Fünfzigruderern?) . . .
als diese heransegelten . . .
er sich im Kampf ausgezeichnet hat . . .
und er getötet hat . . .*

auch andre (Schiffe) beim Sinken (?) . . .

(Schluß von Kolumne I)
(Kolumnen II—IV nicht erhalten)

(Die schon bisher bekannten Steine)

Stein A Kolumne I:

(Prosa) *(Sosthenes, der Sohn des Prosthenes, hat folgendes
              aus der Schrift des Demeas aufgezeichnet.)*
Aufgezeichnet hat Demeas nicht nur (alles) über . . . .

[.........]σιλνοπ.λλλ πολίτης Ἀρχίλο[χος

[..........]εὐσ⟨εβ⟩είας καὶ τῆς περὶ τὴν πατ[ρίδα σπου-]

[δῆς· ἐμνημόνευσ]ε γὰρ τῶν πεπραγμένων [ὑπὸ τοῦ ποι-]

[ητοῦ] πολλῶν καὶ μεγάλων ἀγαθῶν[5

[....]ς τοῦ ἀνηγαγωχότος ταῦτα εἰς[
[...ἀν]αγέγραφεν δὲ ὁ Δημέας ἔκαστα [τῶν τε πεπραγμέ-]

[ν]ων καὶ γεγραμμένων ὑπὸ Ἀρχιλόχου κατ[᾿ ἄρχοντα]
ἔκαστον, καὶ ἦρκται ἀπὸ ἄρχοντος πρῶτον Εὐρ[.... ἐφ᾿ οὗ]

δοκεῖ πεντηκόντορος Μιλησίων πρέσβεις ἄγ[ουσα εἰς Πάρον]   10

καὶ ἀνακομιζομένη ἐγ Μιλήτου διαφθαρῆνα[ι ἐν τῶι πορθμῶι]

τῶι Ναξιακῶι, καὶ σωθῆναι ἕνα τινὰ αὐτῶν, ὧι ὄ[νομα Κοίρα-]

νος, ὑπὸ δελφῖνος ἀναλημφθέντα, καὶ ἐκπεσόν[τα εἰς τὸν]

[τῶ]ν Συρίων [λιμέν]α εἴς τι σπήλαιον συνφ[υγεῖν, καὶ]

ἐκεῖθεν αὐτ[ις ἐλθεῖν εἰς τὴν ἰδ]ίαν· τὸ δὲ σπ[ήλαιον]   15

ἔτι νῦν ὑ[πάρχον ἀπ᾿ ἐκεί]νον Κοιράνει[ον καλεῖ-]
[τ]αι, [καὶ ναίει Ποσειδῶν ὁ ἵ]ππιος ἐντ[οσθε, καθ-]

ἀπ[ερ ὁ ποιητὴς ποιεῖται αὐτο]ῦ μνήμη[ν λέγων οὕτω·]

(Zitat:)

[πεντήκοντ᾿ ἀνδρῶν λίπε Κοίρα]νον ἵππ[ιος Ποσειδῶν·]   (= fr. 117 D.)
                                        ]ναρ[20
                                        ]ξολ[

(ll. 22—39 perierunt)

.... *(unser ehemaliger) Mitbürger Archilochos*
....
(Beweise seiner) Gottesfurcht und (Bereitschaft) für die
Vaterstadt (ein-)
(zutreten; erwähnt hat nämlich Demeas) was an Taten (von
dem Dich-)
(ter) vielfach und mit großem und segensreichem Erfolg ...
....
.... *dessen, der das datiert hat nach* ....
...*aufgezeichnet hat Demeas alles Einzelne, was Archilochos*
ge-
tan und geschrieben hat, (datiert) nach dem jeweiligen
Archonten, und begonnen hat er mit dem ersten Archon
Eur .... (zu dessen Zeit)
scheint ein Fünfzigrudererschiff, das Gesandte der Milesier
(nach Paros brachte)
auf der Reise von (?) Milet untergegangen zu sein (im Meeres-
arm)
(vor) Naxos, und gerettet worden sei nur einer von ihnen,
mit Na(men Koira-)
nos, den ein Delphin auf seinen Rücken genommen hatte;
und an Land getrieben
sei er (im Hafen) von Hyria(? Syr-d. Inschr.) und habe
sich in eine Höhle geflüchtet und
von dort sei er dann wieder (heimgekehrt in seine Stadt); die
Höhle,
die es auch jetzt noch (gibt, wird nach) ihm „Koiraneion" ge-
nannt, und (Poseidon) Hippios hat da(rinnen seine Kult-
stätte, wie)
(ja auch der Dichter ihn) erwähnt(, indem er folgendes sagt):

(Verszitat = fr. 117 D.)

„*Von den Fünfzig rettet den Koiranos Hippios Poseidon.*"
....
....
(Zeile 22—29 zerstört)

]φον (?) δὲ τὸ[ν χρυσὸν]   40
[π]άντα τοὺς Θρ[ᾷκας λέ]γουσιν Πάριοι ἑα[υτοῖς]
ἀποκατιστάνα[ι πάλιν· δι]ασαφεῖ δὲ τ[αῦτα]
[καὶ] αὐτὸς ὁ [ποιητὴς λέγων·]

(Zitat:)

[. .]ατ[. .]φυλ[   ]/[. .]ο[. . . . .]σαι[. . . . .]ιαι
[   ]/γρα [. . . . .]εκεσ[. . . . . μ]ένω[.]   45
πολλ[‿_◡]/επεασ[◡_] πάϊς Πεισιστράτου
ἄνδρας [_]ω/λοῦντας αὐλὸν καὶ λύρην ἀνῆρ’ ἄγων
εἰς Θάσον κυσὶ / Θρ⟨έ⟩ιξιν δῶρ’ ἔχων ἀκήρατον

χρυσόν· οἰκείω⟨ι⟩ / δὲ κέρδει ξύν’ ἐποίησαν κακά,

                         ὅτι τοὺς Θρᾷκας
ἀποκτείναντες αὐτοὶ οἱ μὲν αὐτῶν ὑπὸ Παρί-   50
ων ἀπώλοντο, οἱ ⁺λη⟨ι⟩στὰς Σάπας ὑπὸ τῶν Θρα⟨ι⟩-
[κ]ῶν⁺. μετὰ ταῦτα πάλιν γίνεται ἄρχων Ἀμ-
φ[ί]τιμος, καὶ ἐν τούτοις διασαφεῖ πάλιν, ὡς
ἐ[ν]ίκησαν καρτερῶς τοὺς Ναξίους λέγων
[ο]ὕτω·

(Zitat:)

                    τῶν δ’ Ἀθηναίη μάχη⟨ι⟩   55
ἵλαος παρασταθεῖσα/, πάϊς ἐρικτύπου Διός,
καρδίην ὤρινεν αὐτῆς τῆς πολυ/κλαύτου λεώ·

.[. .]ντων[. .]ἀλλα κείνης ἡμέρης ἐπὶ χθ/[ ]α
ἄλλον ἤ⟨ι⟩τησεν· τόσους γὰρ ἐξεχώρησεν γύας
νηλε/[_◡]παντός· ἀλλὰ θεῶν Ὀλυμπίων νόωι   59
νη[

(ll. 60—61 perierunt)
(perierunt A col. II et III)

(Prosa) . . . . *doch das ganze (Gold)
sollen, so berichten die Parier, die Thraker ihnen
zurückerstattet haben; das gibt auch der (Dichter) selbst
zu erkennen(, indem er sagt:)*

(Verszitat, Tetrameter)

. . . .
. . . .
„viel . . . zu den Bürgern der Peisistratide sprach."
„Flöten, Leier . . .nde Männer nahm er, als er aufbrach, mit",
*„als den Hunden, diesen Thrakern, er nach Thasos reines
Gold"*
*„als Geschenk heranbringt. Enger Vorteil schuf nur Not
dem Volk,"*
(Prosa) *weil, nachdem sie selbst
die Thraker getötet hatten, ein Teil (der Thraker) von den
Pariern vernichtet wurde, ein Teil (der Parier, die die)
räuberischen Saper (töteten), von den Thrakern (?vernichtet
wurde). Nach diesen Ereignissen wird Amphitimos wieder
Archon, und in folgendem zeigt nun wieder (der Dichter),
daß sie einen gewaltigen Sieg über die Naxier errangen,
indem er spricht:*

(Verszitat, Tetrameter)

„doch Athene in der Schlacht"
„stand, des Donnergottes Tochter, uns zur Seite gnädiglich"
*„und rief wach den Mut im Herzen der bedauernswerten
Schar"*
„. . . . . . jenes Tages . . . . ."
„einen anderen verlangte: so viel Äcker hat geräumt"
„. . . doch nach der Götter Willen, der Olympischen,"
, ..."

(Zeile 60—61 zerstört)
(Ende von Kol. I)
(Vom Stein A sind Kolumnen II und III ganz zerstört)

A col. IV

δηλοῖ ὁ ποιητὴ[ς λέγων οὕτω·]

(Zitat:)

[‿‿‿]/δ(ὲ) ἐπὶ στρατηγ[   ]/
νῦν ἐεργμένῳ[ν   ]/
πῆ⟨ι⟩ μ' ἔσωσ' Ἑρμ[ῆς ‿‿‿‿‿‿‿‿]/μενος
ἀλκίμω[   ]/ται.   5

ὅτι δὲ Γλαῦκ[ος   τῆι κατὰ τὴν Θάσον μάχη⟨ι⟩ κρατησ[   ]δηλοῖ ὁ
ποιητὴ[ς λέγων οὕτω·]

(Zitat:)

                              [νό]/ον
καί φρένας τρε[   ]/
γῆς ἐπιμνήσαιο τ[   ]
[δει]/νὰ τολμήσας με[   ]   10
[‿‿‿]ἀνεῖλες αἰχμῆ⟨ι⟩ καὶ[   ]/
        ]σον ⁺δεσκεν⁺ καὶ χαλ[κ-
ανχη[.] εἰς τὴν Θάσο[ν
τηλε(?) καὶ παρ' ἐτα[ιρ-   15
της ἰσχυρᾶς ἥττ[ης
ιοιτι[.]τοιαῦτα[
[. . . . . . .] ἀσ[π]ίσιν[
[. .]ν τῆς Θάσου καὶ[
ἐφολκεῖ. ὅτι δ' ἀλη[θῆ λέγει ὁ Δημέας]   20

ὑπὲρ ταύτης τῆς π[δηλοῖ λέγων]
τάδε·

(Zitat:)

χ⟨ε⟩ιλίους γὰρ ἄν[δρας

Stein A, Kolumne IV:

das zeigt der Dichter (indem er folgendermaßen spricht:)

(Verszitat, Tetrameter)

„. . . . *unter Führung (des)* . . . . . .“
„*jetzt, wo dicht gedrängt (die Reihen?)* . . . .“
„*wo Gott Hermes (aus den Ängsten) mich errettet hat* . .“
„*(durch? sein) stark(es* . . . .“

(Prosa)

Daß aber Glaukos . . . . *als im Kampf um Thasos die Oberhand* . . . . , *das zeigt der
Dichter (indem er folgendermaßen spricht:)*

(Verszitat, Tetrameter)

„. . . . . . *den Sinn*“
„*und das Herz* . . . .“
„*denk an dieses Land* . . . .“
„*der du kühne Tat gewagt hast* . . . .“
„. . . . *hast du getötet mit der Lanze und* . .“
. . . . (verm. Prosa)
. . . . . . *nach Thasos* . . . .
fern (?) und bei (od. von) Freun(den . . . .
. . . . *eine gewaltige Niederlage* . . . .
. . . . . . *Derartiges* . . . .
. . . . *mit Schilden* . . . . *(eine)*
(Stadt?) auf Thasos und . . . . *(dort)*
mit einem kleinen Schiff an Land geht. Daß (Demeas) die
Wahrheit sagt,
über diese (Reise? . . . . , *zeigt der Dichter, indem er)*
folgendes (spricht):

(Verszitat, 1 Tetrameter)

„*Tausend Männer nämlich* . . . .“

[ἔ]πειτα γυναῖκας εἰ[χον
[.]αιτ[. . . . το]ὺς υἰο[ὺ]ς[
[. . . . .]εκτης ὡς[25
[. . . . .]ν· ὅτι δ' ἀλη[θῆ λέγει

(ll. 27—44 mutilatae)

(Zitat:)

[   ]λ' ἀμφιδ[ρ ‿≍]   45
[   ]/[. . .]ω[.] δούρατ' ἐκπ[
[   ]/[. . .]ε· τῶν δὲ δάμιν[αται] ν[όον]
[παῖς]/[.]Ἀθηναίη Διός
ἀμφ[   ]/[.]εσαν προ[. . .]τριχ[≍]
            /[. . .]το πύργος ἀμφα[_‿≍]   50
        /[. . . . .] ἐγ λίθων ἐδε[ίμ ‿≍]
        /[. .]ε[.]αὐτοὶ Λεσβίω[ν ⏑_‿≍]
[_‿_⏑_]ν δα/[μ]έντες χερσὶν ο[_⏑_‿≍]
[_‿_⏑]ων ἐσο[.]σε Ζεὺς Ὀλυμπίω[ν πατήρ],
[_‿_ ν]η[υ]σὶν θοῆισιν πη/μ[ο]νὴν ἐπήγομ[εν]   55
[_‿_]οτ' ἀμφὶ πύργον / ἔστασαν πονε[ύμενοι

[_‿_] μέγαν δ' ἔθεντο θυμὸν ἀμφε[_‿≍]
[_‿_⏑].με[. .]η/ραν εἱμένη καλ[_‿≍]   (explicit col. IV)
[_‿_⏑_ ἀ]μειπτή. πολλὰ δ' ἐρρυ[(extant in P. Ox. 2313 fr. 3)
   ]ω.[   ]φάρετραι δ' οὐκέτ' ἐκρυ[ψαν?   (60)
   ].νβ[   ]σαν ἰῶν. οἰδεπε[
[.].κιδε[⏑_]ντες ἱνας καὶ ταν[
]νβε[·]υ..[

B col. I, II, III perierunt

B col. IV

[   ]λωνιο[   ]
[τῆς]
μητρὸς αὐτῆς[   ]

(Prosa)

Hernach nahmen sie sich zu Frauen ....
(solche, die ihre) Söhne ....
.... (als Tadler?) da ....
.... Daß (Demeas) die Wahrheit (spricht)

(Zeile 27—44 fast völlig zerstört)

(Verszitat, Tetrameter)

„. . . . ."
„. . . . . die Lanzen . . ."
„. . . . . doch bezwingt (sie) deren (Mut)"
„. . . . . Athene . . des Zeus."
„um . . . ."
„. . . . . (lag?) der Turm . . . ."
„. . . . . aus Steinen (wir) gebaut"
„. . . (die Männer) selber einen Lesbischen (Paian?)"
„. . . . . bezwungen durch die Hände . . ."
„. . . . . der Göttervater Zeus"
„. . . in schnellen Schiffen wir das Leid ins Land geholt."
„. . . (als) rings am Turm sie standhaft blieben, schwer
                                                    bedrängt"
„. . . zu großer Kühnheit steigerten den Mut . ."
„. . . . . . . (sie) angetan . . . ."   (Ende von Kol. IV)
„. . . . (nicht) zu ändern. Viele . ." (bis v. 63 in P. Ox. 2313 fr. 3)
„. . . . . die Köcher nicht behielten mehr . ."
„. . . . . der Pfeile. Sie . . . . . ."
„. . . . . . (spannten) sie die Sehnen und . ."
„. . . . ."

Stein B: Kolumne I, II und III zerstört

Stein B, Kolumne IV:

....
....
ihrer Mutter ....

[   ]
καὶ με[   ]   5
[   ]
[. .]τῆς πατρίδος καὶ Ἀρχιλόχου ἐνταῦθα π[
[   ]
[   ]

Τίς σὲ τὸν ἐμ πέτρηι Μουσῶν θεράποντ᾽ ἐχάραξεν,   10

    παῖ Τελεσικλῆος κοῦρε, καταγλαΐσας;
Λέξω δή σοι ἐγὼ μάλ᾽ ἐτήτυμα, εἰ σὺ μὴ οἶδας·

    ἐσθλὸς ἐὼν ἀρετῆς τ(ε) οὐχ ὑπολειπόμενος

Σωσθεὺς Προσθένου υἱὸς ἐμὴν πολ[ύυ]μ[νον ἀοι]δὴν
    τιμῶν ἀεν[άων] αἶσαν ὑπεσπάσατο. _   15
                        (spatium)
Σωφροσύνας οἴακα [νέμοντ-   ]
    εμεο[   ]
[   ]
    [   ]Πάρος.

(I) Demeas FGrHist. 502 = IG XII 5, 1 nr. 445 (s. I. a. Chr.); (II)
A col. I, 55—58 et A col. IV 53—63: P. Ox. XXII (1954) nr. 2313 fr. 2
et fr. 3

                    Τετράμετρα

    ⟨ὣ⟩ λιπερνῆτες πολῖται, τἀμὰ δὴ συνίετε   52 D.
    ῥήματ᾽ . . .
    Schol. Rav. Arist. pac. 603s.

    ἔα Πάρον καὶ σῦκα κεῖνα καὶ θαλάσσιον βίον.   53 D.
    Athen. III 76 b (I, 177 Kaibel)

. . . .
und . . . .
. . . .
(um) die Heimatstadt und (da) Archilochos dort . . . . .
. . . .
. . . .

(Epigramm des Sosthenes = Sostheus)

Wer hat, du Diener der Musen, dich hier aus dem Felsen ge-
hauen,
dir, Telesikles Sohn, junger, zu leuchtendem Ruhm?
— Hör denn, wenn du sie nicht wußtest, die Wahrheit will ich
dir sagen:
vielen bekannt ist der Mann, Tüchtigkeit mangelt ihm
nicht,
Sostheus, Prosthenes Sohn: meine vielgesungenen Lieder
ehrend, schuf er das Los derer, die ewig sind, mir. —

(Freier Raum, danach Reste von 2 Distichen):

Rechter Besinnung Steuer . . . .

(Rest bis auf „Paros" unleserlich)

Tetrameter

Bürger, ihr verlassnen, armen, meine Worte höret jetzt
endlich! . . . .

Paros laß und seine Feigen, laß das Fischerleben sein!

]νερ . [54 D.
ὡς Πανελλήνων ὀϊζὺς]ἐς Θάσ[ον συνέδραμεν
                     π]λοῦτ[ο-

(v. 2) Strab. VIII 370, et fort. P. Ox. XXII (1954) nr. 2313
fr. 18 (v. 1—3)

                    ]ον παθεῖν   55 D.
              ]ἤπιοι φρένα
               ]τ' ἀκήρατος
               ]σημάντορες
              αἱ]χμητὴς ἐών   5
               -ε]ύμενος
               -]ὅρης τελεῖν
             ὀ]μνύων ὅτε
             ]ν ἀκούσεαι
             ἐνα]ντιον   10
               ]πόλει
               ]εχειν
               ]σμένος
          μηδ' ὁ Τα]ντάλου λίθος
[τῆσδ' ὑπὲρ νήσου κρεμάσθω _ ◡ _ ◡]νς ἔχων   15
                    ]μεθα

(I) v. 1—16: P. Mus. Brit. 487 B (Milne, Cat. of the Lit. Pap.
in the Brit. Mus., 1927, nr. 55 p. 43); (II) v. 2—13: P. Ox.
XXII (1954) nr. 2313 fr. 10; (III) v. 14/5 = fr. 55 D: schol.
Pind. O. I, 91 (I, 38 Drachmann) et (IV) Plut. praec. ger. reip. 6
p. 803 a (mor. V 1, p. 71 Hubert-Pohlenz). — cf. Paus. X 31, 12

                    col. II

παντ[. . . .]ονες γένεσθε[an. in.
                                        2 II D.
φαινο[. . . . .].ων δ' ἐόντων[
εἰ γὰρ ω[. . . . .]γεν . . . .[
χωρ . ε . [. . . .].χ . . . . .[
συμβα[. . .] . . . ιων . . . .τ . .[5
εἴ τ' ἐφιστ . . . .ν . . . . .[
ἐς μέσον . . . .[

. . . .
daß in Thasos der Hellenen Abschaum sich zusammenfand.
. . . . *Reichtum* . . . . . .

> ... *zu erleiden (schlimmste Not)*
> ... *voller Sanftmut ist ihr Sinn*
> ... *(wie?) ungemischte(s Gold?)*
> ... *die im Felde Führer sind*
> ... *(du) als Kämpfer mit dem Speer*
> *. . .*
> ... *zu vollenden* ...
> ... *indem (du) schwörst: sobald*
> ... *du hören wirst*
> ... *entgegen* ...
> ... *für die Stadt*
> *. . .*
> *. . .*
> *nicht der Stein des Tantalos*

hänge über dieser Insel! . . . .
> ... *wir wollen* ...

Seid nun völlig . . . .
schein' ich (?), mögen noch so viele ...
Wär' es (mir doch nur beschieden) ...
. . .
Zum Zusammenprall (der Waffen laß uns gehn) . . . .
Stünd' ich doch (an eurer Seite) ...
(Komm denn du) in unsre Mitte, (Vater Zeus, zur Hilfe) . .

μήτε τῶν καινῶν μετω...[

γῆ φόνωι, μαχρ...ευη...[

καὶ λόφωι δειν.....[10

ἀμφι..........[

μη........[

πασ.τ.......τωνδε..[

τα.νε.....[θ]αλάσση...[

ε..   15

...τῶν......ν αὐτοῦ ῥῆμ[ατ( )

...

................ευσ.[

με...

...   20

...

...

ὧδε πῆμ᾿ ἔθηχ᾿ ἑτα[ί]ρο[ισ᾿

P. Mus. Brit. nr. 487 B (Milne, Cat. of the lit. pap. nr. 55
p. 43)

Γλαῦχ᾿, ὅρα· βαθὺς γὰρ ἤδη κύμασιν ταράσσεται   56 D.

πόντος, ἀμφὶ δ᾿ ἄκρα Γυρέων ὀρθὸν ἵσταται νέφος,
σῆμα χειμῶνος· κιχάνει δ᾿ ἐξ ἀελπτίης φόβος.

(I) Heraclit. alleg. Hom. 5 (p. 6 Oelmann); (II) Theophr.
sign. tempest. 3, 8 (III p. 127 Wimmer); (III) Plut. superst.
8 p. 169b (mor. I 348 Paton-Wegehaupt); (IV) v. 1:
Syrian. in Hermog. p. 73, 12 Rabe

φέρο]νται νῆες ⟨ἐ⟩μ πόντωι θοαὶ   56a D.
π]ολλὸν δ᾿ ἱστίων ὑφώμεθα
]τες ὅπλα νηός, οὐρίην δ᾿ ἔχε

ἑται]ρους, ὄφρα σέο μεμνεώμεθα
[‿‿‿ φόβον δ᾿]ἄπισχε, μηδὲ τοῦτον ἐμβάληις   5
]ν ἵσταται κυκώμενον

nicht der neuen . . . .
. . . durch Blut die Erde; (Kriegsschiffe) . . . .
und dem Helmbusch . . .
um . . .
nicht . . .
. . . . Meer . . .
. . . . seine Worte . . .

(dürftige Spuren von 17—22)

So hat Leid er den Gefährten nur gebracht . . .

Glaukos, schau: schon wird das tiefe Meer von Wellen auf-
gewühlt,
bei den Felsspitzen von Gyrai ballt sich eine Wolke hoch,
nahen Sturmes Zeichen! Plötzlich, unvermutet kommt die Angst.

. . . . die Schiffe jagen übers Meer in schneller Fahrt
. . . . . einen großen Teil der Segel reffen laß
und die Raumschot laß uns lösen! Mög der Wind dir günstig
sein
für die Fahrt! Die Freunde (? rette), daß wir deiner eingedenk (.)
. . . (der Furcht) erwehr dich, wecke sie (in andren) nicht,
(mag auch noch so schlimm die Welle) türmen sich im Wogen-
schwall!

68   *I A M B O I*

]μης, ἀλλὰ σὺ προμήθεσαι
[θ]υμος[

P. Londin. 2652 A (Milne, Catal. p. 42s. 54 tab. IV A). — Archilocho
tribuit Croenert

καὶ νέους θάρσυνε· νίκης δ' ἐν θεοῖσι πείρατα.   57 D.

Clem. Al. strom. 6, 6, 5 (p. 426 Stählin²)

τοῖς θεοῖς⁺τ' εἰθεῖά παντα⁺· πολλάκις μὲν ἐκ κακῶν   58 D.
ἄνδρας ὀρθοῦσιν μελαίνηι κειμένους ἐπὶ χθονί,
πολλάκις δ' ἀνατρέπουσι καὶ μάλ' εὖ βεβηκότας
ὑπτίους κ⟨λ⟩ίνουσ'· ἔπειτα πολλὰ γίγνεται κακά,
καὶ βίου χρήμηι πλανᾶται καὶ νόου παρήορος.   5

Stob. 4, 41, 24 (p. 935 Hense)

Τὸν κεροπλάστην ἄειδε Γλαῦκον _◡_◡◡   59 D.

Schol. T Hom. Il. 24, 81, ad κεροπλ. cf. Plut. sollert.
animal. 24 p. 976f., Hesych. s. v., Pollux 2, 31

Οὐ φιλέω μέγαν στρατηγὸν οὐδὲ διαπεπλ⟨ι⟩γμένον   60 D.
οὐδὲ βοστρύχοισι γαῦρον οὐδ' ὑπεξυρημένον·
ἀλλά μοι σμικρός τις εἴη καὶ περὶ κνήμας ἰδεῖν
ῥοικός, ἀσφαλέως βεβηκὼς ποσσί, καρδίης πλέως

(I) v. 1—2: Dio Chrys. 33, 17 (I p. 302 v. Arnim); (II)
v. 3—4: Galen. in Hippocr. artic. 3 (CMG XVIII 1 p. 537);
(III) v. 1. 3. 4 ibid. p. 604; (IV) v. 3—4: Erotian. fr. 43
(p. 112 Nachmanson)

ἑπτὰ γὰρ νεκρῶν πεσόντων, οὓς ἐμάρψαμεν ποσίν,   61 D.
χείλιοι φονῆές ε⟨ἴ⟩μεν

Plut. Galb. 27

. . . . *sondern zeig Voraussicht du*
. . . . . *der Sinn* . . . .

Mach den Jungen Mut! Den Göttern steht anheim das Ziel,
der Sieg.

(Stell anheim) den Göttern alles: denn schon oftmals in der Not
richten auf sie manchen Menschen, der auf schwarzer Erde lag,
oft auch stürzen sie zu Boden den, der fest zu stehen schien,
daß er rücklings hinfällt: viele Plagen suchen ihn dann heim,
brotlos wird er, ruhlos irrt er, vom Begreifen weit entfernt.

Von dem Lockendreher Glaukos singe . . . . .

(verm. Liedanfang)
Nicht kann ich den großen Feldherrn leiden, dessen Gang gestelzt,
den nicht, der auf Locken stolz ist, und nicht den, der glattrasiert.
Lieber ist mir da ein kleiner, mögen krumm die Waden sein,
wenn er sicher auf den Füßen dasteht und ist voller Mut.

Sieben Tote blieben liegen, wir, die wir sie eingeholt
und geschlagen, sind eintausend

Ἐρξίη, πῆι δηὖτ᾽ ἄνολβος ἀθροΐζεται στρατός;   62 D.

(I) **Hephaest**. ench. 6, 2 (p. 18 Consbruch), cf. schol. p. 271
Consbruch; (II) Anecd. var. ed. Schoell et Studemund, I,
206, 3. — Cf. Et. Flor. p. 127 Miller, Mar. Victorin. VI 84,
26 s. Keil

ἔλπομαι, πολλοὺς μὲν αὐτῶν Σείριος καταναν⟨έ⟩ει   63 D.
ὀξὺς ἐλλάμπων

Plut. quaest. conv. III 10, 2 p. 658b (mor. IV p. 113 Hubert),
cf. Hesych s. v. Σείριος

οὔ τις αἰδοῖος μετ᾽ ἀστῶν ⟨οὐδὲ⟩ περίφημος θανών   64 D.
γίγνεται· χάριν δὲ μᾶλλον τοῦ ζοοῦ διώκομεν
⟨οἱ⟩ ζοοί· κάκιστα δ᾽ αἰεὶ τῶι θανόντι γίγνεται.

Stob. 4, 58, 4 (p. 1142 Hense)

οὐ γὰρ ἐσθλὰ κατθανοῖσι κερτομέειν ἐπ᾽ ἀνδράσιν.   65 D.

(I) Stob. 4, 57, 4 (p. 1137 Hense); (II) Clem. Al. strom.
6, 5, 10 (p. 425 Stählin²); (III) Schol. Hom. Od. 22, 412

ἐν δ᾽ ἐπίσταμαι μέγα,   66 D.
τὸν κακῶς ⟨μ᾽ ἔρδο⟩ντα δέ⟨ν⟩νοισ᾽ ἀνταμείβεσθαι κακοῖς.

Theophil. ad Autolyc. 2, 53 (p. 176 Otto)

Θυμέ, θύμ᾽ ἀμηχάνοισι κήδεσιν κυκώμενε,   67 a D.
⁺ἀναδευ⁺ δυσμεν⟨έ⟩ων δ᾽ ἀλέξευ προσβαλὼν ἐναντίον

στέρνον, ⁺ἐν δοκοῖσιν⁺ ἐχθρῶν πλησίον κατασταθείς
ἀσφαλέως· καὶ μήτε νικῶν ἀμφάδην ἀγάλλεο

μηδὲ νικηθεὶς ἐν οἴκωι καταπεσὼν ὀδύρεο,   5

Erxies, wozu versammelt sich das unglücksel'ge Heer?

Hoffen möcht ich, ihrer viele dörrt die Sonne tüchtig aus,
stechend heiß erstrahlend . . .

Keiner ist bei seinen Bürgern nach dem Tode angesehn
und geehrt. Wir jagen eher nach der Gunst des Lebenden
lebenslang. Am allerschlimmsten geht man mit dem Toten um.

denn nicht edel ist's, von Toten Schlechtes reden und sie schmähn.

Eines aber kann ich gut:
dem, der Böses mir getan hat, heimzahlen mit bösem Schimpf.

Herz, mein Herz, von Fluten Leides fortgerissen rettungslos,
richt dich auf! Dem Feind entgegen halt die Brust und wehre
dich!
Gilts die Gegner zu empfangen, laß ganz nahe sie heran!
Halte Stand! Und wenn du siegtest, rühm des Sieges dich nicht
laut,
lieg zu Hause nicht am Boden, klagend, wenn man dich besiegt,

ἀλλὰ χαρτοῖσίν τε χαῖρε καὶ κακοῖσιν ἀσχάλα
μὴ λίην· γίγνωσκε δ᾽ οἷος ῥυσμὸς ἀνθρώπους ἔχει.

(I) Stob. 3, 20, 28 (p. 544 Hense); (II) v. 1: Dion. Hal.
comp. verb. 17; (III) v. 6—7: Apostol. 18, 8a (II 718
Leutsch). — cf. Lucil. 699 Marx; Greg. Naz. XXXVII 590,
145 Migne

_◡_⚥_ ⟨σ⟩ὺ γὰρ δὴ παρὰ φίλων ἀπάγχεαι   67 b D.

Aristot. polit. VII 6 p. 1328 a 3

τοῖος ἀνθρώποισι θυμός, Γλαῦκε, Λεπτίνεω πάι,   68 D.
γίγνεται θνητοῖσ᾽, ὁκοίην Ζεὺς ἐφ᾽ ἡμέρην ἄγηι,
καὶ φρονεῦσι τοῖ᾽, ὁκοίοισ᾽ ἐγκυρέωσιν ἔργμασιν.

v. 1—2: (I) Theo progymn. I, 153 Walz; (II) Sext. Emp.
adv. math. 7, 126ss; (III) Schol. Hermog. VII 934 Walz;
(IV) Diog. Laert. IX 71; (V) Ps.-Plut. de nob. 21 (mor. VII
p. 278 Bernardakis),; (VI) Stob. I, 1, 18 (p. 28 Wachsmuth)
sine nomine auctoris. — v. 3 (adiunxit Jacobs): (VII) Ps.-
Plat. Eryx. 397a; (VIII) Stob. 4, 31, 117 (p. 774 Hense)

_◡_ μάχης δὲ τῆς σῆς ὥστε διψέων πιεῖν   69 D.
ὣς ἐρέω

Athen. X 433 e (II 443 Kaibel)

νῦν δὲ Λεώφιλος μὲν ἄρχει, Λεώφιλος δ᾽ ἐπικρατέει,   70 D.
Λεωφίλωι δὲ πάντα κεῖται, Λεώφιλος δ᾽ ἀκούε⟨ται⟩

Herodian. π.σχημάτων 57, 2

εἰ γὰρ ὣς ἐμοὶ γένοιτο χεῖρα Νευβούλης θιγεῖν   71 D.

Plut. de EI ap. Delph. 5 p. 386d (mor. III p. 5 Sieveking)

καὶ πεσεῖν δρήστην ἐπ᾽ ἀσκὸν κἀπὶ γαστρὶ γαστέρα   72 D.
προσβαλεῖν μηρούς τε μηροῖς

Schol. Eurip. Med. 679

sondern freue dich des Frohen, trauere um Leidiges
nie zu sehr! Erkenn des Lebens Auf und Ab, das uns beherrscht!

. . . . denn gerade, wer dein Freund heißt, würgt dich ab.

Sieh, so ist der Sinn der Menschen — Glaukos, Sohn des
*   Leptines —*
wie jedweder Tag beschaffen, den uns Zeus vor Augen stellt,
und sie denken dementsprechend, wie die Lage sie betrifft.

. . . mit dir zu kämpfen, wie ein Dürstender den Trank,
so begehr ich das . . .

Leophilos ist jetzt am Ruder, Leophilos ist jetzt der Herr,
Leophilos vertraut man alles, Leophilos gehorcht man blind.

Wäre mir doch Neobules Hand zu streifen nur vergönnt!

drauf zu wildem Tun sich stürzen und den Leib an meinen Leib,
Schenkel eng an Schenkel pressen.

ἤμβλακον, καί πού τιν' ἄλλον ἤδ' ἄτη κιχήσατο.   73 D.

Clem. Al. strom. 6, 6, 1 (p. 425 Stählin²)

χρημάτων ἄελπτον οὐδέν ἐστιν οὐδ' ἀπώμοτον   74 D.
οὐδὲ θαυμάσιον, ἐπειδὴ Ζεὺς πατὴρ Ὀλυμπίων
ἐκ μεσημβρίης ἔθηκε νύκτ' ἀποκρύψας φάος
ἡλίου λάμποντος· ὑγρὸν δ' ἦλθ' ἐπ' ἀνθρώπους δέος.
ἐκ δὲ τοῦ κἄπιστα πάντα κἀπίελπτα γίγνε]τα[ι   5

ἀνδράσιν. μηδ' εἷς ἔθ' ὑμέων εἰσορ]έων θαυμαζέτω
μηδ' +εἶνα+ δελφῖσι θῆρες ἀνταμ]είψωνται νομόν
ἐνάλιον καί σφιν θαλάσσης ἠχήεντ]α κύματα
φίλτερ' ἠπείρου γένηται, τοῖσι δ' +ἡδὺ+]νειν ὄρος

. . . . Ἀ]χηνακτίδης   10
. . . .]ήτου πάις
. . . . αρ]τύθη γάμω.[
. . . .]...γνε..
. . . .]νέειν
. . . .]   15
. . . . ἀν]δράσιν
. . . .

(I) v. 1—9: Stob. 4, 46, 10 (p. 999 Hense); (II) v. 4—12:
P. Ox. XXII (1954) nr. 2313 fr. 1a; (III) v. 1: Arist. rhet. III
17 p. 1418 b 28. — cf. nugas Anonym. Comm. Arist. Gr.
XXI 2, 255s, 324 Rabe

κλῦθ', ἄναξ Ἥφαιστε, καί μοι σύμμαχος γουνουμένωι   75 D.
ἵλαος γενεῦ, χαρίζευ δ' οἷά περ χαρίζεαι.

Plut. aud. poet. 6 p. 23b (mor. I 46 Paton-Wegehaupt)

αὐτὸς ἐξάρχων πρὸς αὐλὸν Λέσβιον παιήονα   76 D.

Athen. V 180 e (I, 414 Kaibel)

Ja, ich hab geirrt! Manch andren suchte schon der Irrtum heim!

Unvorstellbares Ereignis, ganz unmöglich, wunderbar,
ist hinfort nichts mehr auf Erden, seit der Göttervater Zeus
Mittagszeit in Nacht verwandelt und der hellen Sonne Licht
sich verbergen ließ. Die Menschen spürten plötzlich kalte Angst.
Und seither ist nichts verläßlich: glaubwürdig den Menschen
scheint
alles jetzt. Drum wundre keiner sich, wenn er Delphine sieht
ihre Wohnstätten im Meere tauschen mit dem Waldgetier
und wenn diesem Wild die Wogen und ihr Rauschen künftighin
lieber als das Festland scheinen und der Fisch im Bergwald
haust.
. . . . Archenaktides
. . . . des . . .-etos Sohn
. . . . zu der Hochzeit war . .
. . . .
. . . .
. . . .
. . . . den Menschen . . .

Hör mich, Gott Hephaistos! Steh mir bei im Kampf, ich fleh
dich an,
gnädig zeige dich! Gewähre, wie nur du gewähren kannst!

Selbst stimm ich zum Flötenklange an den lesbischen Paian

ὡς Διωνύσοι' ἄνακτος καλὸν ἐξάρξαι μέλος   77 D.
οἶδα διθύραμβον οἴνωι συγκεραυνωθεὶς φρένας

Philochoros FGrHist 328 F 172 ap. Athen. XIV 628 a

[περὶ Περικλέους]

_ ᴗ _ πολλὸν δὲ πίνων καὶ χαλίκρητον μέθυ,   78 D.
οὔτε τῖμον εἰσενείκας _ ᴗ _ ō _ ᴗ ᴗ
οὐδὲ μὲν κληθεὶς ⟨ᴗ _ ō⟩ ἦλθες, οἷα δὴ φίλος.
ἀλλὰ σεῦ γαστὴρ νόον τε καὶ φρένας παρήγαγεν
εἰς ἀναιδείην   5
    . . . Μυκονίον δίκην

Athen. epit. I, 7 f (I, 16 Kaibel), cf. ad v. 2. Eust. in Il.
1148, 36

'Επωιδοί

π . [   ]ν[. . .] . . . . [79 a D.
κύμ[ασι] πλα[ζόμ]ενος
κἂν Σαλμυδ[ησσ]ῶι γυμνὸν εὐφρονέσ[τατα]
Θρήϊκες ἀκρό[κ]ομοι
λάβοιεν — ἔνθα [πό]λλ' ἀναπλήσει κακὰ   5
δούλιον ἄρτον ἔδων —
ῥίγει πεπηγότ' αὐτόν, ἐκ δὲ τοῦ χνό⟨ο⟩υ
φυκία πόλλ' ἐπιχ⟨έ⟩οι,
κροτέοι δ' ὀδόντας ὡς [κύ]ων ἐπὶ στόμα
κείμενος ἀκρασίηι   10
ἄκρον παρὰ ῥηγμῖνα κυμαντωι[.].[.].ι
ταῦτ' ἐθέλοιμ' ἂν ἰδεῖν,
ὅς μ' ἠδίκησε, λ[ὰ]ξ δ' ἐπ' ὀρκίοισ' ἔβη
τὸ πρὶν ἑταῖρος [ἐ]ών.

(explicit)

Pap. Argentor. ed. R. Reitzenstein, SBAkBerlin 1899, 857ss.
tab. VII

Von dem Gotte Dionysos anstimmen ein schönes Lied
kann ich, einen Dithyrambos: Wein schlug wie ein Blitz in mich.

[An Perikles]

. . . du trankst in Mengen Wein und grad den süßesten,
ohne Beitrag beizusteuern . . . .
Und, wo's Sitte ist bei Freunden, daß man sie zum Mahle lädt,
kamst du ungerufen, denn dein Bauch verführte den Verstand,
ließ dich schamlos sein . . .
                    wie Mykonier es tun

Epoden

. . . .
(soll er,) von Wellen gepeitscht!
In Salmydessos, nackt, ergreifen mögen ihn
Thraker mit wulstigem Schopf
aufs freundlichste — wo er dann viele Not erlebt,
Sklavenbrot wird er da kaun, —
vor Kälte ganz erstarrt, und mit dem Salzschaum klebt
Tang ihm in Mengen am Leib,
und zähneklappern soll er, wenn er wie ein Hund
daliegt, nicht rühren sich kann,
ganz hart am Rand der Brandung, wo die Welle leckt:
so möchte gern ich ihn sehn!
— der Unrecht tat mir und den Eid mit Füßen trat,
— einst aber war er mein Freund!

(Liedschluß)

(incipit)

Κάτε[. . . .]οικλε[. . . . . . (.)]ǫνν.τίδι　　　　　79 b D.
δο[　　　　　　]ωράσ[
　　　　　　　]ε[　　　　　　　]σλο.[

Pap. Argentor. ed. R. Reitzenstein, SBAkBerlin 1899, 857 ss.
tab. VII

　　　　　　　　　　　　· · · ·　　　　80 D.

ἡ χλαῖν[α. . . . .]ατνη[
κυρτὸν ε̣[. . . . . .]φιλεῖς
ἀγχοῦ καθῆσθαι, ταυτα δ' 'ίππωνα[

[.]ὶδ' ἄριστα βροτῶν
[. .]δεν δὲ κἈρίφαντος (ἃ μάκαρ, ὅτ[ις　　　5
ọὐδάμα κώ σ' ἔϊδε,
[γ]ǫ[άσ]ου πνέοντα φῶρα·) τῶι χυτρε̣ῖ [δὲ νῦν]
Αἰσχυλίδηι πολεμεῖ.
ἐκεῖνος ἤμερσέ[ν σε. . . . . . .].ησ[
πᾶς δὲ πέφηνε̣ δο[λος]　　　　　　　10
　　　　　　　].·[

Pap. Argentor. ed. R. Reitzenstein, SBAkBerlin 1899, 557 ss.
tab. VII

Ἐρέω τιν' ὑμῖν αἶνον, ὦ Κηρυκίδη,　　　81 D.
ἀχνυμένη σκυτάλη.
πίθηκος ἤιει θηρίων ἀποκριθεὶς
μοῦνος ἀν' ἐσχατιήν.
τῶι δ' ἀρ' ἀλώπηξ κερδαλέη συνήντετο　　5
πυκνὸν ἔχουσα νόον.

(I) Lucill. Tarrh. ap. Ammon. p. 7 Valckenaer (Anecd. Par.
3, 371, 14 s. Cramer); (II) Eust. in Od. 1769, 1. — ad v. 2
cf. Demetr. π.ἑρμ. 5; Hesych. s. v. σκυτάλη Λακωνική; Schol.
Pind. O. VI 154; Plut. sap. conv. 8 p. 152 e

der Mantel . . .
einen krummen . . . . du liebst
ganz nah zu sitzen, dasselbe (versteht) der Hippo-
                                    na(ktides)
am besten von allen Sterblichen,
das (versteht) auch Ariphantos — o, glücklich, wer
nie dich sah,
den nach (Bock) stinkenden Dieb, — mit dem Töpfer
Aischylides führt der (jetzt) Krieg:
jener hat dich 'getunkt' . . . .
und die ganze (Tücke) wurde da offenbar.
. . .

Ich sag euch eine Fabel, o Kerýkides,
— Heroldsstab, weidlich geplagt! —
Ein Affe wandert', allen Tieren fern, allein
auf ein entlegenes Feld.
Ihm kam entgegen unterwegs der schlaue Fuchs,
listige Ränke im Sinn.

Ἀλώπηξ καὶ πίθηκος

Ἐν συνόδῳ τῶν ἀλόγων ζῴων πίθηκος ὀρχησάμενος
καὶ εὐδοκιμήσας βασιλεὺς ὑπ᾽ αὐτῶν ἐχειροτονήθη.
ἀλώπηξ δὲ αὐτῷ φθονήσασα ὡς ἐθεάσατο ἔν τινι πάγῃ
κρέας κείμενον ἀγαγοῦσα αὐτὸν ἐνταῦθα ἔλεγεν, ὡς
εὑροῦσα θησαυρὸν αὐτὴ μὲν οὐκ ἐχρήσατο, γέρας δὲ
αὐτῷ τῆς βασιλείας τετήρηκε καὶ παρῄνει αὐτῷ λαβεῖν.
τοῦ δὲ ἀμελετήτως ἐπιόντος καὶ ὑπὸ τῆς παγίδος συλληφ-
θέντος αἰτιωμένου τε τὴν ἀλώπεκα ὡς ἐνεδρεύσασαν αὐτῷ
ἐκείνη ἔφη· „ὦ πίθηκε, σὺ δὲ τοιαύτην ψυχὴν (alii
codd. τύχην, μωρίαν sim., τύλην ci. Immisch, πυγὴν ci.
Crusius) ἔχων τῶν ἀλόγων ζῴων βασιλεύεις;"

Aesop. fab. 83 (I) Hausrath

ῥόπτρωι ἐρειδόμενον   82 D.

(I) EM 715, 44; (II) Schol. Rav. Arist. Ach. 687; (III) Suid.
s. v. σκανδάληθρα, cf. Pollux 7, 115

τοιήνδε δ᾽, ὦ πίθηκε, τὴν πυγὴν ἔχων   83 D.

Schol. Arist. Ach. 120

Ζεὺς ἐν θεοῖσι μάντις ἀψευδέστατος   84 D.
καὶ τέλος αὐτὸς ἔχει

Ael. Aristid. or. 45, 39 (II 51 Dindorf)

(incipit?)

εὖτε πρὸς ἄεθλα δῆμος ἠθροίζετο,   85 D.
ἐν δὲ Βατουσιάδης,

Hephaest. a) de poem. 7, 2 (p. 71 Consbruch), b) ench. 4, 2
et c) 7, 3 (p. 13 et 22 Consbr.), cf. Schol. Hephaest. (p. 272,
20 Consb.) et epit. Hephaest. (p. 361, 11 Consbr.), Schol.
Arist. nub. 275, Priscian. II 411 Keil, Sacerd. VI 512, 14.
517, 15 Keil

Fuchs und Affe

(Äsopische Fabel)

Bei einer Zusammenkunft der Tiere trat der Affe als Tänzer auf, fand allgemein Beifall und wurde von ihnen zum König gewählt. Der Fuchs neidete ihm das, und als er in einer Falle ein Stück Fleisch liegen sah, führte er den Affen hin, sagte, er habe einen Schatz gefunden, ihn aber nicht angerührt, sondern als Ehrengabe für den Träger der Königswürde aufgehoben, und forderte ihn auf, sich den Schatz zu holen. Als der Affe, ohne sich vorzusehen, darauf zuging, war er in der Falle gefangen. Da machte er dem Fuchs Vorwürfe, daß der ihn in die Falle gelockt hatte, der aber erwiderte: „Affe, du mit einer solchen (Seele?, Pechsträhne?, Torheit?, Schwiele?, Hinterseite?) bist König der Tiere?"

(war) auf das Stellholz gelegt

*Was, Affe, du, mit einem solchen Hinterteil
(willst König aller Tiere sein?)*

*Der beste Seher ist von allen Göttern Zeus,
denn es geschieht, was er will.*

(Verm. Anfang einer Epode)

*Als sich das Volk zum Wettkampfe geschart,
— auch der Batusiades
war da, —*

82 *IAMBOI*

τῆι μὲν ὕδωρ ἐφόρει   86 D.
δολοφρονέουσα χειρί, θητέρηι δὲ πῦρ

Plut. a) vit. Demetr. 35, 6, b) prim. frig. 14 p. 950f. (mor.
V 486 Bernardakis), c) comm. not. 23 p. 1070 a (mor. VI 2,
86 Pohlenz)

ἐμεῦ δ' ἐκείνας οὐ καταπροΐξεται   87 D.

EM 689, 1, cf. Et. Gud. 305, 3, Anecd. Par. 4, 55, 12 Cramer

Ἀετὸς καὶ ἀλώπηξ

Ἀετὸς καὶ ἀλώπηξ φιλίαν πρὸς ἀλλήλους ποιησάμενοι
πλησίον ἑαυτῶν οἰκεῖν διέγνωσαν, βεβαίωσιν φιλίας
τὴν συνήθειαν ποιούμενοι. καὶ δὴ ὁ μὲν ἀναβὰς ἐπί τι
περίμηκες δένδρον ἐνεοττοποιήσατο, ἡ δὲ εἰσελθοῦσα εἰς
τὸν ὑποκείμενον θάμνον ἔτεκεν. ἐξελθούσης δέ ποτε αὐτῆς
ἐπὶ νομὴν ὁ ἀετὸς ἀπορῶν τροφῆς καταπτὰς εἰς τὸν θάμνον
καὶ τὰ γεννήματα ἀναρπάσας μετὰ τῶν ἑαυτοῦ νεοττῶν
κατεθοινήσατο. ἡ δὲ ἀλώπηξ ἐπανελθοῦσα, ὡς ἔγνω τὸ
πραχθέν, οὐ μᾶλλον ἐπὶ τῷ τῶν νεοττῶν θανάτῳ ἐλυπήθη
ὅσον ἐπὶ τῇ ἀμύνῃ· χερσαία γὰρ οὖσα πτηνὸν διώκειν
ἠδυνάτει. διόπερ πόρρωθεν στᾶσα, ὃ μόνον τοῖς ἀδυνάτοις
καὶ ἀσθενέσιν ὑπολείπεται, τῷ ἐχθρῷ κατηρᾶτο. συνέβη
δ' αὐτῷ τῆς εἰς τὴν φιλίαν ἀσεβείας οὐκ εἰς μακρὰν δίκην
ὑποσχεῖν· θυόντων γάρ τινων αἶγα ἐπ' ἀργοῦ, καταπτὰς
ἀπὸ τοῦ βωμοῦ σπλάγχνον ἔμπυρον ἀνήνεγκεν· οὗ κομισ-
θέντος εἰς τὴν καλιὰν σφοδρὸς ἐμπεσὼν ἄνεμος ἐκ λεπτοῦ
καὶ παλαιοῦ κάρφους λαμπρὰν φλόγα ἀνῆψε. καὶ διὰ τοῦτο
καταφλεχθέντες οἱ νεοττοὶ — καὶ γὰρ ἦσαν ἔτι πτῆναι
ἀτελεῖς δι' ἀσθένειαν — ἐπὶ τὴν γῆν κατέπεσον. καὶ ἡ
ἀλώπηξ προσδραμοῦσα ἐν ὄψει τοῦ ἀετοῦ αὐτοὺς κατέφαγεν.

Aesop. fab. 1 (I) Hausrath

Wasser in einer Hand trug
die Falsche, aber Feuer in der andren Hand.

der kommt mir dafür nicht so leichten Kaufes los

Adler und Fuchs
(Äsopische Fabel)

Adler und Fuchs schlossen Freundschaft und kamen über-
ein, nahe beieinander zu wohnen, sollte doch der stete Umgang
ihre Freundschaft festigen. Da flog denn also der Adler auf
einen gar hohen Baum und brütete seine Jungen aus, der
Fuchs aber ging in einen Busch am Fuß des Baumes und
brachte seine Jungen zur Welt. Als aber einmal der Fuchs
fortgegangen war, Futter zu holen, flog der Adler, der keine
Nahrung hatte, herab in den Busch, ergriff die jungen Füchs-
lein, trug sie hinauf und verzehrte sie gemeinsam mit seinen
Jungen. Als nun der Fuchs zurückkehrte und sah, was ge-
schehen war, ward er, mehr noch als über den Tod seiner
Jungen, über seine Wehrlosigkeit betrübt: denn als Tier, das
auf der Erde lebt, konnte der Fuchs einen Vogel ja nicht ver-
folgen. Deshalb blieb er weit (vom Adler) entfernt stehen und
— was den Wehrlosen und Schwachen als einziges Mittel übrig-
bleibt — verfluchte seinen Feind. Es geschah nun aber, daß
der nach nicht langer Zeit büßen mußte für die Mißachtung
der Freundschaft. Denn als einige Leute auf dem Felde eine
Ziege schlachteten, flog der Adler herab und trug ein angekohltes
Stück Opferfleisch vom Altar hinauf, und wie er das in sein
Nest gebracht hatte, fing der Wind stark zu wehen an, fachte
die Glut an und ließ das feine, dürre Gras in hellen Flammen
auflodern. So kamen die Adlerjungen ums Leben, — zu fliegen
waren sie vor Schwäche nämlich noch nicht imstande —
und fielen auf die Erde herunter, und der Fuchs lief herzu
und verzehrte sie vor den Augen des Adlers.

Πάτερ Λυκάμβα, ποῖον ἐφράσω τόδε;　　　88 D.
τίς σὰς παρήειρε φρένας,
ἧις τὸ πρὶν ἠρήρεισθα; νῦν δὲ δὴ πολύς
ἀστοῖσι φαίνεαι γέλως.

(I) Schol: Hermog. VII 820 Walz; (II) Hephaest. de poem.
7, 2 (p. 71 Consbruch); (III) Mar. Victorin. VI 170, 5 Keil. —
ad v. 1 cf. Schol. Hephaest. p. 262, 10s. 267, 10s. 282, 14
Consbr., ibid. app. p. 312, 10; Sacerd. VI 518, 5. 522, 6 Keil;
Iuba ap. Rufin. VI 561, 13 Keil. — ad v. 2 Demetr. π.ἑρμ.
5; Schol. Arist. ran. 384; Schol. Pind. P. V et VI (II 171.
192, 7. 201 Drachmann)

αἶνός τις ἀνθρώπων ὅδε,　　　89 D.
ὡς ἆρ' ἀλώπηξ καἰετὸς ξυνωνίην
ἔμειξαν . . .

(I) Ammon. p. 6 Valckenaer; (II) Ps.-Diogenian. π.παροι-
μιῶν praef. 1 (I, 178 Leutsch-Schneidewin); (III) Et. Gud.
19, 22; (IV) Eust. in Il. 855, 4, in Od. 1768, 61; (V) Schol.
Hom. Od. 14, 508; (VI) v. 2—3: Aneod. Par. 3, 371,
13 Cramer; (VII) v. 2: Apollon. Dysc. de dubit. p. 222
Schneider. — Cf. Schol. T Hom. Il. 19, 407; Philostr. imagg.
p. 381 Kayser²; Hermog. progymn. 1 Rabe; Ar. av. 651;
Prisc. II 430, 6 Keil

προὔθηκε παισὶ δεῖπνον αἰηνὲς φέρων　　　90 D.

EM (Gen. B) 32, 26, cf. 30, 21 (Et. Symeon.)

ὁρᾶις ἴν' ἔστ' ἐκεῖνος ὑψηλὸς πάγος　　　92 a D.
τρηχύς τε καὶ παλίγκοτος;
ἐν τῶι κάθηται σὴν ἐλαφρίζων μάχην

Atticus ap. Euseb. praep. ev. XV 4, 4 (II 351 Mras)

ἐπὶ τοῦτον τὸν ὑψηλὸν πάγον τὸ δριμὺ καὶ πανοῦργον
ἐκεῖνο θηρίον ἀνελθεῖν ἀδύνατον· ἵνα δὲ εἰς ταὐτὸν ἔλθῃ
τοῖς ἀετοῦ γεννήμασι ἀλώπηξ, ἢ τύχῃ τινὶ δεῖ χρησα-
μένους πονηρᾷ καταπεσεῖν εἰς γῆν τῶν οἰκείων αὐτοῖς
φθαρέντων, ἢ φύσασαν αὐτήν, ἃ μὴ πέφυκε φύειν, λαι-
ψηρὰ κυκλῶσαι πτερὰ ταύτῃ καὶ οὕτως ἀρθεῖσαν ἐκ γῆς
ἀνίπτασθαι πρὸς τὸν ὑψηλὸν πάγον.

Atticus ap. Euseb. l. c. (II 351 Mras)

Papa Lykambes, was hast du da ausgeheckt?
Wer hat den Sinn dir so verkehrt,
den früher so gescheiten? In der ganzen Stadt
lacht heute jedermann dich aus!

Die Fabel kennt so mancher Mann,
daß einst der Fuchs und Adler einen Freundschaftsbund
geschlossen . . .

setzt seinen Jungen eine schlimme Mahlzeit vor

„Siehst du, wo jener hohe, schroffe Felsen steht,
an dem dein Groll zunichte wird?
Dort droben thront er, achtet deiner Fehde kaum!"

Diesen hohen Berg kann das schlaue und tückische Tier
(= der Fuchs) unmöglich erklimmen. Damit Fuchs und
Adlerjunge zusammenkämen, müßten also entweder sie durch
einen unglücklichen Zufall auf die Erde herunterfallen, nach-
dem ihre Eltern den Tod gefunden, oder aber müßte der Fuchs
sich wachsen lassen, was von Natur aus ihm nicht wachsen
kann, Flügel, müßte 'die flinken Flügel regen' (Zitat) und sich
so von der Erde erhebend auf den hohen Berg hinauffliegen.

].φ[92b D.

]ηϱ·[

].τάτην[

]ἐ γ᾽ ἠείδεε κακ[

φ]ϱε[ν]ας   5

].δ᾽ ἀμήχανον τ.[

]ακον·

. . . παίδων ὀ]ϱφανῶν μεμνημένος[

].ην κλύσας

[τάμνων κέ]λευθον ὠκέως δι᾽ αἰθέρος   10

[λαιψηρὰ κυ]κλώσας πτερὰ

].ῆσ.· σὸς δὲ θυμὸς ἔλπεται

· · · · · · · · · · · · · · · · · ·

(I) P. Ox. XXII (1954) nr. 2316; (II) v. 11: Plut. a) de garrul.
10 p. 507a (mor. III 291 Paton-Pohlenz-Sieveking) et b)
amat. 3 p. 750b (mor. IV 339 Hubert)

ὢ Ζεῦ πάτεϱ Ζεῦ, σὸν μὲν οὐϱανοῦ κϱάτος,   94 D.

σὺ δ᾽ ἔϱγ᾽ ἐπ᾽ ἀνθϱώπων ὁϱᾶις

λεωϱγὰ κἀθέμιστα, σοὶ δὲ θηϱίων

ὕβϱις τε καὶ δίκη μέλει.

(I) Stob. 1, 3, 34 (p. 58 Wachsmuth); (II) Clem. Al. strom.
5, 127, 1 (p. 412 Stählin²); (III) Euseb. praep. ev. XIII 13, 54
(II 223 Mras)

? ἐς παῖ]δας φέϱων

].αδ᾽ οὐ καλὴν ἔπ[ι]

ἀπ]τῆνες δύο

].γῆ[ς] ἐφ᾽ ὑψηλῶι π[άγωι]

]νεοσσιῆι[5

]πϱούθηκε [.]ηνὅ[

].εχο.[

]αδ...[

]φώλα[

P. Ox. XXII (1954) nr. 2315 fr. 1

. . .

. . .

„. . . die (Ärg)ste . . .

. . . (dich) kannte er als schlecht(en . .

. . . . Sinn

. . . unmöglich . . .

. . . (ein Mittel);

An seine Jungen dacht' (er), daß sie unversorgt,
und spülte (jeden Vorwurf) fort,
rasch durch die Lüfte zieh(t er) seine Bahn, sobald
er seine flinken Flügel regt,
und läs(st dich klagen); du erhoffst in deinem Sinn"

. . . .

„Zeus, Vater Zeus! Du hast im Himmel alle Macht,
du siehst, was hier die Menschen tun,
Gewalttat und Verbrechen! Dir obliegt doch auch
der Tiere Frevel und ihr Recht!"

und seinen Kindern brachte er
(es eilends hin) zu einem gar nicht schönen (Schmaus),
(wo) seine noch nicht flügge Brut
zu zweit (schon wartete) auf jenem hohen Fels
in ihrem Nest (aus dürrem Gras).
Dies (Fleischstück, halb noch glühend) setzt er ihnen vor,
(daß Nahrung seine Brut) erhielt

. . . .

. . . . . (die Füchsin) . .

]ς ἕληις·

]καρ δι' ἦν δο.[

].

]σ.[..]

]εν   5

P. Ox. XXII (1954) nr. 2315 fr. 2

πυρὸς δ' ⁺ἦν αὐτῶι⁺ φεφάλυξ   94 a D.

Schol. Ar. Ach. 270, cf. Suid. s. v. φεφάλυξ

ὅρκον ἐνοσφίσθης μέγαν   95 D.
ἅλας τε καὶ τράπεζαν ‿⏑‿⏑‿

Origines contra Cels. 2, 21. Cf. Dio Chrys. 74, 16 (II 198
v. Arnim), Zenob. 1, 62 cum nota (I, 21 Leutsch-Schneidewin)

τὸ δὲ τοῦ Ἀρχιλόχου ἐκεῖνο ἤδη σοι λέγω, ὅτι τέττιγα 143 Bgk.
τοῦ πτεροῦ συνείληφας· εἴπερ τινὰ ποιητὴν ἰάμβων ἀκούεις
Ἀρχίλοχον, Πάριον τὸ γένος, ἄνδρα κομιδῇ ἐλεύθερον καὶ
παρρησίᾳ συνόντα, μηδὲν ὀκνοῦντα ὀνειδίζειν, εἰ καὶ ὅτι
μάλιστα λυπήσειν ἔμελλεν τοὺς περιπετεῖς ἐσομένους τῇ
χολῇ τῶν ἰάμβων αὐτοῦ. ἐκεῖνος τοίνυν πρός τινος τῶν
τοιούτων ἀκούσας κακῶς, τέττιγα ἔφη τὸν ἄνδρα εἰληφέναι
πτεροῦ, εἰκάζων ἑαυτὸν τῷ τέττιγι ὁ Ἀρχίλοχος, φύσει
μὲν λάλῳ ὄντι καὶ ἄνευ τινὸς ἀνάγκης, ὁπόταν δὲ καὶ τοῦ
πτεροῦ ληφθῇ, γεγωνότερον βοῶντι. καὶ σὺ δέ, ἔφη, ὦ
κακόδαιμον ἄνθρωπε, τί βουλόμενος ποιητὴν λάλον παρο-
ξύνεις ἐπὶ σεαυτόν, αἰτίας ζητοῦντα καὶ ὑποθέσεις τοῖς
ἰάμβοις;

Lucian. Pseudolog. 1, 1

τέττιγγα δ' εἴληφας πτεροῦ   88 a D

dimetr. e Luciano restituit Bgk. — cf. Constantin. Rhod. ap.
Matranga, Anecdota 2, 628

. . . dir holst .
. . . durch die (?) gegeben wird

die Feuerfunken (im . . . . .)

du brachst den großen Eid, verwehrst
mir Salz und Tischgemeinschaft (weiterhin im Haus)

Auf dich muß ich schon den bekannten Ausspruch des
Archilochos anwenden, daß du eine Zikade am Flügel gepackt
hast: wenn du von einem Iambendichter Archilochos gehört
hast, der aus Paros stammte: ein sehr freimütiger Mann, der
offen zu reden pflegte und kein Bedenken hatte, Menschen zu
schmähen, mochte er auch noch so sehr die kränken, die von
der Galle seiner Iamben getroffen werden würden. Er sagte zu
einem dieser Leute, der sich abfällig über ihn geäußert hatte,
der Mann habe eine Zikade am Flügel gepackt. Dabei ver-
gleicht Archilochos sich selbst mit einer Zikade, die schon von
Natur und ohne zwingende Veranlassung zum Zirpen auf-
gelegt, noch lauter ihre Stimme ertönen läßt, sobald sie am
Flügel gepackt wird. ‚Und du von einem bösen Dämon be-
sessener Mensch‘, meint er, ‚worauf willst du hinaus, wenn
du einen redefrohen Dichter, der Anlässe und Themen für
seine Iamben sucht, gegen dich aufbringst?‘ —

eine Zikade packtest du
am Flügel . . . .

μή τευ μελαμπύγου τύχηις　　　　　　　　　93 D.

(I) Schol. Ven. 453 Hom. Il. 24, 315; (II) Hesych. s. v.
μή τευ μ. τύχοις. — cf. Zenob. 5, 10 (I, 119 Leutsch-
Schneidewin)

πύγαργον, δειλὸν ἢ αἰσχρὸν ἢ ἅρπαγα· εἰσὶ γὰρ 189 Bgk.
μελάμπυγοι, πύγαργοι εἴδη ἀετῶν κατ' Ἀρχίλοχον.

Tzetzes in Lycophr. 91 (p. 50 Scherer)

Λέων, ἀλώπηξ καὶ ἔλαφος

Λέων νοσήσας ἐν φάραγγι πετραίῃ
ἔκειτο . . . .
φίλην δ' ἀλώπεκ' εἶχεν, ἦ προσωμίλει.
ταύτῃ ποτ' εἶπεν· „εἰ θέλεις με σὺ ζώειν
πεινῶ γὰρ ἐλάφου" . . . .　　　　　5

. . . .
ἀπῆλθε κερδώ, τὴν δ' ὑπ' ἀγρίαις πεύκαις　　10
σκιρτῶσαν εὗρε . . . .

. . . .
„ὁ λέων", ἔφασκεν, „οἶδας, ἔστι μοι γείτων
ἔχει δὲ φαύλως κἀγγύς ἐστι τοῦ θνήσκειν.　　15
τίς οὖν μετ' αὐτὸν θηρίων τυραννεύσει
διεσκοπεῖτο . . . .

. . . .
τί σοι λέγω τὰ πολλά; πλὴν ἐκυρώθης
μέλλεις τ' ἀνάσσειν θηρίων ὀρειφοίτων."　　25

. . . .
. . . . ἦλθε δ' εἰς κοίλην
σπήλυγγα θηρὸς καὶ τὸ μέλλον οὐκ ἤδει.
λέων δ' ἀπ' εὐνῆς ἀσκόπως ἐφορμήσας
ὄνυξιν οὔατ' ἐσπάραξεν ἀκραίοις.　　　　　30

. . . .

daß du nicht einen Schwarzschwanz triffst!

einen „mit weißem Steiß", d.h. einen „feigen" oder „abscheulichen" oder „räuberischen". Die „Schwarzsteiße" und „Steißweißen" sind nämlich, Archilochos zufolge, verschiedene Gattungen von Adlern.

Löwe, Fuchs und Hirsch
(Äsopische Fabel)

Krank lag der alte Löwe in der Felshöhle,
. . . .
und nur das Füchslein war beim Löwen, sein Liebling.
Zu diesem sprach er: „Willst du mich vom Tod retten?
Ich hungre nach dem Hirsch." . . . .
. . . .
Der Schlaukopf ging. Er fand den Hirsch im Tanndickicht

. . . .
„Du weißt, der Löwe", sprach er, „ist ja mein Nachbar,
doch gehts ihm schlecht: er wird wohl bald ins Gras beißen.
Nun fragte er mich jüngst, wer wohl sein Nachfolger
im Tierreich würde . . . .
(Eber, Bär, Panther, Tiger kämen nicht in Frage)
Was schwatz ich viel? Mit einem Worte: dich wählt er
und herrschen wirst du ob des Waldes Tierscharen."
(Der Hirsch läßt sich beschwatzen:)
. . . . *ohne Argwöhnen*
ging mit er in des Ungeheuers Felshöhle.
Doch allzu jäh vom Lager auf ihn losspringend
zerriß der Leu dem Hirsche nur den Ohrzipfel.
(der Hirsch flieht)

κἀκεῖνος ἐστέναζε τὸ στόμα βρύχων,　　　45
Ὁμοῦ γὰρ αὐτὸν λιμὸς εἶχε καὶ λύπη,
πάλιν δὲ κερδοῦν ἱκέτευε φωνήσας

. . . .

χολῇ δ' ἐπέζει καρδίην, ἔφη δ' οὕτω·　　　60
„ἀλλ' ὦ στύγημα, νῦν μὲν οὐχὶ χαιρήσεις"　　62

. . . .

„οὕτως ἀγεννής", φησι, „καὶ φόβου πλήρης　　67
πέφυκας; . . . .

. . . .

ἀλλ' ἐλθέ, καὶ τὸ λοιπὸν ἴσθι γενναία　　　81
μηδ' ἐπτόησο, πρόβατον οἷον ἐκ ποίμνης·
ὄμνυμι γάρ σοι φύλλα πάντα καὶ κρήνας"

. . . .

λέων μὲν αὐτὸς εἶχε δαῖτα παντοίην　　　90

. . . .

. . . . ἡ δ' ἀγωγὸς εἰστήκει　　　92
πεινῶσα θήρης, καρδίην δὲ νεβρείην
λάπτει πεσοῦσαν ἁρπάσασα λαθραίως.

. . . .

„ποίην δ' ἔμελλε καρδίην ἔχειν, ἥτις　　　101
ἐκ δευτέρου λέοντος ἦλθεν ἐς οἴκους;"
Babrios f. 95

χολὴν γὰρ οὐκ ἔχεις ἐφ' ἥπατι　　　　　　96 D.
Athen. II 107 f (I 246 Kaibel)

πάρελθε· γενναῖος γὰρ εἷς　　　　　　　　97 D.
Athen. XIV 653 d (III 446 Kaibel)

πτώσσουσαν ὥστε πέρδικα　　　　　　　　98 D.
Athen. IX 388 f (II 347 Kaibel)

Der Leu lag ächzend und in seinen Bart knirschend,
da ihn der Hunger wie der Ärger gleich plagte,
bis er sich bittend wieder an den Fuchs wandte.

(abermals geht der Fuchs zum Hirsch, der zunächst erschauert,)

Doch ließ die Galle bald ihn also losbrechen:
„Diesmal, du Scheusal, soll's dir wenig Glück bringen."

. . . .

der Fuchs: „So mutlos bist du und so unedel?

(der Löwe habe ihm nur etwas ins Ohr sagen wollen)

doch komm und zeige endlich, daß du auch Mut hast,
erschrick nicht wie das Lämmchen aus der Schafherde."
Bei allen Blättern schwör ich, allen Bergwassern"

. . . .

(der Hirsch läßt sich abermals bereden)

Da hielt der Löwe schmatzend eine Festmahlzeit.

. . . .

. . . . *doch umsonst hungernd*
stand neben ihm sein Treiber. Nur das Hirschherzstück
verschlang er heimlich, da es nebenaus hinfiel.

(der Löwe sucht vergeblich nach dem Hirschherzen,
der Fuchs lügt: der hatte gar keins!)

„Wie sollte der ein Herz auch haben, der so sich
zweimal in eines Löwen Bau hineinwagte?"

(übers. Hausrath; hier verkürzte Wiedergabe)

denn Groll hast du in deiner Leber nicht

Tritt ein: denn edel bist du ja!

die wie ein Rebhuhn Deckung sucht

ναὶ ναὶ μὰ μήκωνος χλόην 99 D.

Suid. s. v. ναί et μήκωνος χλοήν sine nomine auct. Archilocho
dedit Bgk.

ἔμπλην ἐμ⟨ε⟩ῦ τε καὶ Φόλου 100 D.

(I) Apollon. Soph. lex. Hom. 67; (II) Schol. Nicandr. Ther. 322

λείως γὰρ οὐδὲν ἐφρόνεον 101 D.

Phot. 218, 3

ἡ δέ οἱ σάθη 102 D.
ὅση τ᾽ ὄνου Πριηνέος
κήλωνος ἐπλήμυρεν ὀτρυγηφάγου.

(I) Et. Sorb. ap. Gaisford p. 116, 21 adn.; (II) v. 2—3:
Eust. in Od. 1597, 28 et (III) EM 167, 25 (cf. 271, 81 not.).
Cf. Anecd. Par. 4, 61, 26 Cramer

πόλλ᾽ οἶδ᾽ ἀλώπηξ, ἀλλ᾽ ἐχῖνος ἓν μέγα 103 D.

(I) Zenob. 5, 68 (I 147 Leutsch-Schneidewin); (II) Plut.
sollert. anim. 16 p. 271f (mor. VI, 1 p. 42 Hubert) pro-
verbium dicit

δύστηνος ἔγκειμαι πόθωι 104 D.
ἄψυχος, χαλεπῆισι θεῶν ὀδύνηισιν ἕκητι
πεπαρμένος δι᾽ ὀστέων.

Stob. 4, 20, 45 (p. 460 Hense)

φαινόμενον κακὸν οἴκαδ᾽ ἄγεσθαι 105 D.

Hephaest. ench. 7, 2 (p. 21 Consbruch), cf. Schol. Heph.
p. 273, 4 Consbr.

κη[λέε]ται δ᾽ ὅτις [ἐστὶ]ν ἀοιδαῖς 106 D.

Philodem. de musica p. 44 van Krevelen (Diogen. Babyl.
fr. 89 v. Arnim)

beim aufgeblühten Mohn, ich schwör':

von mir und Pholos (? = Kentaur) abgesehn

Verstand war glattweg gar nicht da —

       da entlud sich ihm
sein Ding, das wie beim Eselhengst
so groß, beim gutgefütterten, Prienischen.

Der Fuchs kann vieles, doch der Igel eines nur

ich fiel dem Sehnen ganz anheim,
liege da, wie entseelt, und die Schmerzen, von Göttern verhängte,
die bohren sich durch mein Gebein!

heimführen solch offensichtliches Übel

(jeder) steht doch im Banne der Lieder

ΑΣΥΝΑΡΤΗΤΑ

(videlicet incipit)

Ἐρασμονίδη Χαρίλαε, χρῆμά τοι γελοῖον   107 D.
ἐρέω, πολὺ φίλταθ' ἑταίρων, τέρψεαι δ' ἀκούων.

fr. 107—110 D.: Hephaest. ench. 8, 7; 15, 2. 4. 5. 6 (p. 27.
47. 48. 49 Consbruch)

περὶ δὲ Θυὸς τοῦ Παφλαγόνων βασιλέως ὅτι καὶ αὐτὸς
ἦν πολυφάγος προειρήκαμεν ... Ἀρχίλοχος δ' ἐν τετραμέτροις Χαρίλαν εἰς τὰ ὅμοια διαβέβληκεν ὡς οἱ κωμῳδιο-
ποιοὶ Κλεώνυμον καὶ Πείσανδρον.

Athen. X 415 d (II 404 Kaibel)

ἔτι μνηστέον καὶ ὡς οὐ μόνον Κύκλωψ καὶ Λαιστρυγόνες
ἀνθρωποφαγεῖν ἐμελέτων ἀλλὰ καὶ ἕτεροι πολλοί. ἐν γοῦν
τοῖς ὕστερον κατ' ἄνδρα τοιοῦτοι διαβέβληνται καί τις
Χαρίλας κατὰ Ἀρχίλοχον καὶ κωμῳδούμενοι Κλεώνυμος
καὶ Πείσανδρος. ἀλλ' αὐτοὶ μὲν ἴσως ἀστεϊσμοῦ χάριν
ἀνθρωποφαγεῖν ἐσκώφθησαν ὡς πολύφαγοι.

Eust. in Od. 1630, 4

ἀδηφάγους λέγουσιν ἀνθρώπους γεγονέναι ... καὶ
Θῦν τὸν Παφλαγόνα καὶ Χαρίλαν καὶ Κλεώνυμον καὶ Πείσανδρον κτλ.

Aelian. var. hist. I, 27 (II p. 12 Hercher)

φιλέειν στυγνόν περ ἐόντα, μὴ δὲ διαλέγεσθαι   108 D.
Hephaest. l. c.

ἀστῶν οἱ μὲν κατόπισθεν ἦ⟨ι⟩σαν, οἱ δὲ πολλοί   109 D.
Hephaest. l. c.

ASYNARTETA

(Gedichtanfang)

*Erasmons Sohn Charilaos,   Lächerliches will ich
berichten, Freund allerliebster!   Hör, es wird dich freuen!*

*Über den Paphlagonerkönig Thys haben wir schon oben
(IV 144f.) gesagt, daß auch der ein Vielfraß war. . . . Archi-
lochos hat in seinen Tetrametern den Charilas um der gleichen
Eigenschaft willen verspottet wie die Komödiendichter den
Kleonymos und Peisandros.*

*Man muß auch noch erwähnen, daß nicht der Kyklop
und die Laistrygonen allein Menschenfleisch zu essen pflegten,
sondern auch viele andre. Bei den späteren Autoren werden
solche Leute als Einzelpersonen verspottet, bei Archilochos
ein gewisser Charilas und in Komödien Kleonymos und
Peisandros. Diesen Leuten hat man vielleicht um der Wahrung
der Urbanität willen im Spott zugeschrieben, sie äßen Menschenfleisch, weil es Vielfraße waren.*

*Gefräßige Menschen, sagt man, waren . . . der Paphla-
gonier Thys und Charilas und Kleonymos und Peisandros etc.*

zu lieben selbst den Verhaßten,   nicht mit ihm zu reden

ein Teil der Bürger ging hinten,   doch die allermeisten

Δήμητρί τε χεῖρας ἀνέξων   110 D.

Hephaest. l. c.

ἔωθεν ἕκαστος ἔπινεν· ἐν δὲ βακχίη⟨ι_⟩   111 D.

Gramm. Hamburg. ap. Welcker, opusc. IV 50 s., Schneidewin, Phil. 10 (1855) 350, Nauck, Lex. Vindob. p. 269

τοῖος γὰρ φιλότητος ἔρως ὑπὸ   καρδίην ἐλυσθεὶς 112 D.
πολλὴν κατ' ἀχλὺν ὀμμάτων ἔχευεν
κλέψας ἐκ στηθέων ἀπαλὰς φρένας _ ᴗ _ ᴗ _ ῡ

Stob. 4, 40, 43 (p. 459 Hense)

Οὐκέ]θ' ὁμῶς θάλλεις ἀπαλὸν χρόα, κάρφετα[ι γὰρ ἤδη] 113 I
[ὄγμοι]ς, κακοῦ δὲ γήραος καθαιρεῖ   114 I
_ ᴗ] ἀφ' ἱμερτοῦ δὲ θέρων γλυκὺς ἵμερος π[ᴗ _ ᴗ̆
   ᴗ̆ _]κεν. ἦ γὰρ πολλὰ δή σ' ἐπῆιξεν
πνεύμ]ατα χειμερίων ἀνέμων, μά⟨λα⟩ πολλάκις δε[_ ᴗ̆

Pap. Col. 7511, ed. Merkelbach-West, ZPE 14 (1974) 97 ff.,
v. 36—40. Zu v. 1: Hephaest. ench. 6, 3; 7, 4; 15, 8 (p. 19. 20. 50
Consbruch), cf. schol. Hephaest. p. 123, 25 ss., 270, 12 ss., 273.
7 ss. Consbruch. Zu v. 2: Hephaest. ench. 5, 3 (p. 16 Consbruch)

πολλὰς δὲ τυφλὰς ἐγχέλυας ἐδέξω   115 D.

Athen. VII 299 a (II 158 Kaibel)

καὶ βήσσας ὀρέων δυσπαιπάλους, οἷος ἦν ἐπ' ἤβης 116 D.

Hephaest. ench. 15, 8 (p. 50 Consbruch)

ἀλλά μ' ὁ λυσιμελής,   ὦ 'ταῖρε, δάμναται πόθος. 118 D.

Hephaest. ench. 15, 9 (p. 50 Consbruch)

*

die Hand zu Demeter erhoben,

frühmorgens hat jeder getrunken,   im Bakchantenrausch⟨-⟩

Solch Verlangen nach Liebe hat plötzlich sich mir ins Herz
in großes Dunkel hüllt es meine Augen,   [geschlichen,
raubt der Brust die Besinnung, die schwächliche . . . . . .

(Gedichtanfang)

Nicht mehr so zart und glatt ist die Haut bei dir; schon wird sie
                                                 ganz runzlig
mit Furchen; des schlimmen Alters . . . nimmt weg . . .
. . . nach der lieblichen . . . wärmt süße Sehnsucht
. . . denn wahrlich oft brach über dich herein
das Brausen von Winterstürmen, sehr oft jedoch . . .

und vielen blinden Aalen gabst du Heimstatt (?)

(ich? durchstreifte . . . .)
und die schroffesten Schluchten des Bergwaldes, in der Jugend
                                                 Vollkraft

doch Verlangen beherrscht,   mein Freund, mich, das die
                                                 Glieder löst.

*

ΜΕΛΗ

Δήμητρος ἀγνῆς καὶ Κόρης τὴν πανήγυριν σέβων   119 D.

Hephaest. ench. 15, 16 (p. 52 s. Consbruch)

δοκεῖ πρῶτος Ἀρχίλοχος νικήσας ἐν Πάρῳ τὸν Δήμητρος ὕμνον (cf. fr. 119 D.) *ἑαυτῷ τοῦτο (τὸ τήνελλα) ἐπιπεφωνηκέναι*

Schol. Ar. av. 1764

χρυσοέθειρ· παρ' Ἀρχιλόχῳ ἐν Ἰοβάκχοις   121 Bgk.

(I) Steph. Byz. s. v. *Βέχειρ*; (II) Anecd. Ox. 2, 41, 26 Cramer

τοῦ ⟨◡⟩ *μεθυπλῆγος φροίμιον Ἀρχιλόχου*

Callim. fr. 544 Pf.

— *Τήνελλα* —   120 D.
ὦ καλλίνικε χαῖρ' ἄναξ Ἡράκλεες
— *τήνελλα* — *καλλίνικε,*
αὐτός τε καὶ Ἰόλαος, αἰχμητὰ δύο.
— *τήνελλα* —
ὦ καλλίνικε χαῖρ' ἄναξ Ἡράκλεες.   5

Schol. Pind. O. IX 1 a, b (I 266 Drachmann, cf. i k ib. p. 268)

τὸ μὲν Ἀρχιλόχου μέλος
φωνᾶεν Ὀλυμπίαι, καλλίνικος ὁ τριπλόος κεχλαδὼς
ἄρκεσε ...

Pindar O. IX 1

LYRIK

(Aus den „Iobakchen")

Der heiligen Demeter und Kores Feier ehre ich.

Es scheint, Archilochos hat als erster, als er in Paros mit einem Hymnos auf Demeter den Sieg errang, für seine Lieder diesen Refrain „Tenella" verwendet.

„Goldhaarig": bei Archilochos in den „Iobakchen".

— das Prooimion des von Trunkenheit getroffenen Archilochos —

(Hymnos auf Herakles)

(Vorsänger) — Tenella —
(Chor) Siegreicher Herrscher, sei gegrüßt uns, Herakles!
(Vorsänger) — Tenella — (Chor) — reich an Siegen,
du selbst und auch Iolaos, Lanzenkämpfer ihr!
(Vorsänger) — Tenella —
(Chor) Siegreicher Herrscher, sei gegrüßt uns, Herakles!

— das klangvolle Lied des Archilochos in Olympia, der dreifach ertönende Ruf „Siegreicher!", genügte ...

Άρχιλόχου νικαῖον ἐφύμνιον

Callim. fr. 384, 39 Pf.

Άρχίλοχος ἐλθὼν εἰς Ὀλυμπίαν μέλος ἐποίησεν εἰς Ἡρακλέα ἔχον οὕτως (fr. 120 D, 1. 2. 4 om. ὦ)

Schol. Pind. O. IX 1a (I 266 Drachmann)

Άρχίλοχος τῷ Ἡρακλεῖ ὕμνον ⟨ποιήσας⟩ ἀπορήσας κιθαρῳδοῦ διά τινος λέξεως τὸ μέλος ἐμιμήσατο. συντάξας οὖν τοῦτο τὸ κόμμα 'τήνελλα', οὕτως τὸ ἑξῆς ἀνεβάλλετο, καὶ αὐτὸς μὲν τὸ μέλος τῆς κιθάρας ἐν μέσῳ τῷ χορῷ ἔλεγε, τὸ 'τήνελλα', ὁ δὲ χορὸς τὰ ἐπίλοιπα ... τὸ δὲ ὅλον οὕτως· (fr. 120 D. 1. 2. 4—6 om. ὦ)

Schol. Pind. O. IX 1 b (ib.)

τὸ μὲν Άρχιλόχου μέλος, ὃ τοῖς νικῶσι τὰ Ὀλύμπια ἐπῇδετο, ἦν τρίστροφον, κοινῶς δυνάμενον ἁρμόζειν ἐπὶ παντὸς νικηφόρου διὰ τὸ καὶ τῆς πράξεως ψιλὸν ἔχειν τὸν λόγον μήτε δὲ ὄνομα μήτε ἰδίωμα ἀγωνίσματος. ἐφυμνίῳ δὲ κατεχρῶντο τούτῳ· τήνελλα καλλίνικε.

Schol. Pind. O. IX 1 i (I 268 Drachmann)

Ἐρατοσθένης δέ φησι μὴ ἐπινίκιον εἶναι τὸ Άρχιλόχου μέλος, ἀλλ' ὕμνον εἰς Ἡρακλέα, τριπλόον δὲ οὐ διὰ τὸ ἐκ τριῶν στροφῶν συγκεῖσθαι, ἀλλὰ διὰ τὸ τρὶς ἐφυμνιάζεσθαι τὸ 'καλλίνικε'. περὶ δὲ τοῦ 'τήνελλα' Ἐρατοσθένης φησίν, ὅτι ὅτε ὁ αὐλητὴς ἢ ὁ κιθαριστὴς μὴ παρῆν, ὁ ἔξαρχος αὐτὸ μεταλαβὼν ἔλεγεν ἔξω τοῦ μέλους, ὁ δὲ τῶν κωμαστῶν χορὸς ὑπέβαλε τὸ καλλίνικε καὶ οὕτω συνειρόμενον γέγονε τὸ τήνελλα καλλίνικε.

Schol. Pind. O. IX 1 k (ib.)

*

— des Archilochos Sieges-Refrain —

Archilochos kam nach Olympia und dichtete ein Lied auf Herakles, das so lautet (fr. 120 D., Vers 1. 2. 4).

Als Archilochos den Hymnos auf Herakles verfaßt hatte, fehlte ihm ein Kitharode, doch ahmte der Dichter den musikalischen Part durch einen sprachlichen Ausdruck nach. Er bildete das Lautwort „Tenalla" und stimmte damit das folgende an. Er selbst, mitten unter den Chorsängern stehend, sprach den Lied-Part der Kithara, „Tenella", und der Chor das übrige ... Das Ganze lautet folgendermaßen (fr. 120 D., Vers 1. 2. 4—6).

Das Lied des Archilochos, das zu Ehren der Sieger in Olympia gesungen zu werden pflegte, war dreistrophig. Es paßte auf jeden Sieger ganz allgemein, denn die Tat (des Herakles) wird da bloß ganz schlicht erwähnt und weder der Name eines der sportlichen Wettkämpfe fällt noch wird eine spezifische Eigenart des Wettkampfes erwähnt. Als Refrain wiederholte man: „Tenella, du Siegreicher!"

Eratosthenes aber sagt, das Lied des Archilochos sei kein Siegeslied, sondern ein Hymnos auf Herakles, „dreifach" heiße es (bei Pindar) nicht, weil es aus drei Strophen bestehe, sondern weil der Refrain „du Siegreicher!" dreimal gesungen werde. Über die Wendung „Tenella" sagt Eratosthenes, daß, wenn der Flötenspieler oder Kithara-Spieler fehlte, der Vorsänger diesen nicht zum Lied selbst gehörenden Part übernahm und sprach, worauf der Sängerchor mit „du Siegreicher!" respondierte. So kam, aneinandergereiht, die Wendung „Tenella, du Siegreicher!" zustande.

*

INCERTI LIBRI FR. IAMBICA

πῶς ⁺ἀπέπρησεν τὰν σκύταν⁺;   122 Bgk.

Erotian. p. 79, 7 Nachmanson

Κηφισόδωρος γοῦν ὁ Ἰσοκράτους τοῦ ῥήτορος μαθητὴς 124 Bgk.
ἐν τῷ τρίτῳ τῶν πρὸς Ἀριστοτέλην λέγει ὅτι εὕροι τις ἂν
ὑπὸ τῶν ἄλλων ποιητῶν ἢ καὶ σοφιστῶν ἐν ἢ δύο γοῦν
πονηρῶς εἰρημένα, οἷα παρὰ μὲν Ἀρχιλόχῳ τὸ (Zitat)
πάντ' ἄνδρ' ἀποσκολύπτειν.

Athen. III 122 b (I 279 Kaibel)

κακήν σφιν Ζεὺς ἔδωκεν αὐόνην   125 Bgk.

Et. Flor. 53 Miller

⁺θυρίων⁺ ἀπεστύπαζον   127 Bgk.

EM 731, 46; Et. Flor.: A (ὀρέων), B (θύραισιν)

ἀμυδρὴν χοιράδ' ἐξαλεύμενος   128 Bgk.

Schol. Nicandr. Ther. 158

Θάσον δὲ τὴν τρισοιζύρην πόλιν   129 Bgk.

Eust. in Od. 1542, 49

προτείνω χεῖρα καὶ προΐσσομαι   130 Bgk.

Herodian. epim. I p. XXXII Lentz (EM 689, 1, cf. Zonar., Suid.)

πόδες δὴ κεῖθι τιμιώτατοι   132 Bgk.

Plut. de garrul. 2 p. 503a (mor. III p. 281 Paton-Pohlenz-
Sieveking)

INCERTI LIBRI FR. IAMBICA

... wie (hat er) den Hals (durchsägt?)

Kephisodros, der Schüler des Redners Isokrates, sagt im dritten Buch seiner Schrift gegen Aristoteles, man fände wohl auch bei den alten Dichtern oder sogar bei den Sophisten einen oder zwei fehlerhafte Aussprüche, wie bei Archilochos „jeden Mann abhäuten" (od. verstümmeln).

... eine schlimme Dürre gab ihnen Zeus ...

... von der Tür (?) fortprügelten ...

... eine kaum sichtbare Klippe vermeidend ...

... Thasos, die dreimaljammernswerte Stadt ...

... ich strecke die Hand aus und bitte ...

... da sind Beine (= das Laufenkönnen) am meisten wert ...

νόμος δὲ Κρητικὸς διδάσκεται   133 Bgk.

Heraclid. pol. 3, 2 (FHG II 211 Müller)

ἄνδρας ὡς ἀμφίτριβας   134 Bgk.

Herodian I 525, II 9 Lentz (Anecd. Ox. III 286, 11 Cramer)

ἃ δέκα ταύρους   135 Bgk.

Suid. s. v. ἃ

                        φῦμα   136 Bgk.
μηρῶν μεταξύ

(Philoxenus Al.) Anecd. Ox. I, 164, 24 Cramer

φθειρσὶ μοχθίζοντα   137 Bgk.

Herodian II 277, 429, 737 Lentz (Anecd. Ox. I 441, 21 Cramer)

ἶνας δὲ μεδέων ἀπέθρισεν   138 Bgk.

Herodian II 372, 549 Lentz (EM 575, 20, Et, Gud.)

πολλὸς δ᾿ ἀφρὸς ἦν περὶ στόμα   139 Bgk.

Schol. Ar. Lysistr. 1257

παρδοκὸν +δι᾿ ἐπιοίον+   140 Bgk.

Schol. Ar. pac. 1148

                        *

... und die Kretische Art erlernt man ...

... (gegen) überaus durchtriebene Männer ...

... ha, ganze zehn Stiere ...

... eine Wulst
zwischen den Schenkeln ...

... der sich mit Läusen abplagte ...

... und die Sehnen der Genitalien säbelte er ab ...

... viel Schaum war um den Mund ...

... ganz feucht ...

*

INDIREKT ÜBERLIEFERTES

παράγει ... εἰς μαρτυρίαν ... καί τινα ποίησιν- 153 Bgk. Μαργίτην ὀνομαζομένην Ὁμήρου. μνημονεύει δ᾽ αὐτῆς οὐ μόνον Ἀριστοτέλης ἐν τῷ πρώτῳ περὶ ποιητικῆς (1448 b 30) ἀλλὰ καὶ Ἀρχίλοχος καὶ Κρατῖνος (fr. 332 Kock) καὶ Καλλίμαχος ἐν τῷ ἐπιγράμματι (fr. 397 Pf.) καὶ μαρτυροῦσιν Ὁμήρου εἶναι τὸ ποίημα.

Eustrat. ad Arist. EN VI 7 (Comment. in Arist. Gr. XX p. 320, 35 ss. Heylbut)

Μασσαλιήτας μέντοι λέγουσι τοῖς ὀστέοις περι- 148 Bgk. θριγκῶσαι τοὺς ἀμπελῶνας, τὴν δὲ γῆν τῶν νεκρῶν καταναλωθέντων ἐν αὐτῇ καὶ διὰ χειμῶνος ὄμβρων ἐπιπεσόντων οὕτως ἐκλιπανθῆναι καὶ γενέσθαι διὰ βάθους περιπλέω τῆς σηπηδόνος ἐνδύσης, ὥστε καρπῶν ὑπερβάλλον εἰς ὥρας πλῆθος ἐξενεγκεῖν καὶ μαρτυρῆσαι τῷ Ἀρχιλόχῳ λέγοντι, πιαίνεσθαι πρὸς τοῦ τοιούτου τὰς ἀρούρας.

Posidonius (FGrHist 87 F 113) ap. Plut. Mar. 21

κοπάεν ξίφος   174 Bgk.
EM 529, 12

ὀξύη ποτᾶτο   186 Bgk.
Schol. B Hom. Il. 6, 201

Ἡρακλῆς γήμας Δηϊάνειραν τὴν Οἰνέως θυγατέρα 147 Bgk. καὶ διάγων ἐν Καλυδῶνι ἐν συμποσίῳ Κύαθον [ἤτοι] τὸν Οἰνέως οἰνοχόον, Ἀρχιτέλους δὲ παῖδα, πλήξας κονδύλῳ

INDIREKT ÜBERLIEFERTES

Als Beleg führt er auch eine Dichtung Homers, die „Margites" heißt, an. Nicht nur Aristoteles erwähnt sie im ersten Buch seiner Poetik, sondern auch Archilochos und Kratinos und Kallimachos in seinem Epigramm, und sie bestätigen, daß es eine Dichtung Homers ist.

(Kriegerisches)

Die Einwohner von Massalia (= Marseille) aber, so berichtet man, hätten mit Totengebein ihre Weingärten eingefriedet, die Erde aber sei durch die in ihr verwesenden Leichen und unter den Regengüssen der Winterzeit derart gedüngt und bis in große Tiefe von Fäulnis durchsetzt und getränkt gewesen, daß sie zur Erntezeit Frucht in besonders großer Menge trug und den Ausspruch des Archilochos bestätigte, daß hierdurch die Äcker fett werden.

. . . das schlagbereite Schwert . . .

. . . der Speer flog . . .

(Mythisches)

Als Herakles Deianeira, die Tochter des Oineus, zur Frau genommen hatte und sich in Kalydon aufhielt, tötete er bei einem Symposion durch eine Ohrfeige den Kyathos, d. i. den Mundschenk des Oineus, einen Sohn des Architeles, weil der

ἀνεῖλεν, ὅτι αὐτῷ τὰ ποδόνιπτρα [ὕδατα] ἀγνοῶν ἐπὶ
τῶν χειρῶν ἐπέχεεν· φεύγων οὖν τὸν φόνον καὶ σὺν τῇ
γαμετῇ στελλόμενος ἀνεῖλεν ἐν Εὐήνῳ ποταμῷ Νέσσον
Κένταυρον, ὡς καὶ Ἀρχίλοχος ἱστορεῖ.

Schol. Ap. Rhod. I, 1212 (p. 110 Wendel)

ἔχεις μοι λῦσαι ταύτην τὴν ἀπορίαν, πότερον δικαίως
ἐγκαλοῦσιν οἱ μὲν τῷ Ἀρχιλόχῳ, οἱ δὲ τῷ Σοφοκλεῖ περὶ
τῶν κατὰ τὸν Νέσσον καὶ τὴν Δηιάνειραν ἢ οὔ; φασὶ γὰρ
οἱ μὲν τὸν Ἀρχίλοχον ληρεῖν ποιοῦντα τὴν Δηιάνειραν ἐν
τῷ βιάζεσθαι ὑπὸ τοῦ Κενταύρου πρὸς τὸν Ἡρακλέα
ῥαψῳδοῦσαν, ἀναμιμνήσκουσαν τῆς τοῦ Ἀχελῴου μνηστείας
καὶ τῶν τότε γενομένων· ὥστε πολλὴν σχολὴν εἶναι τῷ
Νέσσῳ, ὅ τι ἐβούλετο πρᾶξαι.

Dio Chrys. or. 60, 1 (II p. 134 v. Arnim)

Ἀρχίλοχος μὲν οὐκ ἐτόλμησεν Ἀχελῷον ὡς ποταμὸν
Ἡρακλεῖ συμβαλεῖν, ἀλλ᾽ ὡς ταῦρον.

Schol. B Hom. Il. 21, 237

ὅστις Λυγκεὺς πολεμήσας τῷ Δαναῷ βασιλεῖ τοῦτον 150 Bgk.
ἐφόνευσε καὶ ἔλαβε τὴν βασιλείαν καὶ τὴν θυγατέρα αὐτοῦ,
καθὼς ὁ Ἀρχίλοχος ὁ σοφώτατος συνεγράψατο.

Malalas, chron. IV p. 68 (Dindorf)

πυρριχίζειν· τὴν ἐνόπλιον ὄρχησιν καὶ σύντονον 190 Bgk.
πυρρίχην ἔλεγον. οἱ μὲν ἀπὸ Πυρρίχου τοῦ Κρητός, οἱ δὲ
ἀπὸ τοῦ διάπυρον εἶναι, οἱ δὲ ἀπὸ Πύρρου τοῦ Ἀχιλλέως·
ἐφησθέντα γὰρ τῷ Εὐρυπύλου φόνῳ ὀρχήσασθαί φησιν
Ἀρχίλοχος.

Hesych. s. v.

versehentlich das Wasser vom Fußbad ihm (bei der Hand-
waschung) über die Hände gegossen hatte. Nach diesem Tot-
schlag mußte er außer Landes gehen, und als er mit seiner
Frau unterwegs war, tötete er im Euenos-Fluß den Kentauren
Nessos, wie auch Archilochos berichtet.

Kannst du mir die Streitfrage lösen, ob mit Recht Vor-
würfe einerseits gegen Archilochos, andrerseits gegen Sophokles
erhoben werden wegen der Darstellung der Geschehnisse um
Nessos und Deianeira, oder nicht? Denn die einen behaupten,
Archilochos sei zu redselig, wenn er Deianeira in dem Moment,
da der Kentaur ihr Gewalt anzutun sucht, in epischer Breite
den Herakles ansingen läßt, indem sie ihn erinnert an die
Brautwerbung des Acheloos und die damaligen Ereignisse:
so daß (man sich denken kann, daß) Nessos Zeit genug hatte,
das, was er wollte, zu vollziehen.

Archilochos hat es nicht gewagt, den Acheloos als Flußgott
mit Herakles zusammentreffen zu lassen, sondern als Stier.

Dieser Lynkeus führte Krieg gegen den König Danaos,
tötete ihn, trat dessen Königsherrschaft an und nahm seine
Tochter zur Frau, wie der sehr weise Archilochos geschrieben
hat.

„Pyrrhiche tanzen": den anstrengenden Tanz mit
Waffen nannte man „Pyrrhiche". Die einen (leiten das Wort
ab) von dem Kreter Pyrrhichos, die andren davon, daß dieses
ein so heißer Tanz ist, die dritten von Pyrrhos, dem Sohn
Achills; daß der aus Freude über die Tötung des Eurypylos
getanzt hat, sagt nämlich Archilochos.

τίς γὰρ ἀσέλγεια, τίς ὕβρις, τίς προπηλακισμός, τίς
λοιδορία, τίς αἰσχρορρημοσύνη ταῖς ἐμαῖς ἐπιστολαῖς
ἐνεγράφη ποτέ; ὅς γε καὶ εἰ πρός τινα τραχύτερον εἶχον,
διδούσης μοι τῆς ὑποθέσεως, ὥσπερ ἐξ ἁμάξης εἰπεῖν
οἷα ψευδῶς ἐπὶ τοῦ Λανδακίδου (Λαβδακίδου Wilamowitz)
Ἀρχίλοχος, σεμνότερον αὐτὸ καὶ σωφρονέστερον ἐφθεγ-
ξάμην, ἢ εἴ τις ἱερὰν ὑπόθεσιν μετῄει.

Iulian. imp. epist. 80 (p. 89, 15 ss. Bidez)

τοιοῦτος ἐγένετο καὶ Αἰθίοψ ὁ Κορίνθιος, ὥς φησι 145 Bgk.
Δημήτριος ὁ Σκήψιος, οὗ μνημονεύει Ἀρχίλοχος· ὑπὸ
φιληδονίας γὰρ καὶ ἀκρασίας καὶ οὗτος, μετ' Ἀρχίου
πλέων εἰς Σικελίαν, ὅτ' ἔμελλε κτίζειν Συρακούσας, τῷ
ἑαυτοῦ συσσίτῳ μελιττούτης ἀπέδοτο τὸν κλῆρον, ὃν ἐν
Συρακούσαις λαχὼν ἔμελλεν ἕξειν.

Athen. IV 167 d (I p. 377 Kaibel)

...τὴν φωνὴν ἴσην τῇ Λυκάμβου θυγατρὶ λεπτὸ;
ἐφηδύνων...

Lucian. amores 3

μυσάχνη· ἡ πόρνη παρὰ Ἀρχιλόχῳ· καὶ ἐργάτις καὶ 184 Bgk.
δῆμος καὶ παχεῖα.

Suid. s. v.

Ἀρχίλοχος δὲ παχεῖαν καὶ δῆμον, ἤγουν κοινὴν τῷ
δήμῳ, καὶ ἐργάτιν, ἔτι δὲ καὶ μυσάχνην πρὸς ἀναλογίαν
τοῦ ἁλὸς ἄχνη, καὶ εἴ τι τοιοῦτον

Eust. in Il. 1329, 37

Denn welche Obszönität, welche überhebliche Äußerung, welche Anpöbelei, welche Schmähung, welche häßliche Äuße- rung ist je in meinen Briefen niedergeschrieben? Wo ich doch, wenn ich auf irgend jemand böse war, Gelegenheit hätte finden können, gleichsam vom hohen Wagen herab Äußerungen aus- zusprechen, wie sie Archilochos unbegründeterweise gegen den Laudakiden (Wilamowitz: Labdakiden, d. i. Laios) *aus- gesprochen hat. Aber ich habe mich mit mehr Würde und zurückhaltender ausgedrückt, als wenn jemand ein sakrales Thema behandelte.*

Solch ein (haltloser) Mensch war, wie Demetrios von Skepsis (kynischer Philosoph, 1. Jh. n. Chr.) *sagt, auch der Korinther Aithiops, den Archilochos erwähnt. In seiner Freude am Schlemmen und nicht fähig, Enthaltsamkeit zu üben, hat er auf der Fahrt nach Sizilien, die er mit Archias unternahm, als der daran ging, Syrakus zu gründen, seinem Tischkumpan für einen Honigkuchen das Landstück verkauft, das er in Syrakus bei der Auslosung erhalten sollte.*

(Die Weiber)

... dabei gabst du deiner Stimme einen sinnlich-zärtlichen Tonfall, ähnlich der Tochter des Lykambes ...

„Dreckabschaum“: (so heißt) die Hure bei Archilochos, auch „Lohnarbeiterin“ und „Gemeine“ und „Feiste“.

Archilochos nennt (ein solches Weib) „feist“ und „gemein“, d. h. der ganzen Gemeinde willfährig, und „Lohnarbeiterin“, dazu auch noch „Dreckabschaum“ — nach Analogie zu „Meeresabschaum“ —, und was es sonst noch an derartigen Bezeichnungen gibt.

ἀκόλουθον δὲ τῇ πανδοσίᾳ καὶ τὸ δῆμον αὐτὴν λέγεσθαι
παρ' Ἀρχιλόχῳ

Eust. in Il. 1088, 39

ἐργάτις· τὴν Νεοβουλείαν λέγει, ὡς παχεῖαν

Hesych. s. v.

οἱ δὲ μύκλους φασὶ κατωφερεῖς πρὸς γυναῖκας· εἴρηται183Bgk.
δὲ ἀπὸ ἑνὸς Μύκλου αὐλητοῦ κατωφεροῦς εἰς γυναῖκας καὶ
κωμῳδηθέντος ἐπὶ μαχλότητι ὑπ' Ἀρχιλόχου.

Tzetzes in Lycophr. 771 (p. 245 Scherer), cf. EM 594, 21

Ἐπαφρόδιτος δὲ παρὰ τὸ λέχος λεχαίνειν, τὸ λέχους179Bgk.
ἐπιθυμεῖν, καὶ κατὰ τροπὴν λεγαίνειν· ἔνθεν Ἀρχίλοχος·
λέγαι γυναῖκες ἀντὶ τοῦ ἀκόλαστοι.

EM 152, 52

πολλάκις τὰ κατ' ὀβολὸν μετὰ πολλῶν πόνων συναχ-142Bgk.
θέντα χρήματα, κατὰ Ἀρχίλοχον, εἰς πόρνης γυναικὸς
ἔντερον καταίρουσι· ὥσπερ γὰρ ἐχῖνον λαβεῖν μὲν ῥᾴδιον,
συνέχειν δὲ χαλεπόν, οὕτω καὶ τὰ χρήματα.

Aelian. var. hist. IV 14

καὶ τὸ τοῦ Ἀρχιλόχου ἄντικρυς ἐπεραίνετο, ὅ φησιν,
εἰς ἔντερον πόρνης πολλάκις μεταρρυΐσκεσθαι τὰ χρόνῳ
καὶ πόνῳ συλλεγέντα μακρῷ.

Nicetas Choniata (p. 300, 7ss. corp. Bonn.)

Ἀρχίλοχος τὸν Νάξιον οἶνον τῷ νέκταρι παραβάλλει.151Bgk.

Athen. I 30 f (I p. 71 Kaibel)

Entsprechend der „allen Gebenden" (bei Anakreon) heiße sie bei Archilochos „gemein".

„Lohnarbeiterin": die feiste Neobule nennt er so.

Andre sagen, „mykloi" bezeichne Leute, die scharf auf Frauen sind, so benannt nach einem Flötenspieler Myklos, der scharf auf Frauen war und wegen seiner Geilheit von Archilochos verspottet wurde.

Epaphroditos (Grammatiker in Rom, 1. Jh. n. Chr.) *aber sagt, von „lechos" (= Bett) sei „lechainein", „nach dem Bett begehren", mit Lautänderung „legainein", abgeleitet; daher sagt Archilochos: „die Frauen (aber sind) legai", im Sinn von „(sexuell) hemmungslos".*

Oft stecken die Leute das Geld, das sie Obolos um Obolos mit vielen Mühen gesammelt haben, laut Archilochos einer Hure in den Leib. Denn wie man einen Igel zwar leicht fangen, aber schwer in Händen halten kann, so auch das Geld.

Und es erfüllte sich offensichtlich der Ausspruch des Archilochos, der besagt, oft fließe das mit viel Zeit und Mühe angesammelte Geld in den Leib einer Hure.

Archilochos vergleicht den Wein aus Naxos mit Nektar.

καὶ ἶπος τὸ πιέζον τὰς ἐσθῆτας ἐν τῷ γναφείῳ, ὡς 169 Bgk.
Ἀρχίλοχος κέαται ἐν ἴπῳ.

Pollux 7, 41; 10, 135 (II 63 et 230 Bethe)

Κάρπαθος τὸν μάρτυρα. παροιμία. Καρπάθιος δὲ 152 Bgk.
λαγών, κατ᾽ ἔλλειψιν τοῦ ἐπηγάγετο· διὰ γὰρ τὸ μὴ εἶναι
λαγωοὺς ἐν τῇ χώρᾳ, ἐπηγάγοντο αὐτοὶ καὶ τοσοῦτοι
ἐγένοντο, ὥστε τόν τε σῖτον αὐτῶν καὶ τὰς ἀμπέλους ὑπ᾽
αὐτῶν βλάπτεσθαι. ὁ γοῦν Ἀρχίλοχος παρὰ ταύτην τὴν
παροιμίαν ἔφη· Καρπάθιος τὸν μάρτυρα.

(1) Hesych. s. v.; (II) Zenob. IV 48 (I 98 Leutsch-Schneidewin), al.

*

TESTIMONIA

ΓΛΑΥΡΩ ΕΙΜΙ ΜΝΗ-
-Ɛ ·ΟƐΝΙΤΠƎΛ ΩΤ ΑΜ
ΘΕΣΑΝ ΔΕ ΜΕ ΟΙ ΒΡΕΝΤ-
ƷƎΔΙΑΠ ΟƷ

i. e. Γλαύκου εἰμὶ μνῆμα τοῦ Λεπτίνεω· ἔθεσαν δέ με οἱ
Βρέντεω παῖδες.

Inscr. (s. VII/VI a. Chr. n.) Thasi reperta (BCH 79, 1955, p. 348
s. et tab. III)

Πάρος νῆσος, ἣν καὶ πόλιν Ἀρχίλοχος καλεῖ ἐν τοῖς
ἐπῳδοῖς· ᾠκεῖτο δὲ τὸ μὲν πρῶτον ὑπὸ Κρητῶν καὶ
τινων Ἀρκάδων ὀλίγων.

Steph. Byz. s. v.

Πάριοι γοῦν Ἀρχίλοχον καίπερ βλάσφημον ὄντα
τετιμήκασι.

Alcidamas ap. Aristot. Rhet. B 1398 b 11

„Ipos": das, was die Kleider preßt in einer Walkerei, wie Archilochos (sagt): (Zitat) „und liegt in der Presse".

„Karpathos (holt sich) seinen Zeugen": Sprichwort. 'Der Karpather den Hasen', wobei 'holte sich' ausgelassen ist. Weil es im Lande keine Hasen gab, wurden sie eingeführt, und sie vermehrten sich so, daß Korn und Weinstöcke darunter zu leiden hatten. Mit einer Anspielung auf dies Sprichwort sagt Archilochos: „Karpathos (od. der Karpather?) seinen Zeugen."

*

HISTORISCH-BIOGRAPHISCHE ZEUGNISSE

Des Glaukos Grabmal bin ich, des Sohnes des Leptines. Errichtet haben mich die Söhne des Brentes.

Paros. Eine Insel. Archilochos nennt sie auch „Polis" in den Epoden. Besiedelt wurde sie zuerst von Kretern und einigen wenigen Arkadern.

Die Parier jedenfalls erweisen dem Archilochos Ehren, mag er auch ein Lästerer sein.

οί δὲ ἐπιβεβηκότες τῆς νεὼς οὐκ ἐπιφανεῖς εἰς ἅπαν εἰσὶν οἷς προσήκουσι. Τέλλις μὲν ἡλικίαν ἐφήβου γεγονὼς φαίνεται, Κλεόβοια δὲ ἔτι παρθένος, ἔχει δὲ ἐν τοῖς γόνασι κιβωτόν, ὁποίας ποιεῖσθαι νομίζουσι Δήμητρι· ἐς μὲν δὴ τὸν Τέλλιν τοσοῦτον ἤκουσα, ὡς ὁ ποιητὴς Ἀρχίλοχος ἀπόγονος εἴη τρίτος Τέλλιδος· Κλεόβοιαν δὲ ἐς Θάσον τὰ ὄργια τῆς Δήμητρος ἐνεγκεῖν πρώτην ἐκ Πάρου φασίν.

Pausan. X 28, 3

... ὅτι δὲ καὶ ἀερία ἡ Θάσος, δῆλον ἐκ τοῦ χρησμοῦ τοῦ δοθέντος πατρὶ τοῦ Ἀρχιλόχου·

Ἄγγειλον Παρίοις, Τελεσίκλει⟨ς⟩, ὥς σε κελεύω νήσῳ ἐν ἠερίῃ κτίζειν εὐδείελον ἄστυ.

(I) Oenomaos ap. Euseb. praep. ev. VI 7, 8 (I p. 314 Mras); (II) Steph. Byz. s. v. Θάσος (= orac. 230 Parke-Wormell)

... Γύγης, τοῦ καὶ Ἀρχίλοχος ὁ Πάριος κατὰ τὸν αὐτὸν χρόνον γενόμενος ἐν ἰάμβῳ τριμέτρῳ ἐπεμνήσθη

Herodot. I 12

πρεσβύτερον γοῦν (τὸν Τέρπανδρον) Ἀρχιλόχου ἀποφαίνει Γλαῦκος ὁ ἐξ Ἰταλίας ἐν συγγράμματί τινι τῷ Περὶ τῶν ἀρχαίων ποιητῶν τε καὶ μουσικῶν (FHG II 23 fr. 2).

[Plut.] de musica 4 (mor. VI 3 Ziegler-Pohlenz, p. 4)

Γλαῦκος γὰρ (FHG II 24 fr. 4) μετ' Ἀρχίλοχον φάσκων γεγενῆσθαι Θαλήταν, μεμιμῆσθαι μὲν αὐτόν φησι τὰ Ἀρχιλόχου μέλη, ἐπὶ δὲ τὸ μακρότερον ἐκτεῖναι καὶ Παίωνα καὶ Κρητικὸν ῥυθμὸν εἰς τὴν μελοποιίαν ἐνθεῖναι, οἷς Ἀρχίλοχον μὴ κεχρῆσθαι.

[Plut.] de musica 10 (ib. p. 8)

Bei den Personen, die das Boot (Charons auf dem Unter-weltsgemälde Polygnots in der Lesche der Knidier in Delphi) bestiegen haben, ist nicht ganz deutlich, zu wem sie gehören. Tellis ist im Ephebenalter dargestellt, Kleoboia noch als junges Mädchen: sie hält auf den Knien eine Schatulle, wie man sie für Demeter herzustellen pflegt. Von diesem Tellis habe ich nur soviel gehört, daß der Dichter Archilochos ein um zwei Generationen späterer Nachkomme des Tellis sei. Von Kleoboia berichtet man, daß sie als erste die Mysterien der Demeter von Paros nach Thasos gebracht hat.

Daß (die Insel) Thasos neblig ist, ist aus dem Orakel er-sichtlich, das dem Vater des Archilochos gegeben wurde:

„Meld es den Pariern so, Telesikleis, wie ich dir sage: eine weit sichtbare Stadt ist zu gründen auf nebliger Insel."

. . . Gyges (Lyderkönig, gest. 652 v. Chr.), *den auch Archilochos von Paros, der zu der gleichen Zeit lebte, in einem iambischen Trimeter* (vgl. fr. 22 D.) *erwähnt hat.*

In seiner Schrift „Über die alten Dichter und Musiker" stellt Glaukos von Rhegion (5. Jh., die Schrift wurde auch Antisthenes zugeschrieben) *fest, daß Terpandros älter ist als Archilochos.*

Thaletas, der dem Glaukos zufolge nach Archilochos gelebt hat, hat, wie Glaukos sagt, die Lieder des Archilochos nach-geahmt, dabei aber den Liedumfang vergrößert und paionischen und kretischen Rhythmus, die Archilochos nicht verwendete, in der Lyrik eingeführt.

Στρύμη· ... ἐστὶ δὲ ἐμπόριον Θασίων. μνημονεύει 146 Bgk.
τῶν Θασίων πρὸς Μαρωνείτας περὶ τῆς Στρύμης ἀμφισβη-
τήσεως Φιλόχορος ἐν ε΄, Ἀρχίλοχον ἐπαγόμενος μάρτυρα.

Philochorus FGrHist 328 F 43 (= Harpocrat. s. v.)

Οἰσύδρεω Θρήϊκος ἐφ᾽ αἵματι πολλὰ Θάσοιο
Callim. fr. 104 Pf.

φησὶν Παρίους Οἰσύδρην τὸν Θρᾶκα φονε[ύ]σαντας
διαπολιορκηθῆναι Θασι[....]ως τὸ ἀρέσκον Βισάλταις
[ἐ]πιτίμιο[ν τ]ίνειν ἔχρησεν ὁ θεός· οἱ δετειχο.[...].
αννοθ..[....] Θασίοις ἐρ[ω]τῶσι[....]ειν.η.[.......]
πέμπειν πα[ ].[......].[.].α.[.........]..πλη.κο.[
Callim. Dieg. V 9ss.

αἰτιᾶται Κριτίας Ἀρχίλοχον, ὅτι κάκιστα ἑαυτὸν εἶπεν.
῾εἰ γὰρ μή, φησίν, ἐκεῖνος τοιαύτην δόξαν ὑπὲρ ἑαυτοῦ
εἰς τοὺς Ἕλληνας ἐξήνεγκεν, οὐκ ἂν ἐπυθόμεθα ἡμεῖς
οὔτε ὅτι Ἐνιποῦς υἱὸς ἦν τῆς δούλης οὔθ᾽ ὅτι καταλιπὼν
Πάρον διὰ πενίαν καὶ ἀπορίαν ἦλθεν εἰς Θάσον οὔθ᾽
ὅτι ἐλθὼν τοῖς ἐνταῦθα ἐχθρὸς ἐγένετο οὐδὲ μὴν ὅτι
ὁμοίως τοὺς φίλους καὶ τοὺς ἐχθροὺς κακῶς ἔλεγε. πρὸς
δὲ τούτοις, ἦ δ᾽ ὅς, οὔτε ὅτι μοιχὸς ἦν ᾔδειμεν ἄν, εἰ μὴ
παρ᾽ αὐτοῦ μαθόντες, οὔτε ὅτι λάγνος καὶ ὑβριστής, καὶ
τὸ ἔτι τούτων αἴσχιστον, ὅτι τὴν ἀσπίδα ἀπέβαλεν. οὐκ
ἀγαθὸς ἄρα ἦν ὁ Ἀρχίλοχος μάρτυς ἑαυτῷ τοιοῦτον κλέος
ἀπολιπὼν καὶ τοιαύτην ἑαυτῷ φήμην.᾽ ταῦτα οὐκ ἐγὼ
Ἀρχίλοχον αἰτιῶμαι, ἀλλὰ Κριτίας.

Critias fr. 44 (II p. 396 Diels-Kranz) ap. Aelian. var. hist. X 13

Stryme ... ist ein Umschlaghafen der Thasier. Die Streitigkeiten der Thasier mit den Maroniten wegen Stryme erwähnt Philochoros (Historiker, ca. 340—262 v. Chr.) *im fünften Buch (seiner Atthis: fr. 43 Jacoby), wobei er den Archilochos als Zeugen anführt.*

Für des Thrakers Oisydres Blut ist von Thasos so vieles

. . . .

Er sagt, daß die Parier (d.h. die Kolonisten in Thasos?) den Thraker Oisydres ermordet hatten und lange Zeit belagert wurden(, die) Thas(ier, bis) der Gott das Orakel gab, sie müßten den Bisalten (= thrak. Volksstamm) *nach deren Ermessen Sühnegeld zahlen. Sie ... Mauer ...... den Thasiern auf ihre Frage .... zu schicken*

. . . .

. . .

Kritias erhebt gegen Archilochos den Vorwurf, er habe sich selbst am schlimmsten geschmäht. — „Wenn", so sagt er, „jener nämlich nicht diese Meinung über sich unter den Hellenen verbreitet hätte, so hätten wir gar nicht erfahren, weder daß er der Enipo, einer Sklavin, Sohn war, noch daß er Paros aus Armut und Mittellosigkeit verließ und deshalb nach Thasos kam, noch daß er, da angekommen, sich mit den dortigen Leuten verfeindete, noch gar, daß er gleichermaßen Freunde und Feinde schmähte. Überdies", sagt er, „wüßten wir weder, daß er Ehebrecher war, wenn wir es nicht von ihm erführen, noch daß er von haltloser Sinnlichkeit war und unverschämt, und, was das schimpflichste von allem ist, daß er seinen Schild fortwarf. Archilochos war also kein guter Zeuge in eigener Sache, da er solchen Leumund sich hinterließ und solchen Ruf." — Diese Vorwürfe erhebe nicht ich gegen Archilochos, sondern Kritias.

Δωτάδης· Δώτου υἱός, ὁ Λυκάμβας
Hesych. s. v.

Λυκαμβίς ἀρχή· ὁ Κρατῖνος ἐν Νόμοις (fr. 130 Kock), *τὸν πολέμαρχον δηλῶν, πρὸς ὃν ἀνεγράφοντο τὰς τοῦ ἀπροστασίου δίκας. Λυκαμβίδα δὲ εἶπε τὴν ἀρχήν, ἐπεὶ ἐπολέμησεν Ἀρχίλοχος τῷ Λυκάμβῃ.*
Cratin. fr. 130 Kock (Hesych. s. v., cf. Phot. s. v.)

Σελληϊάδεω· Σελλέως υἱὸς ὁ μάντις, Βατουσιάδης τὸ ὄνομα
Hesych. s. v.

οὐ τοίνυν οὐδ' Ἀρχίλοχος ... τοὺς ἀρίστους τῶν Ἑλλήνων καὶ τοὺς ἐνδοξοτάτους ἔλεγι κακῶς, ἀλλὰ Λυκάμβην καὶ Χειδὸν καὶ τὸν δεῖνα τὸν μάντιν καὶ τὸν Περικλέα τὸν καθ' αὑτόν, οὐ τὸν πάνυ, καὶ τοιούτους ἀνθρώπους ἔλεγε κακῶς.
Ael. Aristides II 380 (Dindorf)

Ἀρχίλοχον τὸν ποιητὴν Κόραξ ὄνομα ἔκτεινε, πρὸς ὃν φασιν εἰπεῖν τὴν Πυθίαν ʽἔξιθι νηοῦ'· τοῦτον δ' εἰπεῖν ʽἀλλὰ καθαρός εἰμι, ἄναξ· ἐν χειρῶν γὰρ νόμῳ ἔκτεινα'.
Heracleides pol. 8 (FHG II 214)

καὶ τὸν Ἀρχίλοχον τεθνεῶτα φαίνεται τιμῶν οὐ τὰ μέτρια. τὸν γοῦν φονέα βουλόμενον εἰσελθεῖν εἰς τὸν νεὼν αὐτοῦ διεκώλυσεν εἰπών·

Μουσάων θεράποντα κατέκτανες· ἔξιθι νηοῦ.
Galen. Protr. 23 (= orac. 4 Parke-Wormell)

Dotades: Sohn des Dotas, der bekannte Lykambes.

„Lykambisches Amt": Kratinos (vor 422 v. Chr.) *in (der Komödie) „Die Gesetze"* (fr. 130 Kock). *Gemeint ist der Polemarch, dem die Klageschrift gegen Siedler, die sich keinen Patron gesucht hatten, eingereicht wurde. Ein „lykambisches Amt" hat er es genannt, weil Archilochos sich mit Lykambes verfehdet hat.*

„Des Sellei(a)des": eines Selleus Sohn war der Seher mit Namen Batusiades.

Auch Archilochos ...... hat ja nicht die (wahrhaft) besten und berühmtesten Hellenen geschmäht, sondern den Lykambes, den Cheidos, und einen gewissen Seher und seinen Zeitgenossen Perikles, nicht den allbekannten, und Leute dieses Schlages hat er geschmäht.

(Der Tod des Dichters)

Den Dichter Archilochos tötete ein Mann namens Korax. Zu ihm soll die Pythia gesagt haben: „Verlaß den Tempel!" Er aber soll gesagt haben: „Herr, ich bin aber doch rein (von Blutschuld), denn ich tötete ihn in offenem Kampf."

Auch Archilochos wurde nach seinem Tode (vom delphi-schen Apollon) in außergewöhnlicher Weise geehrt. Denn als der Mann, der den Archilochos getötet hatte, den Tempel be-treten wollte, hinderte ihn der Gott daran, indem er sprach:

„Einen Diener der Musen erschlugst du: verlaß meinen Tempel!"

τὸν μέν γε ἀποκτείναντα αὐτὸν (sc. τὸν Ἀρχίλοχον)
ὁ Ἀπόλλων ἐξελαύνων ἐκ τοῦ νεὼ Μουσῶν αὐτὸν ἀνεῖπε
θεράποντα ἀνῃρηκέναι, καὶ τὸ δεύτερον, ὡς ἀπελογεῖτο
ἐν πολέμῳ λέγων ἀποκτεῖναι, πάλιν Μουσῶν θεράποντα
ἔφη τὸν Ἀρχίλοχον· τῷ πατρὶ δὲ αὐτοῦ χρωμένῳ πρὸ
τῆς γενέσεως ἀθάνατόν οἱ παῖδα γενήσεσθαι προεῖπεν.

Dio Chrys. 33, 12 (I p. 300 v. Arnim)

(περὶ Κόρακος τοῦ Ναξίου)

ὁ γὰρ ἀποκτείνας ἐν τῇ μάχῃ τὸν Ἀρχίλοχον ἐκαλεῖτο
Καλλώνδης, ὡς ἔοικεν, ἦν δ᾽ αὐτῷ Κόραξ ἐπωνύμιον.
ἐκβληθεὶς δὲ τὸ πρῶτον ὑπὸ τῆς Πυθίας, ὡς ἱερὸν ἄνδρα
τῶν Μουσῶν ἀνῃρηκώς, εἶτα χρησάμενος λιταῖς τισι καὶ
προστροπαῖς μετὰ δικαιολογίας ἐκελεύσθη πορευθεὶς ἐπὶ
τὴν τοῦ τέττιγος οἴκησιν ἱλάσασθαι τὴν τοῦ Ἀρχιλόχου
ψυχήν. τοῦτο δ᾽ ἦν ὁ Ταίναρος· ἐκεῖ γάρ φασιν ἐλθόντα
μετὰ στόλου Τέττιγα τὸν Κρῆτα πόλιν κτίσαι καὶ κατ-
οικῆσαι παρὰ τὸ ψυχοπομπεῖον.

Plut. de sera num. vind. 17, p. 560 E (mor. III 425 s. Paton-Pohlenz);
cf. Aelian. fr. 80 = Suid. s. v. Ἀρχίλοχος (orac. 4. 5 Parke-Wormell) al.

ἀπέδωκε δέ τινα τιμὴν καὶ Ἀρχιλόχῳ καὶ Ἡσιόδῳ
τελευτήσασι διὰ τὰς Μούσας τὸ δαιμόνιον.

Plut. Num. Pomp. 4,9

τόν τε Ὅμηρον ἔφασκεν ἄξιον ἐκ τῶν ἀγώνων ἐκ-
βάλλεσθαι καὶ ῥαπίζεσθαι καὶ Ἀρχίλοχον ὁμοίως

Heraclit. fr. 42 (I p. 160 Diels-Kranz)

Den Mann, der Archilochos getötet hatte, wies Apollon aus seinem Tempel: er hielt ihm vor, daß er einen Diener der Musen getötet habe. Auch ein zweites Mal nannte der Gott, als der Mann sich damit zu rechtfertigen suchte, daß er ihn im Kriege getötet habe, den Archilochos einen Diener der Musen. Und als der Vater des Dichters, ehe der Sohn geboren war, das Orakel befragt hatte, hatte ihm der Gott geweissagt, ein unsterblicher Sohn werde ihm geboren werden.

(Über den Naxier Korax)

Der Mann, der den Archilochos in der Schlacht getötet hatte, hieß offensichtlich Kallondes, Korax (= Rabe) war sein Spitzname. Aus dem Tempel gewiesen wurde er zunächst von der Pythia, da er einen Mann getötet habe, der den Musen heilig war. Mit mancherlei Gebeten und Bitten, in denen er sich zu rechtfertigen suchte, erreichte er schließlich einen Orakelbescheid. Ihm wurde das Geheiß erteilt, sich zur Wohnstatt der Zikade (gr. Tettix) zu begeben und dort die Totenseele des Archilochos zu versöhnen. Das war der Tainaros: dorthin soll nämlich, wie man erzählt, der Kreter Tettix mit einem Aufgebot gekommen sein: er soll dort eine Stadt gegründet und sich in der Nähe des Platzes häuslich niedergelassen haben, an dem die Totenseelen in die Unterwelt eingehen.

Eine gewisse Ehre hat die Gottheit sowohl dem Archilochos wie dem Hesiod nach dem Tode um ihrer Sangeskunst willen erwiesen.

(Heraklit) pflegte zu sagen, Homer verdiene es, aus den musischen Agonen hinausgeworfen und mit Geißeln gepeitscht zu werden und Archilochos ebenso.

... ἐμὲ δὲ χρεών
φεύγειν δάκος ἀδινὸν κακαγοριᾶν.
εἶδον γὰρ ἑκὰς ἐὼν τὰ πόλλ' ἐν ἀμαχανίᾳ
ψογερὸν Ἀρχίλοχον βαρυλόγοις ἔχθεσιν
πιαινόμενον.

Pindar. Py. II 52 ss.

τοὺς δὲ νῦν Ὁμηριστὰς ὀνομαζομένους (= ῥαψῳδούς)
πρῶτος εἰς τὰ θέατρα παρήγαγε Δημήτριος ὁ Φαληρεύς.
Χαμαιλέων δὲ ἐν τῷ περὶ Στησιχόρου καὶ μελῳδηθῆναί
φησιν οὐ μόνον τὰ Ὁμήρου, ἀλλὰ καὶ τὰ Ἡσιόδου καὶ
Ἀρχιλόχου, ἔτι δὲ Μιμνέρμου καὶ Φωκυλίδου.

Demetr. Phal. fr. 33 et Cham. fr. 28 Wehrli (= Athen. XIV 620 b, c)

Κλέαρχος δὲ ἐν τῷ προτέρῳ περὶ γρίφων 'τὰ Ἀρχιλόχου', φησίν, 'Σιμωνίδης ὁ Ζακύνθιος ἐν τοῖς θεάτροις ἐπὶ
δίφρου καθήμενος ἐρραψῴδει'.

Clearch. fr. 92 Wehrli (= Athen. XIV 620 c)

Ἀρχίλοχον τὸν ποιητὴν ἐν Λακεδαίμονι γενόμενον
αὐτῆς ὥρας ἐδίωξαν, διότι ἐπέγνωσαν πεποιηκότα, ὡς
κρεῖττόν ἐστιν ἀποβαλεῖν τὰ ὅπλα ἢ ἀποθανεῖν.

Plut. inst. Lac. 34, p. 239 B (mor. II, 1 p. 212 Nachstädt-Titchener)

Lacedaemonii libros Archilochi e civitate sua ex-
portari iusserunt, quod eorum parum verecundam et
pudicam lectionem arbitrabantur; noluerunt enim ea
liberorum suorum animos imbui, ne plus moribus noceret
quam ingeniis prodesset.

Val. Max. 6, 3 Ext. 1

... ich aber habe zu fliehen den unablässigen Biß der Schmähreden. Denn ich sah, selbst ferne bleibend, vielfach in Hilflosigkeit den tadelsüchtigen Archilochos sich mästen an schwerredenden (verletzend redenden) Feindschaften.

Die jetzt „Homeristen" genannten Rhapsoden hat Deme-trios von Phaleron (ca. 350—280 v. Chr.) *als erster in Theatern auftreten lassen. Chamaileon* (Peripatetiker, gleichfalls ca. 350 —280 v. Chr.) *sagt in seiner Abhandlung über Stesichoros, daß sogar in Gesangsvorträgen nicht nur die Werke Homers, sondern auch die des Hesiod und Archilochos, auch noch die des Mimnermos und Phokylides vorgetragen wurden.*

Klearch (Aristotelesschüler, 4. Jh.) *sagt im ersten Buch seines Werkes über Rätsel: „Die Dichtungen des Archilochos hat im Theater zuerst Simonides aus Zakynth nach Rhapsoden-art, aber auf einem Stuhle sitzend, vorgetragen."*

Als der Dichter Archilochos nach Lakedaimon kam, haben ihn die Lakedaimonier zur selben Stunde vertrieben, weil sie feststellten, daß er in einem Gedicht die Ansicht vertreten hatte, es sei besser, seine Waffen fortzuwerfen als zu sterben (fr. 6 D.).

Die Lakedaimonier ließen die Bücher des Archilochos aus ihrem Staat fortschaffen, da ihrer Meinung nach der Inhalt von zu wenig Respekt und Anstandsgefühl zeugte. Sie wollten nämlich nicht, daß ihre Kinder derlei in sich aufnähmen, damit die Archilochoslektüre nicht eine größere sittliche Schädigung als geistige Förderung zur Folge habe.

Ἀρχίλοχον καὶ στᾶθι καὶ εἴσιδε τὸν πάλαι ποιητὰν
τὸν τῶν ἰάμβων, οὗ τὸ μυρίον κλέος
διῆλθε κἠπὶ νύκτα καὶ ποτ' ἀῶ.
ἦ ῥά νιν αἱ Μοῖσαι καὶ ὁ Δάλιος ἠγάπευν Ἀπόλλων,
ὡς ἐμμελής τ' ἔγεντο κἠπιδέξιος   5
ἔπεά τε ποιεῖν πρὸς λύραν τ' ἀείδειν.

Theocrit. epigr. XXI

Νικαγόρου ... τοῦ σοφιστοῦ μητέρα τῶν σοφιστῶν test. 25
τὴν τραγῳδίαν προσειπόντος διορθούμενος ὁ Ἱππόδρομος Lss.
τὸν λόγον „ἐγὼ δέ‟, ἔφη, „πατέρα "Ομηρον‟. ἐσπούδαζε
δὲ καὶ ἀπὸ Ἀρχιλόχου καλῶν τὸν μὲν "Ομηρον φωνὴν
σοφιστῶν, τὸν δὲ Ἀρχίλοχον πνεῦμα.

Philostr. vit. soph. VI 620 (p. 271 Kayser²)

ὅτι δὲ λευκῷ ἱμάντι περιειλοῦντες τὴν σκυτάλην οἱ
Λάκωνες ἔγραφον ἃ ἠβούλοντο εἴρηκεν ἱκανῶς Ἀπολλώνιος
ὁ Ῥόδιος ἐν τῷ περὶ Ἀρχιλόχου.

Ap. Rhod. ap. Athen. X 411 d (II p. 481 Kaibel)

μνημονεύων δ' αὐτῆς Ἀριστοφάνης ὁ γραμματικὸς ἐν
τῷ περὶ τῆς ἀχνυμένης σκυτάλης συγγράμματι ὁμοίας
φησὶν εἶναι τὰς λεπάδας ταῖς καλουμέναις τελλίναις.

Aristoph. Byz. ap. Athen. III 85 a (I p. 198 Kaibel)

quod vereris, ne ἀδόλεσχος, mihi tu? quis minus?
cui ut Aristophani Archilochi iambus, sic epistula lon-
gissima quaeque optima videtur.

Cic. ad Att. XVI 11, 2

Bleibe hier stehn und betrachte Archilochos, jenen alten Dichter
von Iamben, dessen tausendfacher Nachruhm sich
gen Abend wie gen Morgen hat verbreitet.
Wahrlich, die Musen waren ihm hold und der Delische Apollon:
so musikalisch, so geschickt erwies er sich
in Elegien und im Lied zur Leier.

Als der Sophist Nikagoras die Tragödie die Mutter der
Sophisten nannte, berichtigte Hippodromos (Sophist, 2./3. Jh.
n. Chr.) den Ausspruch, indem er hinzufügte: „Aber für den
Vater halte ich Homer." Er versuchte es auch, von Archilochos
ausgehend (den Ausspruch zu ergänzen), indem er Homer die
Stimme der Sophisten, Archilochos aber ihren Atem nannte.

Daß die Lakonier den Heroldsstab mit einem weißen
Riemen umwickelten und dann darauf schrieben, was sie zu
schreiben hatten, hat Apollonios von Rhodos in seiner Schrift
über Archilochos hinlänglich nachgewiesen.

Der Grammatiker Aristophanes (von Byzanz) erwähnt sie
in der Schrift „Über den vielgeplagten Heroldsstab" (vgl.
fr. 81 D.) und sagt, die Muschelart „Lepades" sei den sog.
Tellinen (= andre Muschelart) ähnlich.

Du fürchtest, du könntest mir zu redselig erscheinen? Aus-
gerechnet du? Wo mir, wie dem Aristophanes (von Byzanz,
alexandrin. Grammatiker, ca. 297 — ca. 180 v. Chr.) der
Iambus des Archilochos, gerade die längsten Briefe von Dir
die besten scheinen!

*itaque ex tribus receptis Aristarchi iudicio scrip-
toribus iamborum ad ἕξιν maxime pertinebit Archilochus.
summa in hoc vis elocutionis, cum validae tum breves
vibrantesque sententiae, plurimum sanguinis atque
nervorum, adeo ut videatur quibusdam, quod quoquam
minor est, materiae esse non ingenii vitium.*

Quint. inst. or. X 1, 59

col. I

[Εἰς τὰς Λυκά]μβεω παρθένους

]πρὸς βίην λαλεύσας

]εις, ὁδῖτα
Λυκ]άμβεω θυγάτρας
]υς λίθος πολίτης   5
]. μ' ἄμετρ' ἰάμβωι
ἁ]ψάμεσθα δειρὰς
]σηις ἐς ἡμᾶς
?]μαρτυροῦ]σι καὶ γῆ

. . . .

col. II

. . . . .
ω[. . . .] . [
ἀφ' ἡμ[έω]ν[. .] . [
καὶ λειρίοισι . . . [
περίσφυροι [
οὐδ' εἴχομε[ν   5
ἀλλ' ημε[
κἀπνευ[σ-
ηδεν[
ἐφρον[τισ-
πραπ[
κοσμ[10

Pap. Dublin nr. 193 ed. Bond, Hermathena 80, 1952, 5 ss.

Von den drei Iambographen, die Aristarch (alexandrin.
Grammatiker, ca. 220—145 v. Chr.) *in den Kanon aufzunehmen sich entschloß, wird Archilochos der beste Repräsentant
besonderer Begabung sein. Gewaltige Kraft hat seine Sprache,
kraftvoll und zugleich kurz und treffend sind die Sätze, blutvoll
und energiegeladen in höchstem Maße, so daß manchen
Kritikern die schwächeren Stellen thematisch bedingt, nicht
durch ein Manko der Begabung verursacht zu sein scheinen.*

(Auf des Lyka)mbes jungfräuliche Töchter

(Höre uns Mädchen, die wir sterben mußten) auf gewaltsame
                                         Weise, was wir sagen,
(der du dich unsrem Grabe genähert hast), du Wanderer:
(Wir sind die . . . . . . Lyk)ambes-Töchter
(uns hat . . . ., hart wie) ein Stein, ein Mitbürger:
(er richtete gegen uns) maßlose . . . . . in seinem Iambos
(. . . . . wir) Schlingen legten um unsre Hälse
(Doch nicht . . . .) sollst du . . . über uns:
(für unsre Unschuld) sind Zeugen . . . . und die Erde

. . . .
. . . .
und die lilienhaften . . . .
um die Knöchel . . . .
auch hatten wir nicht . . .
sondern . . . .
und schnob (?) . . . .
. . . . .
dacht . . . .
. . . . .
schmückt . . .

[*Εἰς τὰς Λυκάμβου θυγατέρας, ἃς Ἀρχίλοχος ὁ ποιητὴς ἔσκωψεν ἐν τοῖς ἰάμβοις θαυμασίως, ὥστε καὶ βρόχον ἀνήψαντο*]

Οὐ μὰ τόδε φθιμένων σέβας ὅρκιον αἴδε Λυκάμβεω,

  αἳ λάχομεν στυγερὴν κληδόνα, θυγατέρες
οὔτε τι παρθενίην ἠσχύναμεν οὔτε τοκῆας

  οὔτε Πάρον, νήσων αἰπυτάτην ἱερήν.
ἀλλὰ καθ’ ἡμετέρης γενεῆς ῥιγηλὸν ὄνειδος   5
  φήμην τε στυγερὴν ἔφλυσεν Ἀρχίλοχος.
Ἀρχίλοχον, μὰ θεοὺς καὶ δαίμονας, οὔτ’ ἐν ἀγυιαῖς
  εἴδομεν, οὔτε Ἥρης ἐν μεγάλῳ τεμένει.
εἰ δ’ ἦμεν μάχλοι καὶ ἀτάσθαλοι, οὐκ ἂν ἐκεῖνος
  ἤθελεν ἐξ ἡμέων γνήσια τέκνα τεκεῖν.   10

Dioscorides AP VII 351

[*Εἰς Ἀρχίλοχον*]

Ἀρχιλόχου τάδε μέτρα καὶ ἠχήεντες ἴαμβοι
  θυμοῦ καὶ φοβερῆς ἰὸς ἐπεσβολίης.

Anon. AP IX 185

[*Εἰς τὰς αὐτὰς Λυκαμβίδας*]

Δεξιτέρην Ἀίδαο θεοῦ χέρα καὶ τὰ κελαινὰ

  ὄμνυμεν ἀρρήτου δέμνια Περσεφόνης,
παρθένοι ὡς ἔτυμον καὶ ὑπὸ χθονί, πολλὰ δ’ ὁ πικρὸς
  αἰσχρὰ καθ’ ἡμετέρης ἔβλυσε παρθενίης
Ἀρχίλοχος· ἐπέων δὲ καλὴν φάτεν οὐκ ἐπὶ καλὰ   5
  ἔργα, γυναικεῖον δ’ ἔτραπεν ἐς πόλεμον.
Πιέριδες, τί κόρῃσιν ἐφ’ ὑβριστῆρας ἰάμβους
  ἐτράπετ’, οὐχ ὁσίῳ ἀνδρὶ χαριζόμεναι;

Meleagros AP VII 352

[Auf die Töchter des Lykambes, die der Dichter Archi-
lochos in seinen Iamben in so erstaunlicher Weise verspottete,
daß sie sich sogar erhängten]

Nein, bei der Ehrfurcht, die stets ein Schwur von Toten be-
                                                    ansprucht:
    wir Lykambiden, obwohl schlecht unser Ruf in der Welt,
haben das Magdtum bewahrt, nicht machten wir Schande den
                                                    Eltern,
    heimischem Eilande nicht, Paros, das heilig und hoch.
Doch Archilochos goß über uns Geschwister den kalten
    Hohn und brachte uns so alle in argen Verruf.
Dabei hatten wir doch Archilochos nicht auf den Straßen
    noch im Tempelbezirk Heras gesehen, bei Gott!
Wären so mannstoll wir und sittenlos, hätte er niemals
    sich gerade von uns eh'liche Kinder gewünscht.

[Auf Archilochos]

Dies sind Archilochos' Verse und weithin klingende Iamben,
    von seiner Angriffslust, von seinem Zorne das Gift.

[Auf die gleichen Lykambiden]

Bei der Schwurhand des Hades beeiden wir's und bei dem
                                                    dunklen
    Lager Persephones, die unnütz zu nennen nicht ziemt:
Jungfrauen sind wir geblieben, so kamen wir hierher; verdächtigt
    hat unser Magdtum, geschmäht vielfach Archilochos uns,
er, der so beißend stets war: die liebliche Gabe der Wortkunst,
    nutzt' er zu Lieblichem nicht, sondern zur Fehde mit Frau'n.
Musen, was richtetet ihr die Iamben voll Hohn gegen Mädchen,
    lieht einem Mann, der nicht weiß, was sich gebührt,
                                                    eure Gunst?

Νῦν πλέον ἢ τὸ πάροιθεν πυλὰς κρατεροῖο βερέθρου

ὄμμασιν ἀγρύπνοις, τρισσέ, φύλασσε, κύον.
εἰ γὰρ φέγγος ἔλειπον ἀλυσκάζουσαι ἰάμβων
ἄγριον Ἀρχιλόχου φλέγμα Λυκαμβιάδες,

πῶς οὐκ ἂν προλίποι σκοτίων πυλεῶνας ἐναύλων   5

νεκρὸς ἅπας φεύγων τάρβος ἐπεσβολίης;
Iulianus Aeg. AP VII 70

Κέρβερε, δειμαλέην ὑλακὴν νεκύεσσιν ἰάλλων,
ἤδη φρικαλέον δείδιθι καὶ σὺ νέκυν·
Ἀρχίλοχος τέθνηκε· φυλάσσεο θυμὸν ἰάμβων

δριμὺν πικροχόλου τικτόμενον στόματος.

οἶσθα βοῆς κείνοιο μέγα σθένος, εὖτε Λυκάμβεω   5

νηῦς μία σοι δισσὰς ἤγαγε θυγατέρας
Iulianus Aeg. AP VII 69

Σῆμα τόδ' Ἀρχιλόχου παραπόντιον, ὅς ποτε πικρὴν
    Μοῦσαν ἐχιδναίῳ πρῶτος ἔβαψε χόλῳ
αἱμάξας Ἑλικῶνα τὸν ἥμερον. οἶδε Λυκάμβης
    μυρόμενος τρισσῶν ἄμματα θυγατέρων.
ἠρέμα δὴ παράμειψον, ὁδοιπόρε, μή ποτε τοῦδε   5
    κινήσῃς τύμβῳ σφῆκας ἐφεζομένους.
Gaetulicus AP VII 71

[An den Höllenhund Kerberos]

Schärfer paß auf als bisher an den Toren des grausigen
                                              Schlundes
   immerfort wachenden Blicks, dreifacher Höllenhund, jetzt:
wenn aus Furcht vor des wilden Archilochos sengenden Iamben
   die Lykambiden vom Licht schieden, das droben uns
                                              scheint, —
wird dann nicht jeder der Toten zum Ausgang des Schatten-
                                              reichs drängen,
   schleunigst nun nehmen Reißaus, träf' doch sein Angriff
                                              sonst ihn?

[Ein gleiches]

Kerberos, dessen Gebell die Verstorbenen alle in Furcht setzt,
   nun ist die Reihe an dir, fürcht' einen Toten jetzt du,
denn Archilochos starb! Vor dem Groll und dem Zorn seiner
                                              Iamben
   nimm dich in acht! Er entströmt, Unheil verbreitend, dem
                                              Mund.
Hast die Gewalt seiner Stimme ja selbst schon verspürt, als
                                              Lykambes'
   Töchter der gleiche Kahn zwei dir auf einmal gebracht.

[Auf den Dichter Archilochos von Paros]

Für Archilochos steht an der Küste dies Grabmal: der Schlangen
   Galle und Gift goß zuerst er über's Musengedicht,
Blut ließ er fließen am friedlichen Helikon. Vater Lykambes
   weiß es: drei Töchter beklagt, die sich erhängten, der Greis.
Geh ganz leise vorüber, du Wanderer, daß du die Wespen
   nicht erzürnest: der Schwarm hat auf dies Grab sich gesetzt.

[Εἰς Ἀρχίλοχον]

Ἀρχιλόχου τόδε σῆμα, τὸν ἐς λυσσῶντας ἰάμβους
ἤγαγε Μαιονίδῃ Μοῦσα χαριζομένη.

Hadrianus AP VII 674

Cave, cave, namque in malos asperrimus
    parata tollo cornua,
qualis Lycambae spretus infido gener

. . . .

Horat. epod. 6, 13 ss.

Archilochum significat, qui Lycamben probrosis
versibus usque eo insectatus est, ut ille mortem sibi
consciceret. hoc autem eo fecit, quod ille filiam suam
in matrimonium promissam mox denegasset.

Schol. ad 1

ἰστέον δὲ ὅτι πολλῶν προσώπων ἁψαμένων βρόχους
ἐπὶ λύπαις ἔπαθον οὕτω κατὰ τὴν παλαιὰν ἱστορίαν καὶ
οἱ Λυκαμβίδαι ἐπὶ τοῖς Ἀρχιλόχου ποιήμασι μὴ φέροντες
τὴν ἐπιφορὰν τῶν ἐκείνου σκωμμάτων.

Eust. in Od. 1684, 45

ὁ δὲ Κάτων σφόδρα παροξυνθεὶς καὶ διακαεὶς
ἐπεχείρησε μὲν ἐπεξελθεῖν διὰ δίκης, ὡς δὲ οἱ φίλοι
τοῦτο ἐκώλυσαν, ὀργῇ καὶ νεότητι τρέψας ἑαυτὸν εἰς
ἰάμβους πολλὰ τὸν Σκηπίωνα καθύβρισε, τῷ πικρῷ
προσχρησάμενος τοῦ Ἀρχιλόχου, τὸ δὲ ἀκόλαστον ἀφεὶς
καὶ παιδαριῶδες.

Plut. Cat. min. 7, 2

neque quemquam alium, cuius operis primus auctor
fuerit, in eo perfectissimum praeter Homerum et Archilochum reperiemus.

Velleius Paterculus I 5

[Auf Archilochos]

Dies ist Archilochos' Grab: zu wütend rasenden Iamben,
dem Maioniden zulieb', hat ihn die Muse geführt.

Nimm dich in acht! Der Schurken grimmer Feind, erheb
ich rasch das Hörnerpaar zum Stoß,
gleich des Lykambes schnöd verschmähtem Schwiegersohn
. . . .

Den Archilochos meint er damit, der dem Lykambes in
seinen Schmähgedichten derart zusetzte, daß er sich das Leben
nahm. Der Grund für die Angriffe des Archilochos war, daß
Lykambes ihm seine Tochter zur Ehe versprochen, bald danach
sie ihm aber verweigert hatte.

Man muß wissen: viele Personen haben sich aus Leid
erhängt, so — der alten Geschichte zufolge — auch die Lykam-
biden, infolge der Gedichte des Archilochos, da sie den Angriff
seiner Spottgedichte nicht ertragen konnten.

Aufgebracht und wutentbrannt wollte (der jüngere) Cato
einen Prozeß anstrengen. Als seine Freunde das verhinderten,
verlegte er sich, heißspornig und jung wie er war, auf das Ver-
fassen von Iamben und griff darin aufs heftigste Scipio an.
Den beißenden Hohn des Archilochos behielt er bei, das Maß-
lose und andrerseits das Kindisch-Naive gab er auf.

Bei keinem andren ersten Erfinder werden wir feststellen
können, daß bereits er die höchste Vollendung des Neuen er-
reicht hat, außer bei Homer und Archilochos.

μόνος Ἡρόδοτος Ὁμηρικώτατος ἐγένετο; Στησίχορος
ἔτι πρότερον ὅ τε Ἀρχίλοχος, πάντων δὲ τούτων μάλιστα
ὁ Πλάτων ...

Anon. de subl. 13, 3

... ἄπτωτος ὁ Ἀπολλώνιος ἐν τοῖς Ἀργοναύταις
ποιητής ... ἀρ' οὖν Ὅμηρος ἂν μᾶλλον ἢ Ἀπολλώνιος
ἐθέλοις γενέσθαι; τί δέ; Ἐρατοσθένης ἐν τῇ Ἠριγόνῃ
(διὰ πάντων γὰρ ἀμώμητον τὸ ποιημάτιον), Ἀρχιλόχου
πολλὰ καὶ ἀνοικονόμητα παρασύροντος, κἀκείνης τῆς
ἐκβολῆς τοῦ δαιμονίου πνεύματος, ἣν ὑπὸ νόμον τάξαι
δύσκολον, — ἆρα δὴ μείζων ποιητής;

Anon. de subl. 33, 4

δύο γὰρ ποιητῶν γεγονότων ἐξ ἅπαντος τοῦ αἰῶνος,
οἷς οὐδένα τῶν ἄλλων ξυμβάλλειν ἄξιον, Ὁμήρου τε καὶ
Ἀρχιλόχου, τούτων Ὅμηρος μὲν σχεδὸν πάντα ἐνεκωμίασε,
καὶ θηρία καὶ φυτὰ καὶ ὕδωρ καὶ γῆν καὶ ὅπλα καὶ ἵππους
... Ἀρχίλοχος δὲ ἐπὶ τὴν ἐναντίαν ἧκε, τὸ ψέγειν, ὁρῶν
οἶμαι τούτου μᾶλλον δεομένους τοὺς ἀνθρώπους, καὶ
πρῶτον αὐτὸν ψέγει. τοιγαροῦν μόνος καὶ μετὰ τὴν
τελευτὴν καὶ πρὶν ἢ γενέσθαι τῆς μεγίστης ἔτυχε μαρ-
τυρίας παρὰ τοῦ δαιμονίου ... ὥσθ' ὁ λοιδορεῖν ἱκανὸς
καὶ καθάπτεσθαι καὶ φανερὰ τῷ λόγῳ ποιεῖν τὰ ἁμαρτή-
ματα δῆλον ὅτι κρείττων ἐστὶ καὶ προκέκριται τῶν
ἐπαινούντων.

Dio Chrys. or. 33, 11s. (I p. 300 v. Arnim)

οἱ γὰρ ἰαμβοποιοὶ τραγικὰ ποιοῦσιν καὶ οἱ τραγῳδο- test. 47
ποιοὶ πάλιν ἰαμβικά, καὶ Σαπφώ τινα ἰαμβικῶς ποιεῖ, καὶ Lss.
Ἀρχίλοχος οὐκ ἰαμβικῶς, ὥστε φύσει μὲν οὐ ῥητέον
ἰαμβοποιὸν ἢ ἄλλο τι ποιοῦντα γένος ἀλλὰ νόμῳ.

Philodem. de poem. 2 fr. 29 (p. 252 Hausrath)

*Ist denn Herodot der einzige besonders 'Homerische' ge-
wesen? Stesichoros war es vor ihm und Archilochos, und mehr
als sie alle ist es Platon . . .*

*Apollonios (von Rhodos) ist ein Dichter ohne Fehl in seinen
„Argonauten"* . . . *Aber wolltest du nicht doch lieber Homer
als Apollonios sein? Und weiter: ist Eratosthenes in seiner
„Erigone" — die kleine Dichtung ist in jeder Hinsicht tadel-
los! — ein größerer Dichter als Archilochos, der wohl vielerlei
und ohne das Verhältnis des Einzelnen zum Ganzen zu wahren
nebenbei mitnimmt, doch bricht da eben das göttliche Dichtertum
durch, das man schwerlich einem Gesetz unterstellen kann.*

*Zwei Dichter (nur) hat es gegeben in der ganzen langen Zeit
seit Menschengedenken, mit denen man keinen von den übrigen
als ebenbürtig vergleichen kann: Homer und Archilochos.
Von ihnen hat Homer nahezu alles verherrlicht, Tiere und
Pflanzen und Wasser und Erde und Waffen und Rosse . . .
Archilochos aber schlug den entgegengesetzten Weg ein, den des
Tadels, da er, wie ich meine, sah, daß die Menschen dies mehr
nötig haben, — und zuallererst tadelt er sich selbst. Daher
wurde ihm als einzigem sowohl nach seinem Tode wie vor
seiner Geburt die größte, nämlich eine göttliche Bestätigung
zuteil... Daraus wird ersichtlich, daß derjenige, der die Fähigkeit besitzt, hart zu tadeln und zu kritisieren und Verkehrtheiten
aufzudecken durch seine Rede, denen, die zu loben pflegen, überlegen ist und höher eingeschätzt wird als sie.*

*(Mitunter) nämlich dichten die Iambendichter Tragisches
und die Tragödiendichter 'Iambisches'* (= hier im Sinn von:
Skoptisches, Spott- und Scheltreden), *und Sappho behandelt
eine Person 'iambisch', und Archilochos tut es nicht 'iambisch':
so daß man nicht eigentlich, dem Wesen nach, sondern nur dem
Herkommen folgend sagen kann, einer sei Iambendichter oder
Dichter einer andern (bestimmten) Gattung.*

... ἀλλ᾽ ἐξ ὅτου τ⟨ὸ⟩ν Ἀρχίλοχον ἐθαύμαζε καὶ τὸν
Ἱππώνακτα (5) καὶ τὸν Σημωνίδην καὶ τῶν παρ᾽ Ὁμήρῳ
καὶ Εὐριπίδ⟨η⟩ καὶ τοῖς ἄλλοις ποιηταῖς ἔνια πονηροῖς
προσώποις (10) περικείμενα καὶ περὶ πονηρῶν πραγμάτων γεγραμμένα, καὶ κατεγέλα χρηστοῖς περικείμενα καὶ
περὶ χρηστῶν (15) ἀκούουσα πραγμάτων, οὕτως ἐπέπειστο
(sc. ἡ Ἑλλὰς) καὶ ποιητὴν μὲν ὑπελάμβανε τὸν ἐξεργα-
σάμενον ὡς ἔφην ὁποῖόν (20) ποτ᾽ ἂν διανόημα λάβῃ παρ᾽
ἑτέρων ἢ αὐτὸ⟨ς⟩ προθῆται, τάχα δὲ ἄνθρωπον πονηρὸν
καὶ τόνδ᾽ ἐνέγκαντα διανοή(25)ματα χρηστά, μὴ καλλω-
πίσαντα δ᾽ οὕτω[

Philodem. de poem. IV 201 VH²

Ἀλκαίῳ δ᾽ οὐκέτι οὐδ᾽ Ἀρχιλόχῳ τῷ Παρίῳ τὴν test. 50
μοῦσαν ἔδωκεν ὁ θεὸς εἰς εὐφροσύνας καὶ ἡδονὰς τρέψαι· Lsg.
μοχθεῖν γὰρ ἄλλοτε ἄλλως ἀναγκαζόμενοι τῇ μουσικῇ
πρὸς τοῦτο ἐχρῶντο, κουφότερα ποιοῦντες αὐτοῖς ὅσα ὁ
δαίμων ἐδίδου τῇ εἰς τοὺς ἀδικοῦντας λοιδορίᾳ.

Iulian. imp., Misop. p. 433 Hertlein

... ὥσπερ Ἀλκαῖός τε καὶ Ἀρχίλοχος, οἳ δεδαπανήκασι
τὴν εὐστομίαν εἰς τὸν οἰκεῖον βίον ἑκάτερος. καὶ τοίνυν ἡ
διαδοχὴ τοῦ χρόνου τηρεῖ τὴν μνήμην ὧν τε ἤλγησαν ὧν τε
ἤσθησαν. οὔτε γὰρ κενεμβατοῦντας τοὺς λόγους ἐξήνεγκαν,
ὥσπερ τὸ νέον τοῦτο τὸ σοφὸν γένος ἐπὶ συμπεπλασμέναις
ταῖς ὑποθέσεσιν, οὔτε ἑτέροις κατεχαρίσαντο τὸ σφέτερον
ἀγαθόν, ὥσπερ Ὅμηρος καὶ Στησίχορος τὸ μὲν ἡρωικὸν
φῦλον διὰ τὰς ποιήσεις αὐτῶν ἐπικυδέστερον ἔθεσαν.

Synesios de insomn. XX (II, 1 p. 188 Terzaghi)

..., aber seit (Hellas) den Archilochos zu bewundern begann und den Hipponax und Semonides und einiges, was bei Homer, bei Euripides und den andren Dichtern schlechten Charakteren zugeschrieben und über schlechte Handlungen geschrieben ist, und sich lustig machte über die Schilderung guter Charaktere und das, was es über gute Handlungen zu hören bekam, da erst war Hellas überzeugt: und sah nun den als einen Dichter an, der, wie gesagt, einen beliebigen Gedanken, den er von andren übernahm oder der ihm selbst vorschwebte, bis ins Letzte ausgearbeitet hat, wohl auch einen schlechten Charakter, der zugleich Träger guter Gedanken ist, sich damit aber nicht dermaßen schön färbt ...

Dem Alkaios aber war nicht mehr, und auch dem Parier Archilochos nicht, die Muse von Gott gegeben, daß sie sie zu Frohsinn und Freuden verwendeten. Immer wieder gezwungen, bald so, bald anders zu leiden, wendeten sie hiergegen ihre musische Kunst an, und alles, was das Schicksal brachte, machten sie sich leichter erträglich, indem sie jene Menschen schmähten, die ihnen Unrecht zufügten.

... wie Alkaios und Archilochos, die ihre dichterische Begabung der eine wie der andre an ihr privates Leben verschwendet haben. Daher bleibt denn auch im Wechsel der Zeiten die Erinnerung bewahrt an das, worum sie litten, und an das, worüber sie sich freuten. Denn sie droschen nicht leeres Stroh und trugen nicht Deklamationen über ausgedachte Themen vor wie dies neue, sich weise dünkende Geschlecht, noch auch stellten sie ihre Begabung in den Dienst andrer, wie Homer und Stesichoros, die durch ihre Dichtungen den Ruhm des Heroengeschlechtes gemehrt haben.

LITERATUR

AUSGABEN

Siehe Seite 254.

ÜBERSETZUNGEN

Hausmann, M., Das Erwachen. Lieder u. Bruchstücke aus d. griech. Frühzeit, 1949; ders. in „Antike und Abendland" II, 1946, 164ff.
Rüdiger, H., Griechische Lyriker, 1949

ANTIKE ZEUGNISSE UND KARTEN

zur Geschichte der Insel Paros: Inscriptiones Graecae (IG) XII 5, 2 p. XXV
zur Geschichte der Insel Thasos: IG XII 8 p. 75

INSCHRIFTLICHE ÜBERLIEFERUNG

(das „Monumentum Archilochium" in Paros):

Hiller v. Gaertringen, F., IG XII 5, 1 (1903) nr. 445 — ders., IG XII 5, 2 (1909) add. p. 315— ders., Noch einmal das Archilochosdenkmal in Paros, Nachr. v. d. Ges. d. Wiss. Göttingen (NGG) 1934, 41ff.— ders. u. Peek, W., IG XII suppl. (1939) p. 212f. — (Vgl. auch Hiller v. Gaertringen, Ath. Mitt. 1900, 1ff. und SBAkBerlin 1904, 1236ff.)
Jacoby, F., FGrHist nr. 502
Gossage, A. J., The Family of Prosthenes at Paros, Rhein. Mus. 94, 213ff., 1951
Kontoleon, N. M., *ΝΕΑΙ ΕΠΙΓΡΑΦΑΙ ΠΕΡΙ ΤΟΥ ΑΡΧΙΛΟΧΟΥ ΕΚ ΠΑΡΟΥ*, Archeol. Ephemeris vol. 1952 [1954], 32ff.
Peek, W., Neues von Archilochos, Philologus 99, 4ff., 1955
Vanderpool, E., New Inscriptions concerning Archilochos, A(merican) J(ournal of) Ph(ilology) 76, 186ff., 1955
Kontoleon, N. M., Zu den neuen Archilochosinschriften, Philologus 100, 29ff., 1956
Archeological Reports 1955 (Suppl. zu Journ. of Hellenic Studies 76, 1956), S. 28 Abb. 29

Tarditi, G., La nuova epigrafe archilochea e la tradizione biografica del poeta, La Parola del Passato fasc. 47, 122ff., 1956

Parke, H. W., The newly discovered Delphic Responses from Paros, Classical Quarterly N. S. VIII, 90ff., 1958

(das Glaukos-Monument in Thasos):

Bulletin de Correspondance Hellénique (BCH) 79, 1955: chronique des fouilles S. 348f. mit Taf. III

Robert, J. und L., Bulletin épigraphique, REG 69, S. 154, nr. 220, 1956

NACHSCHLAGEWERKE

Pauly-Wissowa, Realenzyklopädie der klass. Altertums-wissenschaft (RE), Artikel: Archilochos (Crusius), 1895 — Dithyrambos (Crusius), 1903 — Elegie (Crusius), 1905 — Fabel (Hausrath), 1909 — Iambographen (Gerhard), 1914 — Paros (Rubensohn), 1949— Thasos (Hiller), 1934

Schmid, W., Geschichte der griech. Literatur I, 1929

Lesky, A., Geschichte der griech. Literatur, Bern 1957/58.

CHRONOLOGIE

Blakeway, A., The Date of Archilochus, in: Greek Poetry and Life, Essays pres. to G. Murray, Oxford 1936, 33ff.

Jacoby, F., The Date of Archilochos, Class. Quart. 35, 97ff., 1941 (zit.: Jacoby)

GESCHICHTE, RELIGION

Bengtson, H., Griechische Geschichte, 1950

Pouilloux, J., Recherches sur l'histoire et les cultes de Thasos (I: De la fondation de la cité à 196 av. J.-C.), Paris 1954

v. Wilamowitz-Moellendorff, U., Der Glaube der Hellenen, 2 Bde., 1931/33

Nilsson, Martin P., Geschichte der griech. Religion I, 2. Aufl. 1955

TEXTGESCHICHTE, ANTIKE KUNSTTHEORIE

v. Wilamowitz-Moellendorff, U., Textgeschichte der griechischen Lyriker, Abh. der Kgl. Ges. d. Wissensch. zu Göttingen, Phil.-hist. Kl. IV 3, 1900

Färber, H., Die Lyrik in der Kunsttheorie der Antike, 1936

Harvey, A. E., The Classification of Greek Lyric Poetry, Class. Quart. NS 5, 157ff., 1955

144 ANHANG

PAPYRUSFUNDE

Pack, R. A., The Greek and Roman Literary Texts from Greco-Roman Egypt, Michigan 1952
Galiano, M. F., La lirica griega a la luz de los descubrimentos papirologicos, in: Actas del 1. Congr. Esp. de Estudios Clásicos(1956), 59ff.,1958 (zit.: Galiano, PBericht)
Lasserre, F., Introduction (der Ausgabe), LXXXVIII ss., 1958

METRIK

v. Wilamowitz-Moellendorff, U., Griechische Verskunst, 1921
Rupprecht, K., Griechische Metrik, 3. Aufl. 1952
Snell, Br., Griechische Metrik, 2. Aufl. 1957
Dettmer, H., De arte metrica Archilochi quaestiones, Diss. Göttingen 1910
Knox, A. D., The Early Iambos, Philologus 87, 18ff., 1932
Morelli, G., Correptio Attica in Archiloco, Maia 2, 256ff., 1949
Perrotta, G., Alcmanio e reiziano in Archiloco, Maia NS I, 14ff., 1955

SPRACHE

Hoffmann, O., Die griechischen Dialekte III, Göttingen 1898
Bahntje, U., Quaestiones Archilocheae, Diss. Göttingen 1900 (zit.: Bahntje)
Monti, A., Index Archilocheus cum Homerico, Hesiodeo, Herodoteo comparatus, 1904 — ders., De Archilochi elocutione, 1907
Fink, J. P., Die Verwendung des Artikels bei Archilochos, Phil. 87, 375ff., 1938

NACHLEBEN (allg., Kallimachos, Catull, Horaz)

v. Blumenthal, A., Die Schätzung des Archilochos im Altertume, 1922
Semerano, G., Archiloco nel giudizio del passato, Maia IV, 167ff., 1951
Gerevini, S., L'Archiloco perduto e la tradizione critico-letteraria, La Parola del Passato fasc. 37, 256ff., 1954
Coppola, G., Archiloco nei Giambi di Callimaco, Rendic. Ist. Bologn. 8, 11ff., 1933/34
de Falco, V., Archiloco nei papiri Ercolanesi, Aegyptus 3, 287ff., 1922

Hendrickson, G. A.. Archilochus and Catullus, Class. Philology 20, 155ff., 1925

Leo, Fr., De Horatio et Archilocho, Göttingen 1900

Kirn, B., Zur literarischen Stellung von Horazens Iambenbuch, Diss. Tübingen 1935

Burck, E., Nachwort und bibliogr. Nachträge zu Kießling-Heinze, Horaz, Oden, 7. Aufl. (Neudruck), 569ff., 1955; dgl., mit der neuesten Lit., 1958

Pöschl, V., Horaz, in: Entretiens Fondation Hardt, II, 93ff., 1956

Fraenkel, Ed., Horace, Oxford 1957

Garzya, A., Una variazione archilochea in Sinesio, Maia NS 10, 66ff., 1958

ALLGEMEINERE DARSTELLUNGEN

Hauvette, A., Archiloque. Paris 1905

Crusius, O., Aus der Geschichte der Fabel (Einl. zu „Das Buch der Fabeln", zusammengestellt v. C. H. Kleukens, Inselverlag Leipzig, 2. Aufl. 1920)

Fränkel, H., Eine Stileigenheit der frühgr. Literatur (NGG 1924, 63ff., 105ff.), in: Wege u. Formen frühgr. Denkens, 1955, 40ff. (zit.: H. Fränkel, Wege u. Formen)

Pfeiffer, R.. Gottheit und Individuum in der frühgr. Lyrik, Philologus 84, 137ff., 1929 (= Ausgew. Schr.. München, Beck-Verlag, im Druck)

Jaeger, W., Paideia I, 1934

Bowra, C. M., Early Greek Elegists, Cambridge/Mass. 1938

Snell, Br., Das Erwachen der Persönlichkeit in der frühgr. Lyrik (Antike 17, 1941, 5ff.), in: Entdeckung des Geistes, 3. Aufl. 1955, 83ff. (mit Übers.; zit. Snell, Entd. d. G.)

Gundert, H., Archilochos und Solon, in: Das neue Bild der Antike, I, 130ff., 1942

Latte, K., Der Rechtsgedanke im archaischen Griechentum, in: Antike u. Abendland II, 63ff., 1946

Lasserre, F., Les épodes d'Archiloque, Paris 1950 (vgl. die Rez. von G. Morelli, Maia IV, 1951, 150ff., O. Masson, Gnomon 24, 1952, 310ff.)

Fränkel, H., Dichtung und Philosophie des frühen Griechentums, New York 1951 (mit Übers.; zit. Fränkel, D. u. Ph.)

Treu, M., Alkaios, Lieder, 1952

Würfel, R., Die ägyptische Fabel in Bildkunst und Literatur, Wiss. Ztschr. d. Univ. Leipzig, Jg. 1952/3, H. 3, 63ff.

Meuli, K., Herkunft und Wesen der Fabel, Basel 1954

Treu, M., Sappho, 1954, 2. Aufl. 1958

Kraus, W., Die Auffassung des Dichterberufes im frühen
    Griechentum, Wiener Studien 68, 65ff., 1955
Treu, M., Von Homer zur Lyrik. Wandlungen des Welt-
    bildes im Spiegel der Sprache (Zetemata nr. 12), 1955
    (zit.: V. Hom. z. Lyr.)
v. Weber, O., Die Beziehungen zwischen Homer und
    den älteren griech. Lyrikern, Diss. Bonn 1955 (zit.:
    v. Weber)
Eisenberger, H., Der Mythos in der äolischen Lyrik, Diss.
    Frankfurt/Main, 1956
Klingner, Fr., Gerechtigkeit, in: Römische Geisteswelt,
    3. Aufl., 583ff., 1956
Lesky, A., Die tragische Dichtung der Griechen, 1956 (zit.:
    Lesky, Trag. D.)
Bonnard, A., Leben und zeitliche Einordnung des Archi-
    lochos von Paros, Das Altertum 3, 1ff., 1957 (= Vie et
    chronologie d'Archiloque, Introduction p. V ss. der Aus-
    gabe von Lasserre-Bonnard, Paris 1958)
Snell, Br., Das Heitere im frühen Griechentum, Antike und
    Abendland 6, 149ff., 1957 — ders., Zur Soziologie des
    archaischen Griechentums: Der Einzelne und die
    Gruppe, Gymnasium 65, 48ff., 1958

KRITISCHE UNTERSUCHUNGEN ZU EINZELNEN FRAGMENTEN

Welcker, F. G., Archilochos (1816) = Kl. Schriften I, 72ff.,
    Bonn 1844
Schneidewin, F. W., Beiträge z. Kritik der PLG, ed.
    Th. Bergk, Göttingen 1844
Reitzenstein, R., Zwei neue Fragmente der Epoden des
    Archilochos (mit Tafel), SBAkBerlin 1899, 857ff.
Blaß, Fr., Vermischtes zu den griech. Lyrikern und aus
    Papyri, Rhein. Mus. 55, 91ff., 1900 — ders., Zu den neuen
    Fr. griechischer Epoden, ebda. 341ff.
Hauvette, A., Les nouveaux fragments d'Archiloque,
    Revue des études grecques (REG) 14, 78, 1901
Crönert, W., Archilochi elegiae. Fragmenta recensuit
    testimonia praescripsit (Auszug aus d. Habilitations-
    schrift), Göttingen 1911
Weber, L., Σῦκα ἐφ' Ἑρμῆι: 2 Archilochosfragmente (fr. 6
    und 74), Phil. 74, 92ff. (und 282), 1917
v. Wilamowitz-Moellendorff, U., Lesefrüchte, Hermes
    59, 270f., 1924
Hendrickson, G. A., Archilochus and the Victims of his
    Iambics, AJPh 14, 101ff., 1925

Lobel, E., Questions without Answers, Cl. Quart. 22, 115f., 1928

Friedländer, P., Retractationes (zu fr. 67a und 74), Hermes 64, 178f., 1929

del Grande, C., Archiloco. Linee per una valutazione della personalità del poeta, Riv. indo-greca-ital., 1929, 1ff.

Luria, S., Der Affe des Archilochos und die Brautwerbung des Hippokleides, Phil. 85, 1ff., 1930

Immisch, O., Ein Epodos des Archilochos, SBAkHeidelberg, phil.-hist. Kl. 1930/31, Abh. 3

Galli, U., Note agli epodi di Strasburgo, Atene e Roma ser. III, 6, 157ff., 1938

Perrotta, G., Il poeta degli epodi di Strasburgo, Studi italiani NS 15, 3ff., 1938

Bowra, C. M., The Fox and the Hedgehog, Cl. Quart. 34, 26ff., 1940 — ders., Signs of Storm (Archil. fr. 56), Classical Review 54, 127ff., 1940

della Corte, F., Elegia e giambo in Archiloco, Rivista di fil. cl. 17, 90ff., 1940

Thompson, D. A., Archilochos fr. 56, Classical Review 55, 67, 1941

Sandbach, F. M., Ἄκρα Γυρέων once more, Classical Review 56, 63ff., 1942

Cantarella, R., Gli epodi di Strasburgo, Aegyptus 24, 1ff., 1944

Lattimore, R., Notes on Greek Poetry, AJPh 65, 172ff., 1944

Lenz, F. W., The Monkeys of Archilochos, AJPh 66, 34ff., 1945

Colonna, A., Su alcuni frammenti di lirici greci: 1. Archiloco fr. 1 e 6a, 6b Diehl², Studi italiani NS 21, 23ff., 1946

de Falco, V., Note ai lirici greci, La Parola del Passato 1, 347ff., 1946

Jaeger, W., Archilochos 67 D. (für ἐν λόχοισιν), Classical Review 60, 103, 1946

Masson, O., Les „épodes de Strasbourg": Archiloque ou Hipponax? REG 59/60, 8ff., 1946/47

Lasserre, F., Le fragment 74 d'Archiloque, Mus. Helv. 4, 1ff., 1947

del Grande, C., Ancora sul età di composizione del primo epodo di Strasburgo, CIF I, 255ff., 1948

Lasserre, Un nouveau fragment d'Archiloque, Mus. Helv. 5, 6ff., 1948

Pisani, V., Acqua e fuoco, Acme I, 94, 1948

148   ANHANG

Snell, Br., Ein neues Archilochos-Fragment? (widerlegt
Lasserres Behauptung über P. Ox. 221), Phil. 97, 336, 1948
Morelli, G., Il fr. 1 Diehl di Archiloco, Maia I, 104ff., 1948
Tovar, A., Otra vez Arquiloco Fr. 67 D. (für ἐνδόχοισιν),
Anales de Filol. Clásica IV, 345ff., 1947/49
de Falco, V., Due note filologiche: 1. Ancora sul fr. 1 di
Archiloco, Emerita 17, 148ff., 1949
Gallavotti, C., Il tiranno di Archiloco, La Parola del
Passato fasc. 10, 69ff., 1949 — ders., Archiloco, ebda.
Fasc. 11, 130ff., 1949
Monaco, G., Ancora sul fr. 1 Diehl di Archiloco, Studi it.
di fil. cl. NS 24, 77ff., 1949
Costanza, S., Interpretazione del fr. 25 D. di Archiloco.
Messana I, 151ff., 1950
Djurič, M., Arhiloh. Najraniji realizam u evropskoj lirici,
Kniževnost 6, 580ff., 1951
Hommel, H., Cetera mitte, Gymnasium 58, 218ff., 1951
Masson, O., Encore les „épodes de Strasbourg", REG 64,
427ff., 1951 (zit.: Masson)
Kallós, E., Gloses pour Archiloque, Acta antiqua I, 67ff.,
1951
Harder, R., Zwei Zeilen von Archilochos. Hermes 80, 381ff.,
1952
Bond, G. W., Archilochus and Lycambides. A New Literary
Fragment, Hermathena 80, 1ff., 1952 (zit.: Bond)
Rivier, A., Sur Archiloque et ses épodes (Rez. von Lasserre),
REG 65, 464ff., 1952
Steffen, V., De Archilocho quasi naturali Hesiodi aemula-
tore, Eos 46, 33ff., 1952/53 (zit.: Steffen)
Viljoen, H. G., Archilochos fr. 49 D., Mnemosyne 4. ser. VI,
45, 1953
Adrados, F. R., La elegía a Pericles da Arquiloco, Anales
de Filol. Clásica VI, 225ff., 1953/54
Bowra, C. M., A Couplet of Archilochus, Anales de Filol.
Clásica VI, 37ff., 1953 /54
Steffen, V., Ad Archilochi fragmenta tetrametra observa-
tiones criticae: 1. Ad Archilochi monumentum Parium,
2. Ad Arch. fr. 58 et 67a (Diehl), 3. Ad Arch. fr. 56
(Diehl), Eos 47, 51ff., 1954
Adrados, F. R., Origen del tema de la nave del estado en
un papiro de Arquiloco (56 A Diehl), Aegyptus 35, 206ff.,
1955 — ders., Nueva reconstructión de los epodos de
Arquiloco, Emerita 23, 1ff., 1955
Davison, J. A., Quotations and Allusions in Early Greek
Literature, Eranos 53, 125ff., 1955

Karatanasis, Chr., *H ΑΣΠΙΣ ΤΟΥ ΑΡΧΙΛΟΧΟΥ ΚΑΙ H ΝΕΟΒΟΥΛΗ*, Ztschr. *ΠΛΑΤΩΝ* 14, 296ff., 1955

Latte, K., Rez. von P. Ox. XXII ed. E. Lobel, Gnomon 27, 491ff., 1955

Peek, W., Die Archilochos-Gedichte von Oxyrhynchos, Phil. 99, 193ff., 1955— ders., Neue Bruchstücke frühgr. Dichtung, Wiss. Ztschr. d. Univ. Halle, V 189ff., 1955/56

Poilloux, J., Glaucos, fils de Leptine, Parien, Bull. de Corresp. Hellénique 79, 75ff., 1955

Adrados, F. R., Sobre algunos papiros de Arquiloco, La Parola del Passato fasc. 46, 38ff., 1956 — ders., Nouveaux fragments et interprétations d'Archiloque, RPh 30, 28ff., 1956

Derbisopoulou, Merope S., *ΣΥΜΒΟΛΗ ΣΤΑ ΝΕΑ ΕΥΡΗΜΑΤΑ ΤΟΥ ΑΡΧΙΛΟΧΟΥ, ΕΛΛΗΝΙΚΑ* (Veröfftl. d. Maked. Wiss. Ges. Thessalonike) 14, 451f., 1955/56

Gigante, M., Il testo del fr. 6, 3 di Archiloco, La Parola del Passato fasc. 48, 196ff., 1956

Lasserre, F., Un nouveau poème d'Archiloque, Mus. Helv. 13, 226ff., 1956

Monaco, G., De fragmento Archilochi 5 A Diehl, Atti dell'Acc. di Scienze, Lett. e Arti di Palermo, s. 4, XVI parte II, 185ff., 1955/56

Peek, W., Die Archilochos-Gedichte von Oxyrhynchos (zweiter Teil), Phil. 100, 1ff., 1956

Gigante, M., Il testo di fr. 1 D. di Archiloco, La Parola del Passato, fasc. 56, 358ff., 1957 — ders., Interpretazioni archilochee, Atti dell'Acc. Pontiana, NS vol. 7, 45ff., 1957

Giordano, D., P. Oxy. 2310, Aegyptus 37, 209ff., 1957

Lasserre, F., Les premiers poèmes d'Archiloque, RPh 31, 52ff., 1957

Marzullo, B., La chioma di Neobule, Rhein. Mus. 100, 68ff., 1957

Schiassi, G., De novo Archilocho (Oxy. Pap. 2310, 1), Riv. di fil. cl. NS 35, 131ff., 1957

BIBLIOGRAPHIE

Außer der alljährlich erscheinenden L'année philologique (zuletzt Bd. 28, 1958: Erscheinungen d. J. 1957) vgl. das von M. Hombert redigierte Bulletin papyrologique, das fortlaufend in der Revue des Études Grecques (REG) erscheint: zuletzt Bulletin pap. XXVII (1953) (REG 70, 133ff., 1957). Das Wichtigste auch bei Pack; reichhaltiger Galiano, PBericht.

DER DICHTER ARCHILOCHOS

„Kunst ist Opposition", hat Thomas Mann, an Nietzsche anknüpfend, einmal gesagt[1]), und „Dichtkunst ist das Produkt der Sensibilität, des Leidens am Groben, Schweren, Rohen, Häßlichen der Welt". Diese Sätze sind wahr: die ganze Wahrheit allerdings enthalten sie kaum. Dichtung kann doch auch aus dem beglückten Gefühl der Harmonie mit dem Unendlichen strömen, aus dem Empfinden des Einsseins mit dem Leben, mit den Menschen — oder einem Menschen. Abgesehen von individuellen Verschiedenheiten einzelner Dichter würde außerdem eine historische Betrachtung zeigen, daß die verschiedenen Dichtungsgattungen auch hierin sich unterschieden: das Epos z. B. kannte, wenn es in der Spätzeit durchaus oppositionell wurde, als erzählendes Epos nur die sekundäre Form der Parodie. Von der antiken Tragödie will ich hier ganz schweigen. Aber bezeichnend ist Thomas Manns Ausspruch: bezeichnend vor allem für unsre uneins gewordene Zeit, die jeglicher Harmonie feind ist, weil sie sie verlor: bezeichnend sind die Worte des alten Künstlers für eine junge Generation, der Schönheit — wie sie sagt — nichts und Ausdruck alles bedeutet: bezeichnend für eine Dichtung, die zornigen Blickes entlarvt oder nach völlig neuen Wegen sucht, nicht nur wachzurufen, sondern zu erschrecken, wofür einem Teil die Schockwirkung unverständlicher Aussagen[2]) als Mittel gerade recht ist. Da, in der neuen und neuesten Zeit, ist Kunst tatsächlich, in weitem Ausmaß und, wie mir scheint, in ihrem besten, ehrlichsten Teil, Opposition.

Darüber hinaus trifft es für die Lyrik aller Zeiten zu, daß sie, die als harmlos gilt, so harmlos nicht ist. Lyrisch ist allezeit die Dichtung der Rebellen gewesen, lyrisch ist die Dichtung der Freiheits- und Widerstandskämpfer aller Völker; aber auch jene Lyriker, die nie vom Schwert gesungen, die durchaus Friedfertigen, sind im Grunde Stören-

---

[1]) Th. Mann, Ernst Penzoldt zum Abschied, Akzente 2, 1955, 308.
[2]) Vgl. H. Friedrich, Die Struktur der modernen Lyrik, 1956 („aggressive Dramatik").

friede. Wie alle, die wirklich etwas zu sagen und nicht nur
zu erzählen haben, können sie nicht danach fragen, ob es
genehm ist. Vor allen andren Aussagen aber ist dem lyrischen
Gedicht, so klein es sein mag, eine ganz besondre Wirkung
eigen. Psychagogie ist das griechische Wort dafür, und
gemeint ist damit, daß ein Gedicht den Hörer zu führen
vermag, wohin es will[3]). Ein solches Entführen — aus der
behäbigen Ruhe, aus der Vorstellungs- und Gedankenwelt,
in die sich jeder eingesponnen hat, — ist eine Ruhestörung:
mitunter eine stürmische, zornige, weit öfter eine sanfte, die
zu verzaubern weiß.

Oppositionell, ja, direkt aggressiv ist fraglos der Grund-
zug einer von den Griechen geschaffenen, unter dem — wohl
ungriechischen — Namen[4]) Iambos bekannten Dichtungsgattung, die wir zur Lyrik im weiteren Sinn zählen dürfen
(was die Griechen nicht taten), so gut wie die Epoden des
Horaz, die er ja selbst „Iamben" nennt. Schon früh im
kultischen Bereich, speziell im Demeter-Kult, heimisch geworden, sind die Iamben vorwiegend Rüge- und Schelt-
lieder geblieben, auch nachdem dies Versmaß, aller Aggres-
sivität ledig, in den Sprechpartien der Tragödie und Komödie
Aufnahme und immer weitere Verbreitung gefunden hatte.
Der Zusammenhang zwischen Gottesdienst und einem Schelt-
lied auf andre Menschen wird uns, fürchte ich, zwar nie
recht deutlich werden, auch wenn man gefolgert hat, das
Schelten sollte ursprünglich apotropäische Wirkung haben
und den also Gescholtenen vor Übel bewahren[5]). Doch
selbst wenn dieser alte, magische Zusammenhang uns heute
begreiflicher wäre, trüge das kaum zum Verständnis des
Archilochos bei. Seine Iamben sind nicht für Kultzwecke
geschrieben, sind ganz das 'Produkt seiner Sensibilität', und
nur das eine mag uns der alte Kultbrauch nicht vergessen
lassen: daß es auch einen fröhlichen Zorn gibt, dessen
Nachbar heiteres Lachen ist[6]): neben jenem stürmischen
Zorn, der Lächerlichkeit und Verachtung zu seinen Ver-
bündeten wählt, keinen Pardon und keinen Kompromiß

[3]) Vgl. Horaz, A. P. 99f. ... *(poemata) dulcia sunto*
et quocumque volent animum auditoris agunto.
[4]) Verwandt scheint das Wort mit „Dithyrambos" und „Thriambos",
lat. *triumphus.* Vgl. J. Puhvel, A propos Greek διθύραμβος, Glotta 34, 1955,
37 ff.; E. Wallisch, Phil. 99, 1955, 245 Anm. 2; ältere Lit. bei Schmid I 386
Anm. 5.
[5]) Leaky, G. d. gr. Lit. 103.
[6]) Spottreden: Hesiod, Erga 788. — Beim Demeterfest in Pallene: Paus.
VII 27, 9, vgl. W. Jaeger, Paideia I 169 m. Anm. 4. — Im hom. Demeter-
hymnos (195 ff.) bringt die Dienerin Iambe durch „Spotten" die trauernde
Göttin zum Lächeln und Lachen.

kennt, an den Pranger stellt, was verkehrt scheint, und mit
wahrer Lust niederreißt, was ohnehin morsch ist: jenem
Zorn, den Welcker einst rechtfertigen mußte, der aber heute
auch bei Archilochos keiner Rechtfertigung bedarf.

Die Nachwelt hat diesem Dichter des 7. vorchristlichen
Jahrhunderts auf ihre Weise Gerechtigkeit widerfahren
lassen. Sie hat ihn verurteilt und geschmäht. Sie hat ihn
bewundert und vergöttert. Aber gerade dieses Für und
Wider extremer Urteile zeigt, daß er — auch als 'Klassiker' —
niemandem gleichgültig blieb und keinen unbeteiligt ließ:
daß er die literarisch Interessierten zu dauernder geistiger
Auseinandersetzung zwang, wie es nur wenigen Großen
gegeben ist. Ihn, der in der Tat der Archeget eines neuen
Zeitalters wurde, hat man wie keinen andren Dichter als
Störenfried empfunden. Das kann in unsrer Zeit gewiß kein
Grund sein, über ihn den Stab zu brechen. Weit größer
scheint die Gefahr, daß wir ihn bejahen, ohne ihn zu kennen,
ohne eine eigene Meinung zu haben, — als Unbeteiligte: so
als ob uns die geistige Auseinandersetzung erlassen wäre
mit Rücksicht auf unsre Bequemlichkeit: während wir doch
in Wahrheit — unsrem gesamten geistigen Erbe gegenüber —
vor diese Auseinandersetzung gestellt sind, ob wir wollen
oder nicht wollen.

*　　*　　*

Das Jahr 1955 brachte gerade für Archilochos Funde,
wie es sie seit 50 Jahren nicht gegeben hat. Auf der Insel
Thasos im NO der Ägäis brachten die französischen Aus-
grabungen eine Inschrift zutage, die ein kleines, dafür aber
unmittelbares Zeugnis aus der Zeit unsres Dichters ist: die
Inschrift vom Grabmal seines Freundes Glaukos, des Leptines Sohn[7]). Nicht ohne leises Staunen, daß es heutzutage
so etwas noch gibt, hört man die Fundgeschichte eines
weiteren, sehr bedeutenden inschriftlichen Zeugnisses über
Archilochos. Auf Paros, der Heimatinsel unsres Dichters,
kommt eines Tages[8]) ein biederer Parier namens Joannes
Bazas zu dem griechischen Archäologen Nikolaos M. Kontoleon und berichtet ihm: in einer Bucht des Flüßchens
Elitas, nur 3 km nordöstlich der Stadt Paros, liege im
offenen Felde eine große Steinplatte mit einer Inschrift.
Es erwies sich, daß sie zwar erst um die Mitte des 3. Jh.s

---

[7]) Bulletin de Corresp. Hellénique 79, 1955, 348f. m. Taf. III (s. S. 110).
[8]) Im November 1949, doch wurde der Fund durch die 1954 erschienene
Publikation in der *ΑΡΧΑΙΟΔΟΓΙΚΗ ΕΦΗΜΕΡΙΣ*, Jhg. 1952, 32ff. erst
später bekannt. Vgl. zu fr. 51 D.

v. Chr. eingemeißelt war, aber aus dem heiligen Bezirk
(= Temenos) stammte, den man unsrem Dichter zu Ehren
in der Heimatstadt errichtet hatte. Auf dieser Steinplatte
lesen wir nun die Legende von der Begegnung des Archilochos mit den Musen, ein Gegenstück zu Hesiods Musenweihe und eher noch zu andren Wundergeschichten aus
späterer Zeit, erzählt in schlichter Ausführlichkeit und dargestellt als wahre und beglaubigte Begebenheit. Grabungen
auf jenem Felde förderten außer einer unbeschriebenen
Steinplatte noch eine weitere, leider z. T. stark beschädigte
Platte zutage mit biographischen Angaben über unsren
Dichter und mit einem 30 Verse langen Zitat aus einem
seiner Gedichte. Zwei ähnliche Marmorplatten, auch sie
stark zerstört — teils durch Einmeißelung einer andren
Inschrift, teils durch die Wiederverwendung des einen Steines
als Treppenstufe, — waren schon seit der Jahrhundert-
wende (als sog. Monumentum Parium) bekannt[9]). Auch sie
enthielten biographische Angaben, die jeweils durch Verszitate aus Archilochos belegt waren. Alle diese Steinplatten
gehörten einst zu dem gleichen „Archilocheion" in Paros.
Zwar gäben wir die neugefundene Legende, so reizend sie
erzählt ist, gerne hin, hätten wir dafür statt der 30 Versanfänge jenes lange Dichterzitat ganz. Doch auch so ist uns
mit diesen Steinen, deren Schrift die Zeit in mehr als zwei
Jahrtausenden nicht auszulöschen vermocht hat, ein Stück
Vergangenheit wiedergeschenkt worden. Zum erstenmal
hören wir jetzt, daß ein Mann namens Mnesiepes jenes
Archilocheion in Paros begründet hat, und zwar nach
wiederholten Anfragen beim delphischen Orakel; als Quelle
für die Dichterlegende und Biographie werden teils die
Überlieferungen 'der Alten', teils eigene Forschungen
genannt. Auf den schon früher bekannten, zeitlich aber
später anzusetzenden Inschriften des Monumentum Parium
nennt sich ein Sosthenes, Sohn des Prosthenes, als Stifter;
er nennt als Quelle das — sicher lokalgeschichtliche —
Werk eines sonst nicht weiter bekannten Demeas. Die
Wiederkehr der Namen Mnesiepes und Sosthenes auf
andren parischen Inschriften legt die Folgerung nahe, daß
es sich um Angehörige einer Sippe handelt[10]); die Gründung

---

[9]) Fr. 51 D. (A und B), s. S. 52 ff. und 211 ff., nicht mit dem sog. Marmor
Parium, der literarhistorischen Chronik v. J. 263/2 v. Chr. zu verwechseln.
Kontoleons Vermutung, auch das Marmor Parium habe im Archilocheion
seinen ursprünglichen Platz gehabt, läßt sich nicht beweisen.
[10]) Vgl. A. J. Gossage, The Family of Prosthenes at Paros, Rhein. Museum
94, 1951, 213 ff. An ein Techniten-Kollegium denkt Kontoleon.

und der weitere Ausbau des Archilocheions scheint also das
Werk einer Familie zu sein, die sich noch im 1. Jahrhundert
n. Chr. in Paros nachweisen läßt. Dafür, daß diese Wahrer
einer Familientradition direkte Nachkommen der Sippe
des Archilochos gewesen wären, fehlt jedoch jeglicher An-
haltspunkt, so verführerisch der Gedanke erscheinen mag.
Nur etwas mehr als bisher wissen wir dank der neuen
Inschriften. Da lesen wir auch zum erstenmal, daß man dem
Dichter einst in Paros den Prozeß gemacht habe: und zwar
deshalb, weil sein improvisiertes, dann aber mit den Freunden
einstudiertes Liedchen auf den Gott Dionysos die nötige
Ehrfurcht habe vermissen lassen. Diese Auslegung sei aber
gar nicht die richtige gewesen: die Verurteilung sei zu Unrecht erfolgt: der Gott Dionysos habe alle Männer des
Landes dafür bestraft, bis Archilochos auf Anraten des
delphischen Orakels wieder freigelassen wurde: eine Legende,
in der nicht alles von A bis Z frei erfunden sein muß, auch
wenn wir ihren Wahrheitsgehalt nicht nachprüfen können. —
Nicht zuletzt aber sind unter den neuen Funden die Papyrusfragmente zu nennen. Nur wenige gab es bisher von diesem
Dichter [11]. Nun hat Edgar Lobel unter den in Oxford
lagernden, noch nicht bearbeiteten Papyri aus Oxyrhynchos
zahlreiche Archilochosfragmente entdeckt und sie 1954 im
XXII. Bande der Oxyrhynchos-Papyri veröffentlicht. Zum
allergrößten Teil sind leider auch diese neuen Fragmente so
stark zerstört, daß sich ihr Abdruck hier nicht lohnt, weil
sich nicht einmal einzelne Aussagen wiedergewinnen lassen,
vom inhaltlichen Zusammenhang ganz zu schweigen. Wo
das allerdings glückt, da tritt manche neue Einzelheit und
mancher neue Zug zutage, ja, das größte Bruchstück stellt
die Interpreten zugestandenermaßen vor ein Rätsel [12]. —
Noch immer haben wir kein einziges vollständiges Gedicht
dieses vielseitigen und eigenwilligen Dichters, weder aus
seinen Elegien noch aus seinen iambischen Dichtungen noch
von seiner Chorlyrik [13]: insbesondere seine Chorlyrik ist für
uns bis auf ganz wenige Verse und einige Zeugnisse ganz
verloren. Wir wissen nur, daß noch zu Pindars Zeit in
Olympia ein archilochisches Siegeslied zu Ehren des Herakles
gesungen wurde, hören, daß Archilochos mit einem Demeter-
Hymnos in Paros den ersten Preis errungen haben soll und
daß er sich rühmt, den Dithyrambos zu Ehren des Dionysos

---

[11]) Fr. 5a, 56a, die Straßburger Epoden 79—80 und fr. anon. iamb. 2 D.
(= Pack nr. 73—75, 1502), veröffentlicht in den Jahren 1898/1900, 1908, 1927.
[12]) Vgl. zu P. Ox. 2310 fr. 1.
[13]) Diese Dreiteilung schon bei Theokrit, Epigr. XXI (s. S. 128).

anstimmen zu können [14]), mit dessen Kult ihn die Legende in Verbindung bringt. Immerhin mag man sagen, daß chthonische und orgiastische Kulte diesem Dichter näher zu stehen scheinen als die erhabene Welt der Olympier, und daß er auf diesem Gebiet zu den Erneuerern des Kultes gehörte ebenso wie manche seiner Familienangehörigen vor ihm. Nicht vergessen sei darüber allerdings der Glaube unsres Dichters an die Musen, ein Glaube ganz persönlicher Art.

Trotz der Neufunde also kein Archilochos redivivus. Ja, der Interpret steht hier vor Schwierigkeiten ganz besondrer Art. Sie sind teils in der starken Eigenart des Dichters begründet, teils, so scheint mir, in uns selbst zu suchen, sehen wir uns doch durch die Iamben des Archilochos immer noch unvermittelt vor die Frage gestellt, was denn Poesie gemein haben kann mit schonungslosen Angriffen auf persönliche Gegner. Von den volkstümlichen Scheltreden und Rügeliedern, bei denen etwa die Männer die Weiber durchhechelten, sind seine Iamben wesentlich verschieden. Wichtiger ist, daß die altattische Komödie im 5. Jh. das Erbe der iambischen Dichtung antritt, insofern auch sie allezeit, bis zum Zusammenbruch Athens, scharfe Angriffe persönlicher und oft politischer Art, frohgemut und frech, anwendet, soweit dergleichen nicht vorübergehend verboten war [15]). Aber weder frühe Bräuche noch späte Parallelen und schon gar nicht außergriechische wie die römische Satire oder die provencalischen Rügelieder, die Sirventes im 12. Jh., helfen uns das Phänomen Archilochos begreifen, der im Grunde ein großer Einzelgänger geblieben ist, schon allein durch seine Vielseitigkeit den beiden andren frühgriechischen Iambographen, Semonides und Hipponax, überlegen: ein Dichter, der 'meteorgleich am Himmel der griechischen Dichtung aufsteigt' [16]) und versinkt, dessen Selbstbehauptung jedoch bahnbrechend werden sollte für ein neu heraufkommendes Zeitalter, das Zeitalter der Lyrik. Wir, die wir gewohnt sind, eher ideologische und gesellschaftskritische als persönliche Auseinandersetzungen zu entschuldigen, sollen uns dessen bewußt bleiben, daß geistige Freiheit mit der Freiheit und Selbstbehauptung des Individuums beginnt und mit ihr steht und fällt.

* * *

---

[14]) Fr. 77, 119, 120 D.
[15]) Solche Verbote des ὀνομαστὶ κωμῳδεῖν gab es unter Perikles i. J. 440/39 und nach dem Hermokopidenfrevel i. J. 415 (schol. Aristoph. Aves 67. 1297).
[16]) F. Jacoby, Cl. Quarterly 35, 1941, 109.

Betrachten wir die Urteile der Nachwelt über Archilochos [17]), und zwar gerade die ablehnenden, so ist ein Teil, vom
Standpunkt des jeweiligen Beurteilers aus betrachtet, auch
für uns begreiflich, während ein andrer Teil der Erklärung
bedarf. Wenn ein tiefer Denker wie Heraklit (fr. 42) den
Archilochos ebenso wie den Homer und Hesiod am liebsten
mit Peitschenhieben aus den musischen Vorträgen verjagt
sähe, so spricht da der Philosoph mit dem unbestreitbaren
Anspruch auf alleinige Geltung seiner Wahrheitserkenntnis,
ähnlich wie später Platon nicht umhin kann, die früheren
Erzieher des Volkes, die Dichter, samt und sonders aus
seinem Idealstaat zu verbannen. Indirekt ist jener Ausspruch
Heraklits nur ein Zeugnis für die überragende Bedeutung
des parischen Dichters. Wenn Pindar, der große, späte
Dichter der Adelszeit, sich von Archilochos distanziert
(Pythien II 52ff.), so tut er das einmal im Hinblick auf dessen
ʿHilflosigkeit’, zum andren im Hinblick auf seine angebliche
Streitsucht. Der letztgenannte Vorwurf begegnet in der
Folgezeit bis auf späte Epigrammschreiber immer wieder,
ob man nun von der Galle oder dem Gift des Archilochos
spricht, den Höllenhund Kerberos vor ihm warnt oder wie
immer das Thema variiert wird. Darauf wird noch zurück-
zukommen sein. Ohne weiteres begreiflich aber ist, wenn die
eigene Hilflosigkeit einem Pindar ein verächtliches Thema
scheint. Seine geistige Welt ist die des starken Glaubens,
des Glaubens an die Einheit von Göttlichem und Mensch-
lichem, sein Lied ist ein hymnischer Lobpreis alles Hohen
und Höchsten. Wenn dann aber in der Zeit des Peloponnesischen Krieges, als der Adel seine alten Ideale nur mehr in
reaktionärer Starrheit verteidigen konnte, Kritias, einer der
30 sog. Tyrannen des Jahres 404, dem Archilochos den Vorwurf macht (fr. 44), er habe sich selbst ein schlechtes Zeugnis
ausgestellt — indem er davon sprach, daß seine Mutter eine
Sklavin mit Namen Enipo war: daß er seinen Schild fort-
geworfen hatte: daß er aus Armut nach Thasos ausgewandert
war: daß er Freunde wie Feinde schalt usf. —, dann wäre es
verlockend, Punkt für Punkt dieser Anklage genauer zu
prüfen. Man fände dabei das eine unvollständig wiedergegeben, das andre entstellt, wie das für infame Verdächti-
gungen typisch war und ist. Archilochos hatte gesagt, daß
er seinen schönen Schild gegen seinen Willen hatte zurück-
lassen müssen, um sich selbst zu retten [18]). Wenn Kritias

---

[17]) Vgl. die Testimonia S. 116ff., bes. 120. 124. 126.
[18]) Fr. 6 D. Ähnlich spricht Alkaios fr. 49 b D. Von einem autobiographi-
schen zu einem literarischen Motiv geworden ist es bei Anakreon fr. 51 D

hiervon spricht, braucht er ein Wort, das im Griechischen
sowohl 'verlieren' wie 'wegwerfen' bedeuten kann, in diesem
Zusammenhang aber in der letztgenannten, odiosen Be-
deutung verstanden werden muß. Der Name der Mutter
Enipo, an das griech. Wort für „schelten" anklingend,
weckte in Welcker den Verdacht, es könnte sich um eine Art
Personifikation handeln, die Kritias mißverstanden hätte.
Ich sehe keinen Grund zu zweifeln, daß die Mutter wirklich
Enipo hieß. Die Bezeichnung als „Sklavin" braucht im
Zeitalter der Kolonisation nichts über geringe Herkunft
auszusagen, mag auch die Stellung einer solchen Nebenfrau
vor dem Gesetz eindeutig sein. Doch ob nun Archilochos
Bastard gewesen ist oder nicht, er hat sich seiner Herkunft
nicht geschämt, mochten auch vielleicht andre sie ihm
vorhalten. Sein Vater führt den adligen Namen Telesikles,
einer seiner Vorfahren, wahrscheinlich der Großvater Tellis,
ist bei der Neubesiedlung der Insel Thasos führend beteiligt
gewesen[19]): ja, ein neues Papyrusfragment zeigt, daß sich
unser Dichter voller Stolz seiner Ahnen rühmen kann[20]),
wobei mit Nachdruck betont wird, daß sie tüchtig waren
wie auch er selbst nicht unfähig ist. Gerade dies entspricht
der alten Selbstauffassung des Adels und ihrer Wertung als
„aristoi". Von alledem sagt Kritias kein Wort. Und wie un-
sinnig, wenn man das Einzelereignis vor dem Hintergrund
der griechischen Kolonisation betrachtet, einem Dichter
zum Vorwurf machen, wenn er wahrheitsgemäß aussprach,
was ihn so gut wie viele andre veranlaßte in die Fremde
zu ziehen, nämlich die Armut daheim[21]) und die Aussicht
auf bessere Erwerbsmöglichkeiten in der neuen Heimat!
Mit einer einzigen Handbewegung ließen sich heute dergleichen Vorwürfe fortwischen, stünde nicht hinter alledem
ein Vorurteil, von dem auch wir nicht leicht freikommen,

(„ich warf den Schild" in den Fluß), vgl. fr. 111 D., und bei Horaz, Oden II 7, 9f.
tecum Philippos et celerem fugam sensi, relicta non bene parmula. Vgl. jetzt
auch P. Ox. 2317 (s. S. 10 ff. und 185 f.).
[19]) Pausanias X 28, 3, s. S. 118 und 250.
[20]) P. Ox. 2310 fr. 1, 13 (s. S. 8 ff. und 184).
[21]) Auch die Archilochoslegende läßt durchblicken, daß der Besitz des
Telesikles (Landbesitz, möchte ich meinen) bescheiden war: vgl. zu fr. 51D. —
Wenn übrigens Xenophon, Anabasis VI 4, 8 mit Nachdruck unterstreicht,
die meisten griechischen Söldner des jüngeren Kyros seien οὐ σπάνει βίου
ἐκπεπλευκότες ἐπὶ ταύτην τὴν μισθοφοράν, wie das Isokrates, Panegyrikos 147
behauptet hatte, so gilt auch da noch Armut als Schande und der Erwerb
nicht gerade als rühmlich. Frei von diesem Adelshochmut ist dagegen Thuky-
dides, der II 40, 1 dem Perikles die Worte in den Mund legt, in Athen sei es
keine Schande, zuzugeben, daß man arm ist.

da es erschreckende Ähnlichkeit aufweist mit unsrer eigenen Gesellschaftsmoral.

Ich meine jenes Postulat, das da besagt: von schlimmen, häßlichen, schimpflichen Dingen solle man öffentlich nicht reden, auch der Dichter solle es nicht, sondern lieber das Mäntelchen des Schweigens darüber breiten: eine Maxime, die die Vorteile vereinigt, bequem zu sein, beruhigend zu wirken und moralisch zu scheinen. Wie tief dies Vorurteil wurzelt, zeigt sich u. a. daran, daß man auch Sappho unlängst den Vorwurf machen konnte, sie sei selbst schuld, wenn die Schande bekannt wurde, die der Bruder Charaxos der Familie bereitete: sie habe ja selbst davon gesprochen[22]). Archilochos habe ja selbst davon gesprochen, sagte Kritias. So finden wir in unsrem 20. Jahrhundert das gleiche Vorurteil wieder wie im 5. vorchristlichen. Besonders deutlich ist dies Postulat in den Worten ausgesprochen, die Aristophanes in den „Fröschen", Vers 1053f., dem großen Tragiker Aischylos in den Mund legt:

... Der Dichter soll
alles Häßliche lieber verbergen,
nicht vorbringen solcherlei Dinge und nicht
sie lehren und anderen zeigen,

denn, so heißt es im gleichen Zusammenhang, die Kunst müsse die Menschen „besser machen".

„Das Häßliche in der Kunst" wäre ein unerschöpfliches Thema, aktuell auch heute, trotz unserer Gewöhnung an Realismus und Verismus. Mir scheint, es sind nicht die schlechtesten Geister, die die Reinheit der Kunst sich nicht

[22]) Vgl. dazu Gymnasium 63, 1956, 439f. — Zur sophistischen Kunsttheorie vgl. M. Pohlenz, Über die Anfänge der griech. Poetik, Nachr. d. Gesellsch. d. Wissenschaften in Göttingen, phil.-hist. Kl. 1920; ders., Hermes 84, 1956, 72f.; über moralische Dichtung W. Kroll, Studien zum Verständnis d. röm. Literatur, 1924, 64ff. — Aristoph. Frösche a. O. ἀλλ' ἀποκρύπτειν χρὴ τὸ πονηρὸν τόν γε ποιητήν καὶ μὴ παράγειν μηδὲ διδάσκειν (und βελτίους ποιεῖν v. 1009), während z. B. Demokrit (fr. 244) betont hatte: „Lerne weit mehr als vor den anderen dich vor dir selbst schämen." — Was der Lehrer für die Kinder ist, sei für die Erwachsenen der Dichter, sagt Aristophanes a. O. 1054f. Daß das Theater keine Schule sei, hat dagegen Aelius Aristides, or. 29, 20f. ausgesprochen, vgl. Schmid I 4, 448. Freilich meint dieser späte Rhetor (2. Jh. n. Chr.), begründete Anschuldigungen gehörten vor die Gerichte. Das ehemals einheitliche Leben ist ja schon längst in Zuständigkeitsbereiche aufgeteilt. Die frühe ʼsubjektiveʼ Poesie war dagegen für alles zuständig, was sie und den Dichter anging.
Schon im 1. Jh. v. Chr. spricht allerdings Philodem an einer wenig beachteten, mir von W. Bühler mitgeteilten Stelle von einer Renaissance der Iambendichter, seit man nicht mehr die Dichtung unter ethischen Gesichtspunkten beurteilte: s. u. S. 252 und Th. Gomperz, Philodem u. d. ästhetischen Schriften der Herculanischen Bibliothek, SBAkWien, phil.-hist. Kl. Bd. 123, 1891, 80.

nehmen lassen wollen von Leuten, deren Geschäft es ist, im Trüben zu fischen. Aber ganz so einfach, daß sich diese Frage mit Ja oder Nein beantworten ließe, ist sie nicht. Vielmehr sind wir dort angelangt, wo nur eine schmale Grenze das Rechte vom Verkehrten, wenn auch Wohlgemeinten, scheidet. Mag sein, daß ein Blick auf solche Auseinandersetzungen im Altertum dazu beiträgt, eben jene Grenze zu erkennen. Allerdings darf schon hier gesagt werden, daß diese Frage wohl die Archilochoskritik, nicht aber unsren Dichter selbst berührt.

Aischylos hätte jene Worte, die ihm Aristophanes i. J. 405 in den Mund legt, niemals ausgesprochen. Daß es ausschließlicher Zweck der Kunst sei, die Menschen zu bessern, ist ein Programmpunkt der rationalen Aufklärung jener Zeit, der Sophistik. Aristophanes bekämpft sie zwar grundsätzlich, ist aber nicht selten, auch wo es ihm Ernst ist, auf sophistische Argumente angewiesen. Wie jede Poetik ist auch diese sophistische Kunstlehre das Werk von Leuten, die es besser wissen wollten als die Poeten selbst. Auf die Zustimmung weiter Kreise des Volkes konnten sie rechnen, da der Ausdruck „besser machen" vieldeutig genug ist, um für viele annehmbar zu erscheinen: auch für Moralisten, mit denen es die Volkserzieher und Aufklärer ungern verderben. Nun wird gewiß kein Einsichtiger daran zweifeln, daß die Kunst bessern und läutern kann und es nicht selten tut. Verkümmern aber muß sie, wo immer ihr ein erzieherisches Programm moralischer oder auch andrer Art vorgeschrieben wird: nach Beispielen brauchen wir nicht zu suchen. Die Erkenntnis, daß literarisches Schaffen und Schulerziehung zweierlei verschiedene Dinge sind, hat sich schließlich auch in der griechischen Rhetorik durchgesetzt. Bestimmend waren für die Dichtung in archaischer und frühklassischer Zeit derlei Kunstlehren zum Glück nicht. Was gerade die frühen Dichter der Griechen als Musengeschenk, als göttliche Gabe ihrer Kunst priesen, war etwas viel Freudigeres, Höheres, etwas schlechthin Wunderbares: das Lied weckt Sehnsucht und Freude, verzaubert, nimmt dem betrübten Menschen allen Kummer, und Hesiod hat, etwa eine Generation vor Archilochos, als erster ausgesprochen, daß der Auftrag der Musen an den Dichter lautet, die Wahrheit und nicht die Scheinwahrheit zu künden[23]): ein Amt, das den Vergleich mit dem königlichen Richteramt nicht zu scheuen braucht.

[23]) Hesiod, Theogonie 26f., 98ff., vgl. H. Gundert (in: D. neue Bild d. Antike, I 1942) 132f. und zu fr. 106 D.

Auch für Archilochos gilt der schöne Schein nichts;
mancher durch die Tradition geheiligte Wertmaßstab wird
für ihn geradezu zum Kennzeichen des Unwertes[24]). Das
heroische Epos hatte von mythischen Helden einer fernen,
leicht idealisierten Zeit berichtet, und nur am Rande, vor
allem in den Gleichnissen, Lügenerzählungen und Sentenzen,
spiegelte sich etwas von unmittelbar erlebter Gegenwart,
ihren Zuständen und Problemen. Wie sehr die Folgezeit
sich dieser schönen Scheinwelt entfremdet hatte, zeigt der
„Margites", ein anonymes Simplizissimus-Epos vom törich-
ten Ehemann, der „vielerlei Werke konnte, aber alle konnte
er schlecht" (zum Glück ist seine junge Ehefrau klüger als
er): eine Dichtung teils in Hexametern und homerisierenden
Wendungen, teils in Iamben, die in unregelmäßigem
Wechsel auf einen oder mehrere Hexameter folgen und hier
zum erstenmal in der griechischen Literatur begegnen[25]).
Aber Archilochos ist es nicht um das Parodieren zu tun:
eigentliche Vorgänger lassen sich trotz mancher Verbindungs-
linien zu Hesiod für ihn nicht finden. Was wir in seinen
Dichtungen sehen und wie ein Beben spüren, ist ein Ereig-
nis von elementarer, mitreißender Kraft: der ungehemmte
Durchbruch des wirklichen, selbsterlebten Lebens in all
seiner Vielfalt und Einmaligkeit. Erstmals ist jetzt die
Dichtung ganz von persönlichem Erleben erfüllt, und indem
sie kämpft und aussagt und deutet, sucht sie sich ihren
Weg, der kaum zu bewältigenden Fülle Herr zu werden.
Daß bei einer so ausschließlichen Hingabe der Dichtung
an das unmittelbar erlebte Gegenwartsleben auch nur ein
Bereich davon ausgenommen bliebe, ist nicht zu erwarten.
Damit erledigen sich die Vorwürfe eines Kritias und derer,
die es ihm gleichtun. Eine weitere soziologische Voraus-
setzung für die Angriffe des Iambos und auch der alt-
attischen Komödie ist damit gegeben, daß sich auch das
sog. Privatleben weitgehend unter den Augen der Öffentlichkeit abspielte, wie noch heute, trotz veränderter Größen-
verhältnisse, in südlichen Ländern. Nicht der Dichter
machte die Schande publik, die jemanden betroffen hat: sie
ist es ohnehin, und Verbergen und Schweigen hieße Blind-
heit simulieren wollen. Die Dichter aber sind von jeher die
Sehenden und Wissenden.

[24]) Vgl. Snell, Entd. d. Geistes³ 89f.
[25]) Die Fragmente und Zeugnisse über den Margites findet man in der
Oxforder Homer-Ausgabe von Allen, Bd. V 152ff. Hinzu kommt das neue
Fragment P. Ox. XXII nr. 2309 mit Resten von 20 Versen (mehrere Hexam.,
4 Trim., 6 Hexam., 3 Trim., 1 Hexam., Trim.). Vgl. zu fr. 153 Bergk (S. 108
und 246), zu fr. 103 D. (u. S. 239) und Welcker, Kl. Schr. IV 27ff.

Der neue, für die Folgezeit so entscheidende Durchbruch der Wirklichkeit nimmt, mindestens zunächst, dem Mythos seine unmittelbare Gültigkeit als Vorbild. Schon Hesiod konnte ihn als variable, auswechselbare Gleichnisrede gebrauchen, bei der es nicht darauf ankam, ob es sich so oder anders zugetragen hatte, sondern vielmehr auf das Endergebnis, das Substrat des Sinnvollen. Archilochos hat nur ganz vereinzelt mythische Themen berührt[26]). Seine Dichtung findet das Paradeigmatische, wenn sie danach außerhalb des wirklichen Lebens sucht, in einem ganz andren Bereich: in der volkstümlichen Tierfabel, die auch Hesiod einmal verwendet[27]). Wo immer die heute so gut wie ganz ausgestorbene Tierfabel begegnet, ist sie Waffe und Trost der sozial Schwächeren, die zwar noch nicht zum Schwert greifen, den Respekt aber verloren haben und sich mit dem Wissen trösten, daß die Ameise stärker sein kann als der Löwe. Archilochos hat Zeit seines Lebens gegen eine stärkere Welt anzukämpfen, wobei freilich, so weit wir sehen, alle persönlichen Gegensätze zurücktreten, sobald die Heimat in Gefahr ist und sich äußerer Feinde, vor allem der Naxier, zu erwehren hat. Er führt diesen Kampf mit dem zuversichtlichen, um den Ausgang unbekümmerten Selbstbewußtsein eines Mannes, der zugleich Krieger und Diener der Musen ist. In fr. 1 D. ist das deutlich ausgesprochen: ,,Ich aber bin ein Gefolgsmann des Kriegsgottes und einer, der die liebliche Gabe der Musen versteht.‘‘ Für solch stolzes ,,ich bin‘‘ bleibt die Selbstvorstellung des Odysseus Od. 9,19 die nächste und doch recht ferne Parallele. Auch die Vereinigung polarer Eigenschaften findet sich schon im homerischen Heldenideal. Aber da geht es um kriegerische Tatkraft und Redegabe,

---

[26]) Wir haben davon nur indirekte Zeugnisse: fr. 147 Bergk (Nessos und Deianeira, vgl. auch zu fr. 47 D.), fr. 150 Bergk (Lynkeus und die Tochter des Danaos), fr. 190 Bergk (nach dem Tode des Eurypylos tanzt Pyrrhos den Schwertertanz), von kurzen mythischen Anspielungen wie ,,Stein des Tantalos‘‘ abgesehen. Vermutet hat man noch bei Archilochos die Erwähnung der Taten des Herakles in Thrakien (s. S. 211) und Erwähnung der Labdakiden (Laios) (s. S. 246f.). Daß seine Chorlieder, vgl. fr. 120 D., mythische Stoffe behandelten, ist selbstverständlich. Vgl. allg. W. Jaeger, Paideia I 175: ,,Die Dichtung der neuen Zeit ist geboren aus dem inneren Bedürfnis . . . nach fortschreitender Ablösung des allgemein menschlichen Problemgehalts von dem mythischen Inhalt des Epos, der bis dahin sein einziger Träger gewesen war.‘‘

[27]) Hesiod, Erga 202 ff. (Adler und Nachtigall). Vgl. allg. O. Crusius, Aus der Geschichte der Fabel (bei C. H. Kleukens, Buch der Fabeln², Inselverlag 1920), und K. Meuli, Herkunft und Wesen der Fabel, Basel 1954. In den angelsächsischen Ländern ist die Tierfabel, auch in Kinderliedern, nicht ganz ausgestorben. Mickey Mouse konnte dort eher erfunden werden. Ein wirklicher moderner Aesop ist der Italiener Trilussa (1871—1952), dessen Tierfabeln u. a. verraten, wie sehr ihm das ,,Trompeten‘‘ des Faschismus zuwider war.

während die Sangeskunst den berufsmäßigen Aoiden als
Begabung sui generis überlassen bleibt[28]). Berücksichtigt
man, welche aktuellen Aufgaben der Dichtung jetzt zu-
gefallen sind, so befremdet es keineswegs, die Dichtkunst die
Stelle einnehmen zu sehen, die in homerischer Zeit die Redegabe eingenommen hatte.

Vergleichbar mit der homerischen Auffassung und doch
in bezeichnender Weise unterschieden ist auch das Gerechtigkeitsempfinden des Archilochos. Wenn in der Ilias der Zorn
des Achilleus losbricht, so deshalb, weil man seine Ehre
durch Wegnahme der bereits zugesprochenen Ehrengabe
tief verletzt hat. Archilochos empört sich, weil man ihm
Unrecht tat[29]). Der Unterschied bleibt bezeichnend, auch
wenn weder der homerische Begriff der 'Ehrenstellung'
mit unsrem Ehrbegriff gleichgesetzt werden kann noch
das sensible Gerechtigkeitsempfinden des Archilochos mit
einer abstrakten Gerechtigkeitsidee. Auch ihm war etwas
genommen worden: die Braut Neobule, die der Vater des
Mädchens, der angesehene Parier Lykambes, ihm versprochen, dann aber doch verweigert hatte, als in einem
Angehörigen des Geschlechtes der Archenaktiden ein vor-
nehmerer und reicherer Freier auftauchte[30]). Es scheint, der
hat das Mädchen nur in Schande und Verruf gebracht und
dann sitzenlassen. Lykambes hatte jedenfalls Grund, die
Tochter zu schelten: er hatte den Schaden und brauchte für
den Spott nicht zu sorgen, denn verbergen ließ sich die
Misere gewiß nicht. Der Wortführer aller Angriffe gegen ihn
und Neobule ist Archilochos: sein ganzer Hohn und Spott
und Zorn richtet sich gegen Lykambes und seine Tochter
(die Geschichte, das Mädchen und seine Schwester oder
Schwestern seien dadurch zum Selbstmord getrieben worden,
ist mindestens schon in frühhellenistischer Zeit nachweisbar).
Aber nicht die *rabies*[31]) spricht aus diesen schonungslosen

---

[28]) Vgl. F. Solmsen, The "Gift" of Speech in Homer and Hesiod, Trans-
actions and Proceedings of the American Philological Association 85, 1954,
1 ff. — Vgl. zu fr. 1 D.

[29]) Vgl. H. Gundert a. O. 137 Anm. 2 zu fr. 79 a, 13 D. ὅς μ' ἠδίκησε und
Homer, Ilias 1, 356 ἠτίμησε; Snell a. O. 97 Anm. 2 und allg. K. Latte, Der
Rechtsgedanke im archaischen Griechentum (in: Antike u. Abendland II,
1946, 63 ff.); F. Klingner, Gerechtigkeit (in: Röm. Geisteswelt³, 1956, 583 ff.).

[30]) Vgl. zu fr. 74 D.

[31]) Horaz, A. P. 79 *Archilochum proprio rabies armavit iambo.* Epist. I
19, 18 ff. sagt Horaz rückblickend: *Parios ego primus iambos ostendi Latio
numeros animosque secutus Archilochi, non res et agentia verba Lycamben.* Vgl.
die Lit. zu Horazens Epodenbuch und Archilochos, die E. Burck in der Neu-
auflage von Kießling-Heinzes Horazkommentar (I, 1955 [u. 1958], 600 ff.) gibt.
Wären die neuen Papyrusbruchstücke, namentlich die, in denen Lykambes

Invektiven, sondern das verletzte Rechtsempfinden: für einen, der nicht zu den vom Glück bevorzugten Menschen gehört, ist sein gutes Recht zugleich ein Teil seiner Menschenwürde, und nicht christliche Ethik dürfen wir erwarten, sondern ein Befolgen des alten Grundsatzes: ,,Dem Feinde feind!'' Einen persönlichen Grund haben, im Gegensatz zu Horazens Iambenbuch, allerdings alle Angriffe des Archilochos, gegen wen sie sich immer richten [32]). Nur wissen wir den Grund oft nicht, doch ist der Schlußsatz der einen sog. Straßburger Epode (fr. 79a D.), die einem Eidbrüchigen eine Flut von Verwünschungen auf die Reise nachschickt, bezeichnend und sagt in erschütternder Kürze eigentlich alles: ,,. . . und früher war er mein Freund!''

---

erwähnt ist, nur etwas besser erhalten, würde ein Überprüfen der Abhandlung, die Fr. Leo i. J. 1900 schrieb (,,De Horatio et Archilocho''), sicherlich manche neuen Ergebnissen bringen, jedoch nicht in der Weise, die Lasserre voraussetzte (Les épodes d'Archiloque, Paris 1950) und zu beweisen suchte (vgl. die Rez. von G. Morelli, Maia 4, 1951, 150f.).

[32]) Auch wenn man von der Straßburger Epode (fr. 80 D.) absähe, kennen wir die Namen von nicht wenigen Zeitgenossen des Archilochos, teils mit den Vatersnamen (Patronymica auf -ides, -ades), teils nur mit dem Vatersnamen, ohne in den meisten Fällen das Verhältnis des Dichters zu diesen Personen näher bestimmen zu können.

Aischylides, Töpfer — fr. 80, 8 D. Aisimides — fr. 9 D. Archenaktides, ἥτου παῖς — P. Ox. 2313 fr. 1 a, 5 f. (s. S. 74); Ariphantos — fr. 80, 5 D. Die Legende vom Korinther Althiops — fr. 145 Bergk.

Batusiades — fr. 85, 1 D. Daß er Sohn eines Selleus und Seher von Beruf war, ergibt sich aus Hesych. ,,Die Söhne des Brentes'' (thrak. Name), Freunde des Glaukos — Inschr. aus Thasos (s. S. 116 und 249f.).

Charilaos Ἐρασμονίδης — fr. 107, 1 D., Athen. Der Zimmermann Charon — s. zu fr. 22 D. Χειδός — Ael. Aristid. II 380 (s. S. 122 und 250f.).

Erxies — fr. 38 D. (?), fr. 62 D. und in den Tetrametern auf dem neugefundenen Stein, s. zu fr. 51 D. Eurymas — P. Ox. 2310 fr. 1, 47, s. zu fr. 41 D.

Glaukos, Sohn des Leptines — fr. 13 D., 56 D., 59 D., 68 D., vgl. fr. 51 IV A 6ff. D., P. Ox. 2311 fr. 1 a 7 (s. S. 58 und 20); sein Grab in Thasos — Inschr. (s. o. unter Brentes). König Gyges — fr. 22 D., cf. fr. 23 D.

Hippona(ktides) — fr. 80, 3 D.

Kerykides — fr. 81, 1 D. Koiranos (Legende) — fr. 117 D., fr. 51 A I, 10ff. Λανδαχίδης (Labd. Wilamowitz) — Iulian. epist. 80 (s. S. 112 und 246f.). Leophilos — fr. 70 D. Lykambes, Δωτάδης — fr. 88, 1 D., cf. fr. 24 D.; P. Ox. 2312 fr. 5a 7].αδεω.ατ.[, fr. 9]ρωνλυνά[, fr. 17, 1]Λυκαμβ[, P. Ox. 2313 fr. 17]άδεω und die testimonia. Sprecher von fr. 74 D. Adressat von fr. 95 D. Seine jüngere Tochter Neobule — fr. 24 D., fr. 71 D., wird in fr. 74 D. vom Vater gescholten; cf. fr. 184 Bergk und die testimonia.

Myklos, Flötenspieler — fr. 183 Bergk (s. S. 114 und 248).

Sohn des Peisistratos — fr. 51 A I, 46 D. Perikles — fr. 7, 1 D., Adressat von fr. 78 D.; cf. Ael. Aristid. II 380 (s. S. 122 und 250f.). Die Hetäre (Plangon ?) als Πασιφίλη — fr. 15 D.

,,Ein Seher'' — Ael. Aristid. II 380, = Batusiades. Dazu noch einige Patronymica: P. Ox. 2310 fr. 4 b 2]μιαδεω, ib. v. 6]λαντίδη, P. Ox. 2318 fr. 5, 6 —]ωνίδη.

P. Ox. 2320, vermutlich nicht von Archilochos, hat v. 7 Φιλάνθη.

Selbstverständlich sollte es sein, daß aus solchen Schmäh-
und Scheltgedichten nicht nur das verletzte Ich spricht. Daß
Rüge und Tadel im Grunde einen 'Willen zur Norm' voraus-
setzen, hatte man mit Recht gefolgert [33]). Die neuen Papyrusfragmente bringen jetzt mehr als einen Beleg dafür. Da heißt
es z. B. „... nicht das brachte dir Schande, sondern dies";
die Hybris wird getadelt, Schamlosigkeit und Schürzen-
jägerei vorgehalten: Vorwürfe, wie sie Kritias später gegen
unsren Dichter richtet, hat dieser selbst andren entgegen-
geschleudert. Jetzt erst sehen wir, wie wenig die Frage nach
dem Häßlichen in der Kunst im Grunde unsren Dichter
berührt, der ein erbitterter Feind schamlosen Treibens ist
und es brandmarkt, wo er es erwähnt. So unbekümmert er
sich einerseits über das Gerede der Leute hinwegsetzt, so
haben doch manche der alten sittlichen Normen — ursprünglich soziologischer, später religiöser Natur — wie das 'Scham-
gefühl' (Aidos) auch für ihn ihre ungeminderte Bedeutung
behalten. Wohl hat Archilochos mehr als jeder andre
Dichter dazu beigetragen, in einer Zeitenwende das Ver-
altete niederzureißen: alle Werte umzuwerten hat auch
ihm ferngelegen.

Nicht übersehen sollte man, daß seine iambischen
Dichtungen keineswegs ausschließlich aggressiv sind, sondern
auch beruhigenden Zuspruch, Naturbeschreibungen u. a. m.
enthalten können (z. B. fr. 18 D.). Wo für solchen Zuspruch
die Form des Zwiegesprächs gewählt ist, muten seine
iambischen Trimeter mutatis mutandis wie Vorläufer der
Dialogpartien der späteren Tragödie an [34]). Die trochäischen
katalektischen Tetrameter wendet Archilochos für Themen
an, wie sie die kriegerischen Elegien seines älteren Zeitgenossen Kallinos und seines jüngeren Zeitgenossen Tyrtaios
behandeln: Mahnungen zur Standhaftigkeit, Kampfschilderungen u. dgl. dringende Anliegen [35]). Allerdings reicht unser
Material nicht aus, um über das gegenseitige Verhältnis von
Form und Inhalt mehr als nur vermutungsweise etwas auszusagen. Vom Tode seines Schwagers hat Archilochos z. B.
nicht nur in einer berühmten Elegie (s. u.), sondern auch
in einem Iambos (fr. 20 und 21 D.) gehandelt.

Jedenfalls ist nur eine, allerdings besonders ausgeprägte
Eigenschaft dieser starken und vielseitigen Dichterpersön-

---

[33]) „Die Iamben des Archilochos enthalten ein stark normatives Element",
W. Jaeger, Paideia I 172.
[34]) Vgl. zu P. Ox. 2310 fr. 1 (S. 179 ff.) und das Philodem-Zeugnis test.
47 Lss. (S. 138).
[35]) Vgl. zu fr. 63 D. (ἐπὶ τῶν θερμῶν ὑποθέσεων) und zu fr. 51 D.

lichkeit gekennzeichnet, wenn man von seiner 'frischen Sub-
jektivität und goldenen Rücksichtslosigkeit'³⁶) spricht oder
ihn einen Dichter nennt, 'von dem noch heute Feuerströme
ausgehen'³⁷). Neben fortreißender Kraft und spontaner
Emphase finden wir Verhaltenheit, neben schonungslosen
Angriffen und stärksten Affektbeschreibungen zart an-
deutende Aussagen und Bilder, mit wenigen Strichen
meisterhaft hingeworfen: so wenn er (fr. 25 D.) von einem
Mädchen spricht, dem das Haar den Nacken beschattet und
das sich an einer Rosenblüte freut: so wenn er das wider-
spruchsvolle Wesen einer Frau (fr. 86 D., wohl sicher nicht
Neobule!) mit den Worten charakterisiert: „In einer Hand
trug sie Wasser, in der andren Feuer": so wenn am Schluß
eines neuen, iambischen Stückes (P. Ox. 2310 fr. 1) die
Worte zu lesen sind: „. . . ich lag im Dunkel . . . in das Licht
ward ich gestellt", — nebenbei bemerkt, für uns der älteste
Beleg für symbolischen Gebrauch des Wortpaares Licht und
Dunkel im Griechischen. — Solange man ausschließlich das
fortreißende Temperament und die Emanzipation des
Individuums bei Archilochos hervorhob, konnte man sagen:
in jeder Hinsicht, außer in der Formgebung von geradezu
klassischer Strenge und Reinheit, verstoße dieser Dichter
gegen die griechische Sophrosyne und Selbstzucht: er stehe
im Gegensatz zu dem, was der delphische Gott durch die
Stürme der Zeiten dem Griechenvolk zu bewahren half, dem
Ethos des Maßvollen³⁸). Wie kommt es denn nun aber, daß
die Legende gerade diesen einen Dichter immer wieder mit
dem delphischen Orakel in Verbindung bringt? Der Gott
von Delphi weissagt dem Telesikles, einer seiner Söhne
werde im Liede fortleben und unsterblich sein: der Gott von
Delphi verlangt die Freilassung des eingekerkerten Dichters:
der Gott von Delphi weist den Mann, der in einem der
Kämpfe zwischen Naxiern und Pariern den Dichter Archilochos getötet hatte, aus dem Tempel: „Einen Diener der
Musen hast du getötet: hinaus aus dem Tempel!"³⁹) Ist das
nur zur nachträglichen Legitimierung einer Dichtung erfunden, die man im Grunde als nicht-apollinisch empfand?
Ist das deshalb so betont, weil es zur Abwehr einer schon
im Altertum geäußerten negativen Kritik erfunden ist? Wir
wissen nicht, in welche Zeit diese auf parischer Lokalüberlieferung beruhende Legende zurückreicht. Es muß genügen

³⁶) Wilamowitz, Sappho u. Simonides, 1913, 10.
³⁷) Nietzsche, Die Geburt der Tragödie 66 (Kröner-Ausgabe).
³⁸) Vgl. Wilamowitz a. O.
³⁹) Vgl. die Zeugnisse S. 122ff.

festzustellen, daß nicht alle Griechen so urteilten wie Wilamowitz, der große Philologe der Neuzeit. Daß Archilochos „das
Steuer der Sophrosyne lenkte", besagt ein Distichon, von
einem späten Verseschmied in eine Steinplatte des Archilocheions eingemeißelt. Gerade diese Worte sind erhalten
geblieben.

*　　*　　*

Wie wenig die Gegenwartsdichtung des Archilochos im
Ephemeren und Vordergründigen aufgeht, wie sehr sie und
gerade sie dahinter das Allgemeine sucht und in Gestalt un-
veränderlicher Gesetze des Daseins findet, mag die Interpretation eines größeren Bruchstücks zeigen: eines Bruchstücks aus der Elegie auf den Tod des Schwagers, der bei
einem Schiffbruch umgekommen war. Es ist dies eine Elegie
in der ursprünglichen Wortbedeutung, ein „Threnos", eine
Totenklage. Auf die Totenklagen um Hektor im Schluß-
gesang der Ilias wird vergleichsweise zu verweisen sein. Die
übrigen Fragmente dieser Elegie des Archilochos, zu denen
1956 ein neues hinzugekommen ist, sollen ebenfalls Berück-
sichtigung finden.
    Die ersten Verse unsres Bruchstücks (fr. 7 D.), dessen
griechischen Text und Versübersetzung der Leser an andrer
Stelle findet, sind auf den ersten Blick nicht ganz leicht zu
verstehen:

> „Perikles, weder einer der Bürger wird, das stöhnenerweckende
> Leid uns zum Vorwurf machend, sich an Festfeiern erfreuen,
> noch auch wird es die Stadt."

Ohne das Partizip und die dazugehörigen Worte wäre der
Satz ganz einfach. Er würde besagen: jeder Bürger und die
ganze Stadt wird mit uns trauern und keiner wird an Vergnügungen denken. Ein einfacher Satz, aber mit rhetori-
schen Übertreibungen und im Grunde unwahr. Jedoch nicht
dies sagt Archilochos, sondern etwas ganz anderes: hier ist
Leid, dort wird froh gefeiert werden, aber in diesen Feiern
wird keine Mißachtung unserer Trauer liegen; jeder wird
uns voll und ganz verstehen und, einerlei was er tut, auch
von dem Verlust betroffen sein. So spricht nur ein Dichter,
der um das Daseinsgesetz weiß: das Leben geht allemal
weiter. Und noch ein zweiter Gedanke liegt hier zugrunde,
der in einem andren, von Plutarch mißverstandenen Fragment dieser Elegie offen ausgesprochen ist (fr. 10, 3—4 D.):
„Denn ich werde nichts heilen, wenn ich klage, noch durch
Besuch von Vergnügungen und frohen Feiern es ver-

schlimmern." Das heißt nicht, daß Archilochos mit Zechen und Scherzen gegen seine Trauer anzukämpfen gedenke, wie Plutarch meint, sondern damit ist gesagt, daß das äußere Verhalten der Menschen irrelevant ist, wo immer sie vor das Unwiderrufliche, das Irreparabele, den Tod eines lieben Menschen, gestellt sind. Es ist einerlei, was man da tut: man kann nichts dazutun. Das Leid ist vollkommen; es kann nicht noch peinigender werden. Und man kann durch kein Klagen heilen, wo der Tod zugriff.

Der nächste Satz, der an die Versicherung anknüpft, daß niemand uns die Trauer verargen wird, ist so recht einer jener „kurzen aber vibrierenden Sätze", die Quintilian[40]) als eine Eigenart unseres Dichters kennzeichnet:

> „. . . denn solche Männer hat die Woge des tosenden Meeres verschlungen."

Gewiß, es ist nicht nur an dieser einen Stelle von den Toten die Rede gewesen, und in dem neuen Papyrusfragment dieser Elegie begegnet als Ausdruck unmittelbaren Empfindens das Wort „den lieben . ."[41]), kurz ehe ein Wunsch ausgesprochen wird, der unerfüllt geblieben ist (fr. 10, 1—2 D.): „(Nicht so schwer würden wir daran tragen), wenn sein Haupt und seine lieblichen Glieder, in reine Gewänder gehüllt, von Hephaistos betreut worden wären." Da, bei diesem menschlich so begreiflichen „Wenn doch wenigstens", spricht die Regung des Herzens. An die Stelle alles Grauenvollen möchte sie das Reine setzen: sogar das Vernichtungswerk des Feuers auf dem Scheiterhaufen erscheint ihr als dienendes Umhegen und fürsorgliches Betreuen, als letzter Liebesdienst Hephaists. Einmal noch läßt diese Herzensregung, dieser Wunsch: „Wenn doch wenigstens", das Bild des Toten in seiner ganzen Jugendschönheit und Anmut vor dem Hörer sichtbar werden . . . Doch an unsrer Stelle steht nur soviel: „. . . solche Männer . . ."

Was würde nicht alles heutzutage zum Gedenken an einen Toten in einer Trauerrede gesagt werden! Biographisches und Intimes, Charakteristik und Laufbahn, das Los der Familie usf. Wie anders spräche auch ein Römer! Was auf jedem römischen Grabstein verzeichnet war, Ahnen und Ämter, dürfte nicht fehlen. Unser Dichter sagt nichts weiter als: „. . . solche Männer . . ."

Wie anders ist das auch als bei Homer! Großartige, zugleich fein unterscheidende Kunst finden wir da, drei

---

[40]) Quintilian, inst. or. X 1, 60 (s. S. 130).
[41]) Vgl. S. 26.

Variationen des gleichen Themas, drei Totenklagen um
Hektor: die Klage der Gattin Andromache, der Mutter
Hekabe und der Schwägerin Helena (Ilias 24, 725—775).
Beachten wir dabei, wie für das Gefühl der Liebe eine Aussage gefunden ist, wieweit das biographische Element hervortritt, wie der Tote gerühmt wird, wieweit die klagenden
Frauen von sich selbst sprechen, so werden Gemeinsamkeiten
und Unterschiede in diesen drei Totenklagen deutlicher. —
In jeder der drei Klagen ist ein Superlativ. „Du warst mein
liebster Sohn" sagt die Mutter, „du mein liebster Schwager"
beteuert Helena. „Am meisten Leid wird mir bleiben",
spricht Andromache. Sie, deren Liebe doch die größere war,
spricht nicht davon, sie spricht von Leid, das der Ausdruck
der Liebe ist zu einem Toten. — Oder weiter, das biographische Element: hier haben die Klagen Andromaches
und Hekabes etwas Gemeinsames. Was Hektor zu Lebzeiten
war und tat, ist jeweils nur an einer Situation vergegen-
wärtigt. Hektor war der Hort Trojas, erinnert sich Andromache. Nur der einen, stolzesten Tat, die den Feind am
schwersten traf, der Tötung des Patroklos, erinnert sich die
Mutter. Mehr an persönlichen Erinnerungen enthält Helenas
Klage: wie gütig Hektor allezeit zu ihr war, wie er nicht
zuließ, daß man sie schalt. — Die Sorgen sodann: ganz von
Sorgen erfüllt ist die Klage der Andromache: Sorge um das
Schicksal ihres Sohnes, Sorge um das Schicksal Trojas: von
ihrem eigenen Schicksal kein Wort. Dagegen steht am Ende
ihrer Klage ein ergreifender, unerfüllt gebliebener Wunsch,
jenes „Wenn doch wenigstens", wie es in andrer Weise bei
Archilochos begegnete und wieder anders jedem Menschen
begegnet sein wird. In der Klage der Andromache sind es die
Worte: „. . . kein letztes Wort hast du mir gesagt, an das
ich mich erinnern könnte unter Tränen, immerdar, Tag um
Tag und Nacht für Nacht!" Nur ihrem eigenen künftigen
Schicksal gilt die Sorge Helenas. Dagegen fehlt der Gedanke
an Künftiges völlig in der Klage der greisen Mutter: so als
gäbe es für eine Mutter nach dem Tode ihres liebsten Sohnes
nichts Künftiges mehr . . . Dafür weiß sie allein, daß ihr
Sohn auch im Tode den Göttern lieb ist, und so ist ihre
Totenklage von gefaßter und am Schluß stille werdender
Trauer erfüllt.

Weniges nur kann ein solcher kurzer Überblick heraus-
greifen. Das Wenige aber zeigt zur Genüge, wie sparsam
die Kunst Homers in Totenklagen das biographische Element,
die Erinnerungen, verwendet: wie gerade dort, wo die Liebe
die größte ist, die Beteuerung: „Du warst mir der Liebste"

und jegliche Benennung des intimsten Gefühls fehlt: und wie sehr das Rühmen des Toten beschränkt ist auf das eine, das jeweils als das Größte erscheint. Allein, wie wortkarg ist, selbst im Vergleich zu einer solchen Kunst der Beschränkung, Archilochos! Alles Rühmen, alle Liebe birgt sich in den Worten: „. . . solche Männer . . .“ Nicht von den Toten, von den Lebenden ist in den nächsten Versen die Rede:

> „Geschwollene Lungen haben wir vor lauter Trauer.“

Dies ist, nach dem „stöhnenweckenden Leid“, die zweite, starke Affektbeschreibung, die nichts von dem physisch Peinigenden verschweigt. Müßig zu fragen, ob das gewählte Bild physiologisch richtig ist; der Zustand, wo man nicht mehr klagen und weinen kann und doch die Brust zu eng geworden scheint für das Leid, ist gemeint und gekennzeichnet. Wenig später wird ein weiteres krasses Bild für den Schmerz gebraucht: „Wir stöhnen über die blutende Wunde“, und in fr. 11 D. wird der gleiche Schmerz ein „peinigendes Geschenk Poseidons“ genannt. Neben solchen starken, krassen, z. T. einmaligen Wendungen fanden wir jedoch in fr. 10, 1—2 D. ungemein Stilles und Behutsames.

Hören wir weiter:

> „Aber mein Freund, auf unheilbare Leiden haben die Götter das starke Ertragen als Heilmittel gelegt.“

Die Wendung mag uns daran erinnern, daß man Heilkräuter auf Wunden legt: Heilkräuter, Pharmaka, die das Unheilbare wenn auch nicht heilen so doch lindern. Ein solches Linderungsmittel ist im Schmerz das Ertragen: eine Kraft, die der Mensch nicht aus eigener Macht hat, die ihm aber von den Göttern gegeben ist. Auch das möchten wir ein Gesetz des Daseins nennen: nicht die Macht, das Unabänderliche zu ändern, doch die Kraft, es zu ertragen, ist dem Menschen gegeben: eine wirkliche Kraft (= „starke Tlemosyne“), die aufgerufen werden kann, die aufgewendet werden muß, die von einem bloßen Geschehen-sein-lassen, das keinerlei Kraft erfordert, weit entfernt ist und insofern den Menschen doch nicht völlig hilflos bleiben läßt[42]).

---

[42]) „Mit dem Wissen vom Tragischen verbindet sich von Anbeginn der Drang zur Erlösung . . . Diese (erlösende Befreiung) geschieht entweder durch die Kraft des fraglosen Ertragens im Nichtwissen, im reinen Aushaltenkönnen, im unerschütterlichen Trotzdem: dies ist die Erlösung im Keim und in der dürftigsten Gestalt“, sagt K. Jaspers, Über das Tragische, 1958, 13 f. Bei Archilochos ist es, meine ich, ein wissendes, um die Lebensgesetzlichkeit wissendes Trotzdem.

Und an ein drittes Gesetz des Lebens rührt der Dichter,
wenn er sagt:

> Solches trifft bald den einen, bald den andren: jetzt hat es uns
> heimgesucht, und wir stöhnen über die blutende Wunde, aber
> alsbald wird es andre aufsuchen."

Es ist das Gesetz: das Leid geht um in der Welt. „Gott gibt
bald dem einen, bald dem andren Gutes und Schlimmes",
heißt es in der Odyssee (4, 236f.). Wo immer etwas als von
Gott gesandt empfunden wird, können wir nicht von einem
Gesetz sprechen, nur von der Vielfalt des Lebens, von der
Macht Gottes. Auch solches Wissen kann trösten, aber man
tröstet sich dann mit dem Unbegreiflichen, und es könnte
wohl auch geschehen, daß ein wundes Herz sich auflehnt
gegen scheinbare Willkür. Im Unterschied zu jener Odysseestelle findet Archilochos im Bereich des rational Begreif-
baren einen Trost, wo wir dann wohl von einem Lebens-
gesetz sprechen dürfen, auch wenn er selbst sein Wissen um
das Leben nicht so benennt.

Unser Fragment schließt mit der Mahnung, das weibische
Klagen 'von sich zu stoßen' und mit dem Aufruf zum Ertragen. Mit *muliebrem tollite luctum* hat Horaz, Epoden 16, 39
den einen Teil dieser Mahnung wiedergegeben. Das Wort
„Frauen" begegnet nochmals an einem Versschluß des neuen
Papyrusbruchstücks dieser archilochischen Elegie: in welchem Zusammenhang, wissen wir nicht. Doch können wir
zu dieser Mahnung jene andre stellen, die sich in fr. 11 D.
findet, das ja zur gleichen Elegie gehört:

> „. . . bergen laßt uns die peinvollen Geschenke Poseidons."

Das Wort „bergen", das auch „verbergen" bedeuten kann,
ist gebraucht: in Wendungen wie „bergen im Schoß der
Erde" ist es nicht ungewöhnlich. Aber hier ist nicht vom
Begraben der Toten die Rede. Diese Männer sind auf hoher
See geblieben, „in den Armen der Wellen" (fr. 21 D. aus
dem Iambos auf den Tod des Schwagers); sie konnten nicht
bestattet werden, wie man es sich wohl gewünscht hätte
(fr. 10, 1—2 D.). Wir haben keinerlei Grund zur Annahme,
einige Leichen seien an Land gespült worden, sondern gute
Gründe, die dem entgegenstehen. Die Worte „peinvolle Geschenke des Poseidon" sind also nicht gegenständlich zu
verstehen, sondern auf den zugefügten Verlust und den ver-
ursachten Schmerz zu beziehen, wie der Grieche ja auch von
'unentrinnbaren Geschenken der Götter' sprechen kann,
wenn er Heimsuchungen meint. Nicht also zur Bestattung

der Toten fordert Archilochos auf, sondern dazu, den Schmerz in der Brust zu verbergen. Fragen wir weiter, warum, so läßt sich soviel mit Gewißheit sagen: nicht um der andren Menschen willen, nicht aus Rücksicht auf die Öffentlichkeit (vgl. fr. 67a, 5 D.). Das genügt um zu folgern: im Verbergen des Schmerzes besteht das starke Ertragen. Es ist nicht viel, was der Mensch kann, weil es die Götter gaben. Diese Möglichkeit aber ist Pflicht zugleich für jeden Mann. Wir wissen nicht, mit welchen Worten diese Elegie schloß. Mit mehrfachem Hinübergleiten des Gedankens von den Toten zu den Lebenden und von diesen zu den Toten, wie es sich in den frühen Elegien eines Kallinos findet, ist auch bei Archilochos zu rechnen. Aber in einem derartigen Appell gipfelte der Threnos auf den Tod des Schwagers. So zeigt dieses Gedicht etwas vom alten, ursprünglichen Charakter der Elegie, zugleich aber auch, wie die alte Form zum Teil überwunden wird. Einen Threnos, eine Totenklage, haben wir vor uns: aber einen Threnos ohne Klagen, mit dem Aufruf, gerade das nicht zu tun: eine Elegie, aus deren Gedankenfülle und Klarheit das Ringen um die Erkenntnis der Lebensgesetze deutlich zu uns spricht, ein Zug, der für unsren Dichter besonders charakteristisch ist.

*   *   *

Archilochos weiß, wie wir sahen, daß das Leben weitergeht: daß der Tod irreparabel, das Leid vollkommen und das menschliche Tun angesichts dessen faktisch irrelevant ist, nichts hinzufügen, nichts davon wegnehmen kann. Er weiß, der Tod geht um, kehrt heute hier und morgen dort ein. Ein Auf und Ab beherrscht das Leben der Menschen. Er weiß, die Kraft zum Erdulden, zum Verschließen des Schmerzes in der Brust, gaben die Götter. Soll man ihn, der solches ausgesprochen hat, hilflos nennen? Oder einen der Wirklichkeit Preisgegebenen? Ist, wer etwas Schweres geistig zu bewältigen sucht, preisgegeben? Oder sollen wir ihn einen Realisten nennen, ihn, der nach den Gesetzen sucht, die über dem Einzelgeschehen stehen? Sprengt seine Haltung die Grenzen griechischer Sophrosyne und Selbstzucht? Lehnt nicht er gerade das Übermaß der Freude wie der Trauer ab? Hat nicht er, dessen Offenheit brutal sein kann, gefordert, etwas solle man verbergen: das Unmännliche? Und wenn gerade die neuen Bruchstücke zeigen, daß sich nicht nur einzelne Archilochosverse mit Homerversen vergleichen lassen, was man schon im Altertum tat⁴³), sondern daß manche seiner Ansichten zu den homerischen Anschauungen nicht in Widerspruch stehen⁴⁴), sollen wir dann den Abstand, der ihn vom Heroenepos und dessen poetischer Welt trennt, gering achten? Das Neue nicht als umwälzend ansehen, weil es nicht radikal mit dem Alten aufräumte? Für jedes dieser Urteile ließen sich Argumente anführen und sind in der wissenschaftlichen Literatur Argumente angeführt worden. Der Leser urteile selbst, ob auch nur eins dieser Urteile diesem genialen Dichter in allem gerecht wird.

Die Fragmente dieses Dichters einem weiteren Leserkreis vorzulegen, ist eine bescheidene, aber naheliegende Aufgabe. Sie entziehen sich weitgehend jeder Ergänzung. Wohl begegnen Wiederholungen, doch es sind nicht die alten formelhaften Wendungen der Dichtersprache, die wiederkehren, sondern eher musikalische, klangliche Kadenzen. An sprachlichen Wendungen, die man nicht hätte ahnen können, gibt es nicht wenige. Eigenwillig, vielseitig und frei — bei allem homerischen Einfluß —, vor allem aber klar wie ein Kristall ist seine Sprache. Die großen Worte wie „Ruhm" braucht sie selten. Vieles, ja, das Meiste, ist ganz einfach gesagt, doch es sind *breves vibrantesque sententiae*. Mit den wenigen und vielfach überaus kurzen Fragmenten müssen wir uns begnügen.

Begnügen muß sich auch die Interpretation. Nie zu vergessen, daß Aussagen über Dichtung — noch dazu über fragmentarisch erhaltene — bestenfalls annähernd sein können, ist heilsam. Aber auch da, wo die Aufgabe der Interpretation so bescheiden bleiben muß, bei den Werken genialer Künstler, ist es eine reizvolle Aufgabe, Annäherndes auszusagen und den Weg etwas zu ebnen, den jeder selbst gehen muß. Manch einseitiges Urteil über unsren Dichter ist durch die Neufunde berichtigt worden. Sie lassen uns andrerseits gewahr werden, wie wenig wir haben und wissen: von seinen Dichtungen sowohl wie von seinem Leben. Seine Lebenszeit⁴⁵) können wir einigermaßen feststellen: es ist die Zeit des Lyderkönigs Gyges (gest. um 652), die Zeit, in der Kleinasien unter dem fortdauernden Einfall der Kimmerier zu leiden hatte. Um 675 v. Chr. hatte der Ansturm dieses iranischen, aus den Steppen Südrußlands kommenden

---

⁴³) Vgl. zu P. Hibeh 173 (S. 6 und 174).
⁴⁴) Bes. zu jenen Reden, die zur Rückkehr in die Wirklichkeit des Tages mahnen: so sagt Achill (Ilias 24, 522f.) zu Priamos ἄλγεα δ'ἔμπης ἐν θυμῷ κατακεῖσθαι ἐάσομεν ἀχνύμενοί περ.
⁴⁵) Vgl. Jacoby, The Date of Archilochos, Cl. Quarterly 35, 1941, 97ff.

Volkes begonnen, um 650 war die Stadt Magnesia von ihnen zerstört worden. Die von Archilochos an andrer Stelle (74 D.) erwähnte Sonnenfinsternis dürfte die vom 6. April 648 gewesen sein. In die gleiche Zeit dürfte ein Ereignis aus dem Privatleben unsres Dichters anzusetzen sein: das Auftauchen eines Rivalen um die Gunst der Neobule, Tochter des Lykambes aus Paros. Hinzufügen mögen wir, daß diese Zeit, die Zeit der Kolonisierung der Insel Thasos durch die Parier, wie jeder Schritt in ein neues Land reich an Erwartungen, Abenteuern, Enttäuschungen und Erfahrungen gewesen sein wird: eine stürmische Zeit, die ganze Männer erforderte. Das Leben unseres Dichters nachzeichnen können wir nicht. Wieviel besser hatten es die antiken Kritiker, obwohl schon Aristoteles sich gezwungen sah, von Aporien bei Archilochos u. a. zu sprechen. Ein so verständnisvoller, später Beurteiler unseres Dichters wie Synesios, Bischof von Ptolemais (ca. 370—412 n. Chr.), konnte sagen[44]): verschwendet hätten Archilochos und Alkaios ihre Kunst an das Leben, doch sei es dem zu danken, daß die Erinnerung fortlebt an all das, worüber sie sich freuten und worunter sie litten. — Wir vermögen nur ganz Weniges von all dem zu hören. Das aber reißt einen fort, zwingt einen, darauf zu lauschen, nicht zuletzt durch die Kraft der Gedanken. Auch wir müssen dankbar sein, dankbar ohne Vorbehalt, dem Künstler, der seine Kunst verschwendete und verausgabte an das Nächstliegende, an das Menschenleben. Als erster. Versuchen wir zu ermessen, was das heißt.

---

[44]) Synesios, de insomn. 13 (s. S. 140).

ERLÄUTERUNGEN

DIE NEUEN FUNDE

Zu P. Hibeh 173.

lin. 2 δ' οὐκ ἔχραισμε Hom. codd. — lin. 8 χά[νοι Turner,
Lasserre, sed v. infra. — lin. 12 σὺν θεοῖ[ς μαχήσατο? Turner.
Der Papyrus, der u. a. eine voralexandrinische Text-
variante zu Hom. Ilias 14, 66 bringt, stammt aus der Zeit
um 270—240 v. Chr., aus der Zeit des Stoikers Chrysipp,
den man bislang — zu Unrecht — für den ersten Verfasser
einer Anthologie hielt (A. Elter, De Gnomologiorum Graec.
historia atque origine, Bonn 1893—97) doch vgl. J. Barns,
A New Gnomologium etc., Cl. Quart. 44, 1950, 126ff., ib.
45, 1951, 1ff.; Turner z. St.
　　Das literarische Werk, aus dem unser Fragment stammt,
wird sicher noch um einiges älter sein als der Papyrus. Der
Herausgeber E. G. Turner verweist mit Recht darauf, daß
der Aristotelesschüler Herakleides Pontikos eine Abhandlung in zwei Büchern „Über Archilochos und Homer" verfaßt hatte, wovon wir leider nur den Titel kennen (fr. 178
Wehrli; auch die aristotelische Untersuchung Ἀπορήματα
Ἀρχιλόχου, Εὐριπίδου, Χοιρίλου kennen wir nur dem Titel
nach). Ob hier nun eine Sentenzensammlung, ein Gnomologium, oder eine literarische Abhandlung über die Abhängigkeit des einen Dichters vom andren vorliegt, ist kaum zu
entscheiden. Begreiflicherweise ließen sich Ähnlichkeiten
vor allem in allgemeingültigen Sätzen finden. Bemerkenswert ist, daß sämtliche Archilochoszitate bei Clemens
Alexandrinus (2. Jh. n. Chr.), fr. 38. 41. 57. 65. 73 D., als
Paraphrasen von Homerversen angeführt werden, dgl. in
den Progymnasmata des Theon von Alexandrien (1. Jh.
n. Chr.: fr. 48 D.). Auch Sextus Empiricus (2. Jh. n. Chr.)
führt Archilochosverse nur zusammen mit Homerversen an
(fr. 41 und 48 D.), wenn er auch keine Abhängigkeit behauptet. Eine Materialsammlung wie die unsre dürfte m. E.
Clemens vorgelegen haben; vgl. O. v. Weber, Die Beziehungen zwischen Homer u. d. älteren griech. Lyrikern, Diss.
Bonn 1955, der zwar weder unsren Pap. noch P. Ox. Bd.
XXII kennen und verwerten konnte, im allgemeinen aber

richtig urteilt, während J. A. Davison, Quotations and
Allusions in Early Greek Literature, Eranos 53, 1955, 125ff.,
der direkte Anspielungen des Archilochos auf Odysseeverse
leugnete, m. E. widerlegt ist (ein neuer Stesichoros-
Papyrus mit einer Szene zwischen Helena und Telemachos,
P. Ox. XXIII, 1956, 2360 zeigt deutliche Berührung mit
dem 15. Gesang unsrer Odyssee). Im einzelnen bleiben
gewiß Unsicherheiten: doch seien hier — einschließlich der
neuen Verse — jene Stellen angeführt, in denen O. v. Weber
„eine direkte Beziehung zwischen Homer und Archilochos"
sieht: fr. 6 D. — Ilias 18, 131; 17, 472f. fr. 38 D. — Ilias
18, 309. fr. 57 D — Ilias 7, 102. fr. 61 D. — Ilias 22, 201;
21, 574. fr. 79, 4 D. — Ilias 4, 533. fr. 104, 2—3 D. — Ilias
5, 399. fr. 112, 3 D. — Ilias 14, 217. P. Hibeh — Ilias 14,
66. 4, 182. 5, 130. fr. 41 D. — Odyssee 14, 228. fr. 65 D. —
Odyssee 22, 412. fr. 68 D. — Odyssee 18, 136f. fr. 112, 1 D.—
Odyssee 9, 433. Direkte Beziehungen sagen zunächst noch
nichts über die Priorität des einen oder andren Dichters
aus, aber an einigen Stellen erweist sich Archilochos als der
spätere, auch gegenüber der Odyssee: vgl. zu fr. 41 D. und
68 D.

Man wird sich fragen müssen, in welcher Reihenfolge der
Verfasser unsres 'Gnomologiums' die Zitate auswählte.
Offensichtlich zitiert er nicht in der Reihenfolge der Ilias-
bücher (auf ein Zitat aus Buch 14 folgt ein Zitat aus Ilias 4
und 5). Eine inhaltliche Einheit läßt sich bei den Zitaten
m. E. auch nicht finden. So möchte ich folgern: der Autor
zitiert in der Reihenfolge, wie die ihm vorliegende Archilochosausgabe die entsprechenden Archilochosverse bot.
Dazu paßt, daß wir hier lauter Trimeter vor uns haben:
der Vergleich von archilochischen Tetrametern mit Homerversen (vgl. Clemens Al.) wird in diesem Werk gewiß nicht
gefehlt, aber einen besondren Abschnitt gebildet haben. Für
diese Nebeneinanderstellung, die von Archilochos ausgeht,
wenn sie auch die Homerverse voranstellt, würde der Titel
„Über Archilochos und Homer" (in dieser Reihenfolge!),
den die zwei Bücher des Herakleides Pontikos führten,
durchaus passen. Eine Dreiteilung in der frühalexandrini-
schen Archilochosausgabe: Iamben — Elegien — Lyrik kann
man aus Theokrit, Epigramm XXI (s. S. 128) erschließen.

Zum Einzelnen: v. 4: von einem „Turm, den wir aus
Steinen erbaut haben", spricht Archilochos noch fr. 51
A IV, 50 und ib. 56 = P. Ox. 2313 fr. 3a 4 (s. S. 60). Dort
scheint Paros gemeint zu sein. Rückschlüsse für unsere
Stelle sind daraus nicht möglich, doch hat Archilochos nicht

nur feindliche Niederlagen, sondern auch eigene geschildert.
— v. 8: zwei zweisilbige Wörter am Trimeterschluß hat A.
gemieden (vgl. Snell, Metrik S. 10 mit weiterer Lit.). χά[νοι‿‿‖
ist also unwahrscheinlich: χά[νοι‖ am Versschluß ebenfalls,
da der Versanfang dann eine Cäsur nach dem zweiten
longum hätte. In den 7—8 fehlenden Bst. des Versanfangs
ist daher nur der erste Versfuß anzunehmen, gegen Versschluß eine von Homer abweichende Verbalform, wobei
nicht unbedingt der Trimeter einen abgeschlossenen Satz
enthalten muß, obwohl man das bei einer Sammlung von
Sentenzen erwarten würde. — v. 10. 12: "The restoration...
should perhaps be sought on quite different lines." Turner,
der auch betont, daß μάχεσθαι σύν τινι = „gegen jemand
kämpfen" erst seit Xenophon belegt ist. Obwohl vom
Homervers hier nur die zwei Wörter „den unsterblichen
Göttern" erhalten sind, läßt sich kein andrer Ilias- oder
Odysseevers ergänzen als Il. 5, 130, denn Od. 2, 432; 24, 371
haben zwar auch diese beiden Wörter in der Versmitte, sind
jedoch inhaltlich ohne jedes gnomische Element und haben
nichts, was sich mit σὺν θεοῖς (meist: „mit Hilfe der Götter")
auch nur annähernd wiedergeben ließe. Von diesen Stellen
abgesehen steht die Wortverbindung „unsterbliche Götter"
bei Homer entweder am Versende (8 Il., 8 Od.) oder am
Versanfang (1 Il., 3 Od.). Den archilochischen Trimeter
können wir allerdings auch nicht annähernd ergänzen.
ἔπειτα könnte eine Argumentation mit (primum,) deinde vermuten lassen, und bei σύν frage ich mich, ob es nicht in
Tmesis — vgl. fr. 7, 4—6 D. κατὰ ... ἔκλυσεν, P. Ox. 2317, 9
ἀπ᾽ εὐεργέα τινάξας — gestanden haben könnte (e. g. σὺν
θεοῖσ᾽ ἐβάλλετο). σὺν ... ἀντήσατο Lss. ergäbe recht andersartigen Sinn.

Zu P. Ox. 2314 col. I (+ 2313 fr. 27)
    v. 3 ανολβοισι? L, βων Peek — v. 4 ειπ Peek — v. 10
[τ]οδε affirmare nequit L. — v. 11 Ἀφροδίτηι ⟨-⟩, e. g. ⟨δὴ⟩ Tr.,
fort. etiam]ος pro]ως?
    col. II 6]ρουδησ.[— v. 7].νδροςπε[— v. 10 αρχος
ευμα.[.]αχοντιτ[— v. 11 πειρεαιλιανλιαζεισχν.[— v. 12
ισθιννυνταδισθ.[
Durch die Entdeckung von Frl. Derbisopoulou, einer
Schülerin von I. Th. Kakridis, daß das kleine P. Ox. 2313
fr. 27, fraglos Archilochos, sich z. T. mit 2314 überschneidet,
sind die Zweifel (Lobel, Latte, auch noch Lasserre, intr. XC),
ob dies unsrem Dichter zuzuweisen ist, beseitigt. Wir lernen
eine neue Stileigenheit bei ihm kennen, die Häufung empha-

tischer Wiederholungen: „wisse, wisse", „ich seh, ich seh's voraus": ἔλπομαι ist in früher Zeit stets vox media (also nicht „hoffe"). Leider ist das Stück stark zerstört.

Zunächst scheinen einige Wörter kriegerisch: στρατός, das oft (Alcm., Trag.) lediglich „Schar" bedeutet, braucht es nicht zu sein. Das Übrige, vor allem „Freund der Aphrodite", „die jungen Leute sich heftig ergötzen", viell. „Kyp(ris)", eine mögliche Ergänzung in col. II 11, führt deutlich auf ein aphrodisisches Thema, dem sich auch der „Spieß" einfügen läßt: vgl. das anzügliche Spiel mit dem Namen Akontios (Callim. fr. 70 Pf., Ovid, wozu m. E. auch Hipponax b. Schubart, Gr. lit. Pap., 1950, nr. 10 zu vergleichen ist). „Wie ein Esel von Priene" sagt Archilochos von der Geilheit: über arkadische Esel s. Pfeiffer zu Schol. Londin. Callim. 1, 43. Mit „Esel des Arkaders" könnte allenfalls auf eine Fabel angespielt sein. ἄνολβοι am Anfang, ὄλβιος am Schluß führt darauf, daß dem verkehrten Treiben das vernünftige entgegengehalten wird. Zu jenem gehört das übereifrige Betreiben (Hesych. λιάζει = λίαν σπουδάζει), auch wohl die akustische Bezeichnung (Il. 12, 160 vom Dröhnen der Helme), die ich hier als das Wehgeschrei der Schar jener verstehen möchte, die ihren Olbos verloren haben: zu diesem wird die segensreiche weibliche Gottheit (od. 'Personifikation') gehören. Vielleicht ist Hes. Op. 228, die Beschreibung der gerechten Stadt, zu vergleichen: εἰρήνη δ' ἀνὰ γῆν κουροτρόφος.

Der Vergleich mit dem indirekt überlieferten fr. 142 Bergk (s. S. 114) drängt sich auf: dem Tadel, daß mühsam erworbenes Geld für Dirnen verschleudert wird (vgl. Herter, RAC s. v. Dirne), ein Thema, das auch Alkaios in lebhafter, warnender Argumentation behandelt hat (fr. 109/110 D., p. 70ff., 170 Treu), darin wie oft an seinen großen Vorgänger anknüpfend. Wer, wie Archilochos, nicht zu den Begüterten gehörte, wird ein Verschleudern von Geld für besonders töricht halten. Daraus allein erklärt sich seine Emphase (s. o.) nicht. Ein Übel, das viele betraf, hat der Dichter zu seinem Anliegen gemacht und übt hier, wie mir scheint, als reifer Mensch Kritik an der Jugend.

col. II braucht nicht zum gleichen Gedicht zu gehören, doch spricht die Gleichheit des Stiles eher dafür.

Zu P. Ox. 2310 fr. 1 (col. I)

v. 8 ρωπω[sscr. et del. ους pap. κακήν suppl. L(obel). κακῶν olim Lasserre (Lss.) — v. 9 Εὐφρ[P(eek), olim εὐφρ[όνων, nunc εὔφρ[ονα Lss. — v. 10 τίθευ pap. ἰλ[α] L., ἰλ[ε] Latte — v. 15 τὸ]ν⟨δ᾽⟩ L. — v. 16 λόγω[ι] μὲν P. „perhaps νυν" L. λόγω[ι ν]υν Lss. — v. 18 ἐξε[πόρθη]σαν L. — v. 27 „perhaps …α or λ" L., ὀφθα]λμοῖσιν P., γ]άμοισιν Lss. — v. 29 „μέ[λ]ει perhaps not excluded" L. — v. 37 „possibly δης" L., δηις Tr., Lss. — cetera suppl. L.

Zu diesem interessanten Stück, dem längsten, das wir bisher von Archilochos haben, gibt Lobel knappe Bemerkungen, K. Latte hat es besprochen (Gn. 1955, 493ff.), W. Peek (Phil. 1955, 196ff., vgl. Wiss. Ztschr. d. Univ. Halle-Wittenberg V 2, 1956, 191ff.), F. Lasserre (Mus. Helv. 1956, 226ff.) und G. Schiassi (Riv. di fil. cl. 1957, 131ff.) haben es zu interpretieren versucht, wozu neuerdings noch Giordano (s. u.), die Ausgabe von Adrados (s. Galiano, PBericht) und der kurze Kommentar von A. Bonnard (zu fr. 35 Lss.) kommen. Keinem kann ich ganz zustimmen.

Vorauszuschicken ist, daß Z. 40 unsres Pap. keinen Vers, sondern eine Überschrift enthielt für den nächsten, auch inhaltlich ganz andersartigen Iambos (v. 42 = fr. 41 D.). Turners Vermutung zu einem andren Archilochospap. (b. Lass. intr. LXXI Anm. 1) bleibt zwar unbewiesen, doch wird Stesichoros z. B. meist mit Liedertiteln zitiert, für einige Elegien, Tyrtaios' „Eunomia" (fr. 2 D.), Solons „Salamis" (fr. 2 D.) sind Überschriften bezeugt. Neuerdings wissen wir, daß Aristarch einem Dithyrambos des Bakchylides (23 Sn.[7] = P. Ox. 2368) die Überschrift „Kassandra" gegeben hat, die Kallimachos und seine Zeitgenossen noch nicht kannten. Die Annahme, daß auch die übrigen Überschriften bei Bakchylides, „Theseus" etc., von Aristarch stammen, liegt nahe; daß da jedes Lied seine Überschrift erhielt, ist logisch und glaubhaft.

In unsrem Fall sind v. 8—23 fraglos lauter Verse. Wenn hier irgendwo, v. 16 od. 17 etwa, ein neues Stück begönne, wie man um der inhaltlichen Schwierigkeiten willen erwogen hat (Lobel; Bonnard, der mit v. 18 Neubeginn annimmt), dürfte konsequenterweise in diesem Pap. auch hier eine Überschrift erwartet werden (Latte, Lasserre). Der Interpret muß also versuchen, diese Verse als zu einem Iambos gehörig zu verstehen. Sollte das möglich sein, werden sich die weiteren, nur mit den Versschlüssen erhaltenen Verse trotz unlösbarer Unklarheiten dem gleichen Stück relativ unschwer anschließen lassen. Der vielsagende Abschluß ist v. 38/39 deutlich. Nach v. 21 mit Peek ein neues kurzes Stück beginnen zu lassen sehe ich keinen Grund: mag auch die Zeile um 1 mm(!) tiefer stehen, so reicht das nicht für die Annahme einer Überschrift.

Wer das Ganze erst in drei Teile zerschneidet — a) bis
v. 10: an eine Frau, b) v. 11—21: an einen Tyrannen
Myrmex, c) v. 22—39: an einen Freund, der Stratege in
Gortyn war (so Giordano, Aegyptus 1957) —, der sollte sich
nicht wundern, wenn Stil und Inhalt nicht archilochisch
scheinen. Allgemeine Folgerungen sind zurückzustellen, bis
das Einzelne eingehend interpretiert ist.

Die schon von Lobel hervorgehobene inhaltliche Schwie-
rigkeit ist die, daß v. 8 mit γύναι eine (Antwort-)Rede be-
ginnt, v. 17ff. aber von so wenig weiblichen Dingen wie der
Eroberung einer Stadt durch die mit „du" angeredete Person
gesprochen wird. v. 21 „prima facie a masculine adjective"
(Lobel) beweist nichts: vgl. dasselbe Adj. als fem. bei Eur.
(Peek: „erst Eur."), Andr. 5 ζηλωτὸς ἔν γε τῷ πρὶν Ἀνδρο-
μάχη χρόνῳ und Med. 1035. Bei Aesch. Ag. 1625 (vgl. den
Kommentar von Ed. Fraenkel III 769f.) redet zwar der
Chor den Aigisth mit γύναι an: aber das bedeutet für jeden
Mann einen schweren Schimpf, und wer in unsrem Iambos
eine Schmährede sehen wollte, müßte jedes Wort in sein
Gegenteil verkehren, nicht nur das Wort „Frau" (vgl. zu
diesem Wort J. Wackernagel, Über einige antike Anrede-
formen, Göttingen 1912, 25f.). Latte wollte daher statt γύναι
(Lobel) τύνη lesen: paläographisch ist das nicht haltbar
(Peek, Lasserre, der auch auf den autoritativen Ton dieser
Verse aufmerksam macht). Damit ist seine inhaltliche
Rekonstruktion hinfällig, die annahm, der Iambos sei an
einen Freund gerichtet, der eine verschleppte Frau aus
Kreta mit Waffengewalt heimgeholt hätte usw.

Peek und Lasserre suchen die Schwierigkeiten dadurch
zu lösen, daß sie, jeder auf seine Weise, eine Rede in der
Rede annehmen. Peek, der in Myrmex einen Eigennamen
und den Adressaten des Iambos sehen möchte, hält v. 8—15
(λόγωι . . . τῶιδε auf das Vorhergehende beziehend) für einen
„Bericht über eine Auseinandersetzung, die Archilochos mit
einer Frau gehabt hatte", hat aber als Alternative erwogen,
daß das ganze Gedicht an eine Frau, etwa eine Stadt-
fürstin, wie es später Artemisia war, gerichtet sein könnte.
Welche „aktuelle Wahrheit" (ἀληθείη) dieser 'Bericht' (der
eben kein Bericht, sondern Rede und Antwortrede ist) für
den angeredeten Myrmex enthalten sollte, ist allerdings bei
Peeks Deutung nicht ersichtlich, obwohl die Verse bis 21
relativ gut erhalten sind. Greifen wir einige Sätze heraus:
„Da sprach einmal eine Frau zu mir: 'Ich habe Angst vor
dem Gerede der Leute.' — Ich antwortete ihr: 'Hab keine
Angst . . . ich bin nicht so unfähig, wie du meinst, ich kann

Gutes den Freunden und Schlimmes den Feinden tun.' —
Die Wahrheit meines Ausspruchs zeigt sich, Myrmex, jetzt.
Herrsche unbesorgt über diese Stadt . . .'" — Dem Leser
zeigt sich leider gar nichts. Wie beziehungsreich zur gegen-
wärtigen Situation ist es dagegen, wenn Sappho (fr. 96 D.)
berichtet, mit welchen Worten sie einst ein Mädchen ge-
tröstet hat! Die Beziehungslosigkeit, ja Irrelevanz der 'Auseinandersetzung mit der Frau' für die Mahnung an den
'Freund Myrmex', die Ausführlichkeit, in der dies irrelevante
Ereignis in wörtlicher Rede und Gegenrede dargelegt wird:
die keineswegs naheliegende Umwandlung der Ameise zu
einem selten (Ar. Frösche 1506; inscr. Att. Bull. epigr. 1956
nr. 98) belegten Eigennamen Myrmex: das sind Argumente,
die gegen Peeks wohlüberlegte Deutung sprechen und zu
ihrer Ablehnung führen.

Noch komplizierter ist die Deutung von Lasserre; sein
Postulat, das ganze Stück sei als Einheit zu fassen, ist ebenso
berechtigt wie das Beibehalten der Ameise u. a. m. Die Antwortrede bis v. 21 läßt Lasserre an Neobule gerichtet sein,
als ob sie das einzige weibliche Wesen gewesen sein müßte,
die unsrem Dichter etwas bedeutete. In dieser Antwortrede
habe sich der Dichter auf einen Logos berufen (v. 17—21),
ein — sage und schreibe — delphisches Orakel, das ihm
persönlich die Herrschaft in einer von ihm wiedergewonnenen
Stadt verhieß, in die er zurückkehren solle (ἐπιστρέφεν, so
auch Bonnard, -εαι L.). — „Dieser Logos" wird hier also
auf das Folgende bezogen, das Vorhergehende ähnlich wie bei
Peek erklärt, aber in die Wiedergabe der Rede an die Frau
(im Iambos an einen Freund) nun noch ein wörtlich zitiertes
Orakel eingeschachtelt. Der Übergang zum Weiteren ist hart.
Dieses Weitere, aus dem ich weniges herausgreife, ergibt ein
zerfahrenes Gestammel: „Nach dieser langen Reise auf
deinem kleinen Schiff kehrtest du endlich aus Gortyn zu uns
zurück . . . ich empfange mit Freuden die Nachricht. Ich
meinerseits war zurückgekehrt in dem Wunsch, eine ehrbare
Frau zu finden für die vorbereitete Hochzeit . . . Schon hatte
ich ihre Hand ergriffen . . . als ich mich meiner Schiffsladung
erinnere (!) . . . die hatte das Meer verschlungen . . . Du . . .
bist nicht gefallen."

Es scheint, die Philologie betreibt das unterhaltsame
Gesellschaftsspiel, aus einer Anzahl verschiedener Wörter
eine möglichst kurze Novelle zu konstruieren. Die Präterita
v. 18—19 lassen nicht an eine Orakelverheißung denken,
„diese Stadt" (ταύτην) nicht an eine ferne Stadt: und nach
den Formgesetzen der hocharchaischen Dichtung müßte am

Schluß der wörtlich wiedergegebenen Rede ein Ausdruck
wie „so sprach ich" verlangt werden, eigtl. „diese Worte
und diesen Logos, den mir der Gott gegeben hatte, sagte ich
ihr damals". Der aufgewendete Scharfsinn hat Lasserre
nicht zu einer akzeptablen Deutung geführt. (Bonnard ist
von ihr abgerückt.) Dasselbe muß ich von Schiassi sagen,
der sämtliche Verse ganz zu ergänzen wagt, was keiner kann;
der von Peek den Eigennamen Myrmex, von Latte die Frau
als Herrschaftsobjekt übernimmt, und demzufolge hier A.
einen aus Gortyn heimgekehrten Freund begrüßt und ihm
versichert, zu Hause sei alles in Ordnung, insbesondre die
Frau des Freundes sei ihm nicht untreu geworden.

Wollen wir nicht bei einem non liquet stehenbleiben, so
müssen wir von neuem beginnen, darauf gefaßt, daß wohl
auch unser Versuch großenteils 'mere guess work' bleiben
wird. — Eine Frau spricht: bis auf einzelne Wörter („Taten",
„ich scheue") ist aus ihrer Rede nichts erhalten. Aus den
ersten Worten der Antwortrede des Mannes, vermutlich
unsres Dichters selbst, ist aber eins mit Sicherheit zu entnehmen: die Frau hatte ihre Besorgnis über das Gerede der
Leute geäußert (richtig Schiassi, aber daß es rumores sparsi
und nicht vielmehr futuri waren, wissen wir nicht). Gern
wüßten wir den Anlaß: was konnten die Leute an der Frau
(denn sie fürchtet) oder an ihr und Archilochos ungewöhnlich oder anstößig finden? Die Frau ist sich dieses Anlasses
bewußt gewesen und hatte ihn sicherlich erwähnt. Wir sind
auch hier auf die Antwortrede des Mannes angewiesen.
Greifen wir daraus heraus, was direkt an das Du, an die
Frau, gerichtet ist, so haben wir anfangs die negativ aus-
gedrückte Aufforderung „du fürchte nicht . . .", wenig
später, nach der Versicherung: „wird meine Sache sein",
die positive Aufforderung: „sei getrost" (v. 10). In v. 11—16
spricht er dann ausführlich, eindringlich von sich selbst:
aber nicht von Dingen, die er getan oder erlebt hat, sondern
von seiner Bereitschaft und Fähigkeit, den Liebenden zu
lieben, den Feind schlimm . . . Den Liebenden ist allgemein,
aber eben doch zu dieser Frau gesagt. Daß die Frau, die
ihm ihre Besorgnis erzählt hatte, nicht zu den Feinden
gehörte, sondern zu denen, denen man Mut zusprechen
möchte, zu den 'Liebenden', steht für mich fest. Die Frage
v. 11 „meinst du, ich wäre (wörtl.) so weit in Unfähigkeit
geraten" läßt durchblicken, daß ihm ihre Meinung nicht ganz
gleichgültig ist, zum andren, daß er in Unglück geraten ist,
sich aber das trotzige Zutrauen zu seinen Fähigkeiten bewahrt hat. Es wird darauf ankommen, der Frau gegen die

Lästermäuler beizustehen. Hier finden wir die Worte:
„... nun zeigt sich die aktuelle Wahrheit dessen, was man
von der Ameise sagt" (mit Lobel meine ich, daß 'dieser Logos'
nur auf 'Ameise' zu beziehen ist). Dies winzige, aber bissige
und in Tierfabeln (Aesop 176 H.) auch dankbare Tier wählt
der Dichter, um sich selbst zu kennzeichnen.

Anschließend kommen die Verse: „Die Stadt aber, die
du jetzt ... hast du mit der Lanze erobert ... Herrsche
über sie! ... Vielen Menschen wirst du beneidenswert sein!"
5 Verse an das Du, nach den 5, die vom Ich handelten. Sie
handeln von kriegerischen Taten dieses Du und davon, was
diese Person nun tun soll und was mit ihr sein wird. Sie sind
durch keine neue Überschrift vom Vorhergehenden getrennt,
sind mit ihrem δέ-Satz auch sprachlich nicht vom Vorhergehenden zu trennen. Und inhaltlich? Die Frau hatte von
ihrer Besorgnis gesprochen, womit die Frage impliziert ist:
was soll ich tun? Da kann, meine ich, die Antwort eines hilfs-
bereiten Freundes sich nicht mit einem allgemeinen „sei
getrost" begnügen. Wer es ehrlich mit ihr meinte, mußte
auch sagen, was sie tun solle. Und liegt nicht in v. 21 „vielen
Menschen wirst du beneidenswert erscheinen" eine objektive
und damit endgültige Entkräftung der Besorgnis vor der
üblen Nachrede? Wenn ja, dann kann die kriegerische, mit
„du" angeredete Person keine andre sein als die mit „du"
angeredete Frau.

Wer auf dem von Peek erwogenen, aber nicht eingeschla-
genen Weg der Interpretation soweit gefolgt ist, wird hier
stutzen. Zugegeben, wir kommen bei diesem ungewöhnlichen
Stück ohne Gewaltsamkeit nicht durch. Die Frage ist nur,
ob man dem erhaltenen, allerdings bruchstückhaften Text
Gewalt antut oder zugibt, daß unsre historischen Kenntnisse
und Vorstellungen und unser Archilochosbild unzureichend
sind und sich eine Berichtigung gefallen lassen müssen. Ich
ziehe es vor, vom Text auszugehen. Ein Nachklang dieses
archilochischen Iambos scheint mir überdies bei Aesch. Ag.
937ff. vorzuliegen, mit andrer Rollenverteilung: denn hier
ist Agamemnon der Besorgte, Klytaimestra die Unbekümmerte, was sich aus der Situation des Dramas erklärt:

ΚΛ. μή νυν τὸν ἀνθρώπειον αἰδεσθῇς ψόγον.
ΑΓ. φήμη γε μέντοι δημόθρους μέγα σθένει.
ΚΛ. ὁ δ' ἀφθόνητός γ' οὐκ ἐπίζηλος πέλει.
ΑΓ. οὔτοι γυναικός ἐστι ἱμείρειν μάχης.   940

Für 937 und 939 finden wir Entsprechungen in unsrem
Archilochosfragment, für 938 war sie zu erschließen. Die aus

der dramatischen Situation nicht ganz leicht erklärliche
kriegerische Wendung v. 940, „es ist nicht Sache einer Frau,
die Schlacht zu begehren", würde, wenn man auch diese
Wendung mutatis mutandis für Archilochos in Anspruch
nehmen kann, den Grund für die Besorgnis der Frau klar
erkennen lassen. Daß sich nach einer tapferen kriegerischen
Tat doch wieder Besorgnis einstellen kann, wenn man vor
der Frage steht: soll ich herrschen?, wäre bei einer ungewöhnlichen Frau, einer Vorgängerin der Tyranninnen Artemisia
und Mania, gut denkbar: ist doch in fr. 86 D. von unsrem
Dichter der innere Gegensatz im Wesen einer Frau — „die
Frau bei Archilochos" sagt Plutarch dazu — in einem ein-
drucksvollen Bilde gekennzeichnet: in einer Hand trug sie
Wasser, in der andren Feuer.

In der Sosthenes-Inschrift des Archilocheions in Paros
(fr. 51 A IV 20) ist — in einem Abschnitt über thasische
Geschichte — nach den neuen Lesungen Peeks die 'über-
mütige Hetäre' zwar verschwunden, aber das von ἐφόλκιον
= „kleines Schiff" abgeleitete Verbum ἐφολκεῖ lesen wir da
nach wie vor. „Vielleicht war die Dame damit gekommen",
schrieb einst Hiller v. Gaertringen (GGN 1934, 51). Gegen
den Einwand, „mit einem kleinen Schiff erobert man keine
Stadt ... Archilochos erscheint als Freibeuter und Landsknecht, aber nichts deutet auf Beziehungen zu Heerführern"
(Latte 494 Anm. 1), kann jetzt einerseits auf das Glaukos-
monument in Thasos verwiesen werden, das von dem
besondren Ansehen zeugt, das dieser Freund unsres Dichters
— viell. als Heerführer — genossen hat: andrerseits ist von
der Besatzung eines Frachtschiffes gelegentlich eine nicht
unbedeutende Stadt erobert worden (Hdt. VII 137), warum
nicht ein kleiner befestigter Platz von der Besatzung eines
kleinen Schiffes? Zum „kleinen Schiff" in unsrem Fragment
gehört trotz Lobel u. a. nicht die große Fracht, sondern (cf.
Lasserre) die weite Fahrt, und „du erobertest" ist in jedem
Fall insofern nicht wörtlich zu nehmen, als die Besatzung
mit gemeint ist. Daß auch diese Frau wie Artemisia und
Mania verwitwet und nicht von Anfang an vor eine sowenig
weibliche Aufgabe gestellt war, mag sich ausmalen, wer der
Phantasie weiter nachgeben will.

Wenn gesagt ist, „die Stadt, in der du jetzt weilst, nahmst
du", so ist diese Stadt von Fremden erobert worden, was
man mit der (weiten) Reise von Gortyn verbinden möchte.
Die weiteren Verse, in denen der Mann sein Schicksal, und
wie es ihm erging, erzählt zu haben scheint — im ersten Teil
war nur eine Andeutung gegeben, daß er in Unglück geraten

ist —, sind zu schlecht erhalten, als daß man über den Zusammenhang etwas vermuten könnte. „Wir sind wieder
in einer persönlichen, unpolitischen Sphäre" (Latte). Nur
am Schluß scheint sich mir in v. 32—40 eine einheitliche
Partie abzuzeichnen: „Ich fände keinen . . .", mit zwei nach-
folgenden Begründungen: „. . . hat die See verschlungen".
. . . „fielen von der Hand der Lanzenkämpfer". Das läßt sich
nicht trennen (gegen Lasserre gesagt) und nicht als negatives
Polysyndeton fassen (Latte: du bist weder auf dem Meer
umgekommen noch im Kampf): das sind wirklich eingetretene
Ereignisse, das Beinahe kommt erst in den nächsten Versen
zur Sprache: „auch du wärest fast gefallen, aber ein Gott
hat dich errettet." v. 37 halte ich für einen Finalsatz: „damit
du mich Vereinsamten siehst" (od. 'findest', denn griech.
„sehen" besagt mehr als unser deutsches Wort). Ist es ein
Finalsatz, dann gibt der Dichter dem Geschehen einen sehr
persönlichen und tiefen Sinn: die Frau ist bewahrt geblieben,
damit sie ihm in seiner Einsamkeit begegnet. Aber wer
immer das Geschehen als Schicksal erlebt, deutet es: und
wenn zwei Menschen einander begegnen, so können sie
darüber für eine Weile die Welt und die übrigen Menschen
wohl vergessen: weil Glück alles andre für eine Weile vergessen läßt. — „Ich lag im Dunkel": das geht auf die Not
der Einsamkeit oder nicht zuletzt auf sie. „Ich ward ins
Licht gestellt", ich stehe wieder im Licht, — auf das schicksal-
hafte Gefundenwerden, das dem wiedergeschenkten Leben
vergleichbar ist.
Ist nur etwas von diesem Deutungsversuch haltbar, z. B.
daß v. 37 ein Finalsatz in d. 2. p. sg. ist, so haben wir vor
uns die Reste eines in seiner Verhaltenheit einzigartigen
Iambos, ja, Poesie von besondrem Adel, getragen von dem
Gefühl der Dankbarkeit, wie es Menschen empfinden, denen
in der Dunkelheit sich das Tor zum Licht auftat, weil ein
andrer Mensch ihnen begegnete. Übrigens sagt ein antikes
Zeugnis (test. 47 Lss., o. S. 138) im Hinblick auf unsren
Dichter: οἱ γὰρ ἰαμβοποιοὶ τραγικὰ ποιοῦσιν.
So verschiedene Deutungsversuche zeigen jedenfalls dem
Skeptiker, wie schwer in diesem Fall die Wahrheit zu finden
ist.
Über den Stolz des Dichters auf seine Herkunft, einen
Zug, den man bisher bei ihm nicht vermutet hatte, vgl.
o. S. 157, über die Wiederkehr ähnlicher Wendungen bei
Archilochos (vgl. fr. 7, 3 D., fr. 66 D., fr. 51 A IV 13 D.)
o. S. 172 und S. 187. Für die oft erörterte Bedeutung von
ὄλβος und ἀλήθεια bietet unser Fragment aufschlußreiche

Belege. Ersteres zeigt hier seine funktionale Bedeutung, letzteres die Bedeutungsnuance 'aktuelle Wahrheit'.

Theognis 455: πολλοῖσ᾽ ἂν ζηλωτὸς ἐφαίνεο τῶνδε πολιτῶν könnte ein weiterer Nachklang unsres Iambos sein, doch besagt der Vers nicht viel. τὸν φιλέοντα φιλεῖν = Hesiod, Erga 353.

Zu P. Ox. 2317 und fr. 144 Bergk.

v. 6 post σιν interpunxit Peek — v. 7 παιδ[ων Latte — v. 10 ρου⟨s⟩ ὅς Peek — v. 11 ἐνίκ[ησεν βροτός Peek — v. 13 [. . .] Lobel, [εὗσα] Peek.

Obwohl relativ gut erhalten, bleibt, wie die verschiedenen Interpretationsversuche zeigen, auch dies Fragment in vielem unverständlich. Lobel: ''attack on somebody for cowardice'', Latte: 'Anrede an einen in Gefangenschaft geratenen Feind' etc., Peek: ,,jemandem wird feiges Versagen, zum Schluß wohl noch anderes, vorgeworfen.'' Zu vergleichen ist v. 3 mit der Straßburger Epode fr. 79 a D. und v. 8ff. mit der Elegie vom zurückgelassenen Schild fr. 6 D. Vielleicht braucht man nun nicht so genau zu fragen, ob Archilochos den Schild zurückließ oder fortwarf, denn selbst das Fortwerfen des wohlgefertigten (Schildes, ἴτυν Peek) wird hier, ebenso wie das Fliehen vor der Übermacht, ausdrücklich als nicht schimpflich bezeichnet. Die Gnome, daß noch keiner die Götter besiegt hat (,,besiegt'' dürfte eine plausible Ergänzung sein), spricht m. E. dagegen, daß das ironisch gemeint war. Inhaltlich ist hiermit jetzt ein Archilochoszitat im P. Hibeh 173 (s. S. 176) und mit dem Vorhergehenden Vers fr. 144 Bergk (vgl. κατ᾽ ἰσχὺν προφέρων und ἀλκιμώτερος) zu vergleichen. Allerdings wird man die Verse als ironische Äußerung verstanden haben, da alles Fragwürdige aufgezählt wird.

Daß zuerst ausgesprochen wird, was nicht in Frage kommt und nicht gilt, dann das, was gilt, entspricht ganz der Art des Archilochos (vgl. H. Fränkel, Wege u. Formen 56) und ist m. E. ein weiteres Indiz für die Verfasserschaft des Archilochos, die in diesem Fall weder durch Zitate gesichert noch paläographisch beweisbar ist. Archilochos negiert vielerlei, um eins zu bejahen, er nimmt die Schalen ab, um an den Kern zu gelangen, und wenn er dabei auch an eine alte, volkstümliche Art des Beschreibens (das negative Polysyndeton: nicht . . . nicht . . . nicht . . ., sondern . . .) anknüpfen mag, so tut er das doch mit dem besondren, geradezu definitorischen Ernst dessen, der etwas Neues, für ihn Feststehendes festzulegen hat.

Was gilt denn nun aber in diesem Fall als wirkliche
Schande? Das ist in dem Satz ausgesprochen, den ich nur
im Sinn von „daß du unversehrt zurückgekehrt bist von der
Seereise, die du angetreten hattest" verstehen kann. Das
mag uns frappieren, ist jedoch keineswegs absurd. Die
Situation, aus der dieser Satz zu begreifen wäre, kennen
wir allerdings nicht (eine Möglichkeit von vielen: der Be-
treffende hatte das Weite gesucht, um einen Skandal zu ver-
meiden, und hat die Stirn, zurückzukehren; war in v. 15
von einem Mädchen die Rede?). Es genügt zu sehen, wie
wach das Empfinden für Unziemliches in unsrem Dichter
ist (s. S. 164). Die alten Adelsanschauungen von Ehre und
Schande sind zwar durch eine realistische Beurteilung ab-
getan, diese Wertkategorien jedoch keineswegs. Sie stehen
so fest, daß der Dichter hier keine subjektive Aussage zu
wählen braucht. Er spricht für die Polis (die er v. 16 erwähnt). Vgl.]αἰσχυνετα[ι P. Ox. 2318 fr. 1, 1 (o. S. 14).

Zu P. Ox. 2313 fr. 13 und fr. 5.

Tetrameter, die mit der Aufforderung, den Schild den
Feinden entgegenzuhalten etc., uns zu einem Vergleich
mit den kriegerischen Elegien eines Kallinos und Tyrtaios
reizen müßten, wenn sie besser erhalten wären.

Zu P. Ox. 2318 fr. 1.

Rede und Gegenrede wie in P. Ox. 2310 fr. 1 und vielen
Tierfabeln findet sich hier. Vielleicht gelingt einmal eine
plausible Einordnung dieses kleinen Stückchens in eine vom
Dichter erzählte 'Geschichte'? Lss. ergänzt v. 4 ὢ γύν]αι und
Bonnard nimmt einen Dialog zwischen einer Frau und
— „sans doute" — Archilochos an.

Zu P. Ox. 2312 fr. 1—8.

Die dürftigen Trimeterreste, deren horizontale und senk-
rechte Lage zueinander Lobel nach den Papyrusfasern feststellen konnte, lassen mit der Erwähnung des Dotades
(fr. 5, 7) = Lykambes, der in fr. 4, 8 vielleicht angeredet
war, gerade nur ahnen, wieviel mehr wir wüßten, wenn uns
diese Verse ganz erhalten wären. In fr. 4 sind noch kenntliche,
interessante Einzelausdrücke: „die älte(re, wohl Tochter)
— Hals — Schimpf — Leier — ist lieber — ich will nicht
dich — Jungfr(au) —", in fr. 6 „die ganze Techne", in
fr. 5 „Schaum—wilde—sie ist ganz rasend—kannte jeden —
erzogen": hier scheint das Thema *fis anus* in Trimetern
behandelt.

Bei Theognis 533 ὑπ' αὐλητῆρος ἀείδων und 825 ὑπ' αὐλητῆρος ἀείδειν klingt die archilochische Wendung fr. 123 Bgk., vgl. hier fr. 6, 8, nach.

Zu P. Ox. 2319 fr. 4.

v. 3 suppl. Peek — v. 4 ξυνας sscr. ε pap. — v. 8]μεδ vel μελ possis. L. — v. 14 ἀγ]λατζο[μεν Lss. Da die Zuweisung dieses Pap. 2319 an unsren Dichter weder durch Zitate noch paläographisch gesichert ist (s. Lobel), gewinnt die Wortwiederholung v. 7/8 (cf. P. Ox. 2313 fr. 8; P. Ox. 2318 fr. 8) und die Wiederkehr archilochischer 'Kadenzen' am Versschluß besondere Bedeutung. Zu v. 2 vgl. P. Ox. 2313 fr. 6, 1 αὐ]χένα σχεθών, ib. fr. 8, 4]α σκέθοι: erstgenannte Stelle dürfte auf die aus Tyrt. 8, 2 D., Theogn. 536 bekannte Wendung vom gebeugten Nacken führen. Zu v. 4 vgl. fr. 41 D. und auch fr. 102 D., zu v. 6 P. Ox. 2310 fr. 1, 24. 28. 39, wo das gleiche Verb bzw. seine Komposita im gleichen Tempus am Versschluß stehen, zu v. 12 die Tetram. P. Ox. 2313 fr. 15]οσ[, δ]εννος υβριυα.[,]υὴτὴυκαλλυ[,]ρουσααλκιμους[.

Wodurch der Angeredete „die Stadt verschönert" hat, wüßte man besonders gern. Doch kann das ironisch gemeint sein. Von der Polis spricht unser Dichter zu wiederholten Malen, auch, wo er friedliche Zeiten schildert. Man kann tatsächlich mit Welcker (Kl. Schr. I 75) von ihm sagen, daß er „nicht ohne echte politische Antriebe" gewesen ist.

Zu P. Ox. 2311 fr. 1 (a)

v. 6 „und die Brust" wie fr. 26 D. An der von Lobel erwogenen Identifizierung bleiben mir trotz Lss. Zweifel. Sie wurden nicht beseitigt durch Snells (briefl.) Vermutung, fr. 2 des gleichen Pap. schlösse hier an: P. Ox. 2311 fr. 1 (a), 6 + fr. 2, 1 ergäbe:

καιστηθοςωςαυκαι[
ωΓλαυκεκαλονδη[

Lobels Äußerung hierzu (briefl. an Snell am 17. 10. 56): "This is an attractive suggestion. I can't follow the fibres with certainty but I don't think they are inconsistent with the join. But the objection I see is, that when the two fragments are placed to suit θοςωςαν, there are about two letters to few in κεκα in the following line." — Auf die wechselnde Größe der Buchstaben, bes. K und Y, in dieser Schrift macht Snell aufmerksam. Meine Skepsis (auch hinsichtlich der Bst. im nächsten Vers) mag hartnäckig scheinen.

DIE ELEGIEN

Zitate mit der (Buch-)Überschrift Ἀρχίλοχος ἐν ἐλεγείοις gibt Athenaios (zu fr. 5 a D.) und der Lexikograph Orion (zu fr. 9 D.), vgl. jedoch schon ἔπεα bei Theocr. epigr. XXI. Wenn Theokrit von Iamben, Elegien und lyrischen Liedern des Archilochos spricht, wird diese Dreiteilung und vielleicht sogar diese Reihenfolge auf die ihm vorliegende Archilochos-ausgabe zurückgehen.

Die hellenistische Theorie über die Anfänge der Elegie — erst Totenklage (Threnos), dann Weihepigramm — gibt Horaz A. P. 75f. wieder: *versibus impariter iunctis querimonia primum, mox etiam inclusa est voti sententia compos.* Soweit sie sich nachprüfen läßt, ist diese Theorie historisch wohlbegründet und richtig (vgl. P. Friedländer, Epigrammata, 1948, S. 65ff. gegen die von D. L. Page in: Greek Poetry und Life, 1936, 206ff. vertretene Annahme einer alten und ursprünglichen dorischen Elegie neben der ionischen). Späterhin nannten die Griechen unabhängig vom Inhalt jede Dichtung in diesem Versmaß Elegie. Elegisch im heutigen Sinn, wehmütig-klagend, wurde sie erst in römischer Kaiserzeit (*flebile carmen*, Ovid, ep. Sapph. 7; *flebilis Elegeia* Ovid, am. III 9, 3). Geschaffen war das Versmaß zweifellos in Anlehnung an den epischen Hexameter: es ist also ein 'nachepisches' Versmaß. Übernommen von fremden Völkern, vermutlich den Phrygern, haben die Griechen das Begleitinstrument der Elegie, den „Aulos" (= Flöte, richtiger Oboe: Abb. bei M. Wegner, Das Musikleben der Griechen, 1949, S. 52; älteste Erwähnung der Auloi bei Homer, Il. 10, 13; 18, 495). Daß die aufpeitschende Musik dieser Instrumente eine ganze Revolution im Musikleben und damit auch in der Dichtung der Griechen hervorgerufen hatte, verraten noch einige Zeugnisse. So berichtet Pausanias X 7, 4, daß im 3. Jahr der 48. Olympiade, d.h. i. J. 586 v. Chr., in Delphi zu den alten kitharodischen Wettkämpfen auch „aulodische" (Gesang zur Begleitung des Aulos) und „auletische" (Spielen des Aulos) Wettkämpfe neu eingeführt, zum nächsten pythischen Fest (d.h. vier Jahre später) jedoch wieder abgeschafft worden seien: angeblich wegen des düsteren Charakters dieser Musik. Zu einer Zeit, da bereits Solon in Athen Elegien dichtete und die äolischen Lyriker die Musik der Auloi als „süßklingend" schätzen (Sappho fr. 55b, 4 D.) und Generationen zuvor in Kleinasien (Kallinos), in Sparta (Tyrtaios) und auf den Inseln (Archilochos) die Elegie sich unbestritten

durchgesetzt hatte, wird auf dem Festland von konservativen
Kreisen diese Musik erst sanktioniert — und dann doch
wieder abgelehnt: eine Auseinandersetzung, die sich bis in
das frühe Drama fortsetzt, insofern als Pratinas (fr. 1 D.)
die Musik des Aulos nur als Dienerin des Liedes gelten lassen
will. Vgl. Lesky, Trag. D. 21 Anm. 1 (mit Lit.).
Historisch bedeutungslos und von der besseren Überlieferung wie [Plut.] de mus. 28 nur mit Vorbehalt wiedergegeben
sind die Zeugnisse, die besagen, das elegische Versmaß sei von
Archilochos — oder auch von Kallinos oder Tyrtaios — erfunden (vgl. C. M. Bowra, Early Greek Elegists, 1938, 7).
Über die Elegie als Threnos vgl. zu fr. 7 und 10 D. und
Harvey, Class. Quart. 1955, 168ff., bes. 170f.

Zu 1 D.

ἀμφότερον Plut., *εἰμὶ δ᾽ ἐγὼ* Athen.
Obwohl Plutarch zu jenen Autoren gehört, die unsren
Dichter noch gelesen haben (vgl. H. Schläpfer, Plut. u. d.
klassischen Dichter, Diss. Zürich 1950, 30f. und zu fr. 92b D.),
braucht man ihm hier um so weniger zu folgen, als das
homerisierende *ἀμφότερον* „lediglich der plutarchischen Prosa
angehört und ein Zitat weder ist noch sein wollte" (Harder,
Hermes 1952, 384). Auch darüber, daß diese Verse weder ein
selbständiges Epigramm noch die Anfangsverse einer Elegie
bildeten — letzteres wäre an sich trotz des *δέ* möglich —,
ist man heute kaum mehr geteilter Meinung.
Nicht so sicher ist, trotz der homerischen Parallelen
(Od. 6, 196 und 9, 19), Harders Folgerung, die voraufgehen-
den Verse hätten den Namen enthalten „und im übrigen
wohl etwas zum Inhalt wie *Θεύγνιδός ἐστιν ἔπη τοῦ Μεγαρέος*"
(a. O. 382). Letzteres würde statt des Dichterstolzes den
Stolz des Literaten ergeben.
Was voraufging, wissen wir also nicht. Doch auch so ist
diese Selbstaussage, eine der frühesten, die wir von einem
griechischen Dichter haben, ein kostbares Zeugnis. Ein
Zeugnis von der Welt, in der er lebte, die Grauenhaftes und
auch wieder Liebliches enthielt, und ein Zeugnis dafür, daß
sein Leben in beiden diesen Bereichen, dem Grausigen
(s. Harder 384) des Krieges und dem Lieblichen der Dichtkunst, von einem Über-sich-ergehen-lassen weit entfernt ist.
„Gefolgsmann des (Kriegsgottes) Enyalios" ist eine Ab-
änderung des Ehrentitels homerischer Helden „Diener des
Ares". Athenaios hat daraus ersehen wollen, daß der Dichter
sich dessen rühme, „an den politischen Kämpfen teilnehmen
zu können". Aber selbst wenn Not oder Schicksal, das Schick-

sal einer von Kriegen erfüllten Zeit, ihn zum Krieger werden
ließen (was ich für glaubhafter halte), gehört er zu denen,
die ihrem Schicksal Gefolgschaft leisteten. Noch deutlicher
tritt der aktive, eigene Anteil hervor, wenn der Dichter von
seinem zweiten Lebensbereich spricht. „Geschenke der
Musen" läßt ein Wort wie „empfangen" erwarten; statt
dessen sagt Archilochos, er verstehe die Geschenke der
Musen. Zwischen diesen polaren Gegensätzen ist sein Leben
verlaufen: hier wie dort ist er zu Hause gewesen, nicht aus
eigener Initiative (modern gesprochen), doch hat er sein
Lebensschicksal bejaht.

Zu 2 D.

μοι om. Athen. — Wortwiederholungen und Refrain
(ἐφύμνιον, ἐπιφθεγματικόν) sind zwar ein altes Stilmittel
volkstümlicher Dichtung, doch ist ihre Verwendung bei
Archilochos nur zum geringsten Teil (z. B. in seiner Chorlyrik) aus der Nachwirkung volksliedhafter Elemente erklärlich. Denn allemal drücken die Wortwiederholungen bei ihm
eine unmittelbare Emphase aus (vgl. zu P. Ox. 2314, o.
S. 176f.), deren jeweilige Intensität wir begreiflicherweise
nicht ermessen können. Ernst, aber auch kecke Opposition
und Mokerie (vgl. das Polyptoton fr. 70 D.) kann sich auf
diese Weise äußern. Die spielerische Leichtigkeit, mit der hier
in vier Halbversen dreimal ἐν δορί wiederholt wird, ist er-
staunlich. Allemal steht es nach den Dihäresen bzw. am Versanfang, doch ist im dritten Satz das Wort „ich trinke" davor-
gesetzt und klappernder Gleichklang der Sätze vermieden.
    Ismaros = Stadt in Thrakien (b. Hom. Od. 9, 40. 198ff.
Stadt der Kikonen: dort erhält Odysseus den Wein, mit
dem er später den Polyphem trunken macht). Über die verschiedenen Weinsorten vgl. Athen. a. O. An andrer Stelle (fr. 151
Bgk.) hat unser Dichter den Wein aus Naxos gerühmt. Orts-
bezeichnungen, in der römischen Dichtung, z. B. bei Horaz, ein
bewußt angewandtes Mittel, um konkrete Vorstellungen zu
schaffen, dürften bei unsrem Dichter als unmittelbares Zeugnis
neuer Sachlichkeit und Wirklichkeitsnähe zu werten sein.
    Vgl. die ähnlichen, aber breit ausgeführten Paradoxa im
Skolion des Hybrias (fr. 1 D., 4. Jh. ?, W. Schmid I 466). Zu
ἐν δορί κεκλ. vgl. Bowra (1954), der es im Sinn von „at my
post" versteht, da sonst Dat. ohne ἐν zu erwarten wäre.

Zu 3 D.

    Aus welchem Anlaß unser Dichter von den im Nah-
kampf besonders tüchtigen (δαίμονες = δαήμονες, cf. Hesych)

Herren von Euboia spricht, wissen wir nicht: vgl. Jacoby
(108), ebda. über den sog. Lelantinischen Krieg, der wohl
noch ins 8. Jh. gehört, mit dem unser Dichter aber vermutlich nichts zu tun hat.

Neben nicht wenigen Homerismen (μῶλον Ἄρηος etc.),
die aber auch meist leicht abgewandelt sind, findet sich das
unhomerische πολύστονον ἔργον.

Zu 4 D.

Ironisch wie hier scheint das Wort „Gastgeschenke" in
P. Ox. 2313 fr. 13 gebraucht (o. S. 14). In unsrem Fall wird
die Ironie erst deutlich, als das Adj. λυγρά nachgetragen
wird. Um so beißender wird sie dann noch durch das
Verbum am Schluß des Verses, das normalerweise nur für
Gefälligkeitsdienste gebräuchlich war.

Zu 5a D.

v. 6 ἀλλά τε Athen., corr. Musurus, αλλαγε pap. — v. 9
νήφειν μὲν Athen., corr. Musurus, εν vel ες pap. — κώθων =
κύλιξ. — ἄγρει· . . . λάμβανε, φέρε Hesych.

Synesios bemerkt, ehe er Archil. fr. 2 D. zitiert: ἐγὼ δὲ
ὑπὸ μεσοπυργίῳ τεταγμένος ὑπνομαχῶ. Aus einer ähnlichen,
viell. noch um eine Nuance unbekümmerteren Stimmung
zwischen Nacht und Tag spricht hier der Dichter: „(ganz?)
nüchtern bleiben werden wir während dieser Wache nicht
können." Der Zusammenhang mit den vorhergehenden
Versen bleibt uns unkenntlich. Garzyas Vermutung (Maia
1958, 66ff.), ein Echo dieser Verse liege bei Synes. epist. 32
(p. 654, 2ff. Hercher) vor, kann sich nur auf geringe moti-
vische Ähnlichkeiten stützen.

Daß der Angeredete den Wein aus dem Verladeraum im
Schiffsinneren heraufzuholen haben wird, ist Garzya und
Monaco zuzugeben. „Von der Hefe" kann das tiefe Ein-
tauchen der Kelle oder den geringen Restbestand an Wein
andeuten: letzteres ergäbe dann die Nuance: auch wenn nur
noch wenig Wein vorhanden ist, womit die unbekümmerte
Stimmung besonders deutlich würde. Auf das Essen —
vgl. die Negation nach δεῖπνον — kommt es Archilochos
nicht an.

Zu 5b D.

Vom Abfüllen des Weines gesagt und — so müßig meist
Vermutungen über Zusammengehörigkeit einzelner Fragmente sind — viell. zu fr. 5a D. gehörig.

Zu 6 D.

v. 3 ψυχὴν δ᾽ Aristoph. αὐτόν μ᾽ Neoplat. v. l. αὐτὸς δ᾽ ἐξέφυγον θανάτου τέλος Sext. (om. Plut.), rec. Bgk., Gall., Colonna.

Vgl. o. S. 156 f. m. Anm. 18 und zu P. Ox. 2317 (o. S. 185). „Archilochos geht es nicht um den Symbolwert (den ja gerade der Schild . . . für viele Griechen hat), sondern um den Gebrauchswert. Das Kriegerideal wird nicht . . . im Kern zersetzt, es wird nur anders orientiert. Mit dem neuen Schild wird der gleiche Erfolg erzielt: der Krieger wird tapfer weiter kämpfen" (Harder, Hermes 1952, 383). „Modernen, naturalistischen Humor" und eine „unfehlbar komische Wirkung" (so Jaeger, Paideia I 165) sehe ich hier ebensowenig wie eine Verteidigung altadeliger Kriegerethik (vgl. Gallavotti, P. P. XI 1949, 136). Daß eine solche Reduzierung des kriegerischen Ideals auf das Natürliche und sachlich Notwendige auf manche frappierend, auf andre provozierend gewirkt hat, kann man sich unschwer vorstellen und aus der Legende ersehen, die von dem Schicksal des Archilochos (bzw. seiner Bücher) in Sparta handelt (o. S. 126).

Zur Textüberlieferung hat zuletzt (1956) Gigante einen guten Überblick gegeben. Er vermutet in Eur. Bacch. 614 αὐτὸς ἐξέσωσ᾽ ἐμαυτόν einen Nachklang unsrer Stelle und hält αὐτὸ⟨ς⟩ μ᾽ ἐξεσάωσα für den ursprünglichen Text des Archilochos.

Zu 8 D.

W. Jaegers Deutung (Paideia I 172 „Die Religiosität des Archilochos hat ihre Wurzel im Tycheproblem. Sein Gotteserlebnis ist Tycheerlebnis") war wenig glücklich. Tyche ist hier = das Gelingen (Wilamowitz, Hermes 64, 1929, 486), der Erfolg (H. Fränkel, DuPh. 186). Aber ehe man den Satz mit H. Fränkel ins Negative umkehrt („nichts gehört wirklich uns"), muß eine positive Deutung gesucht werden, denn der Unterschied zwischen „alles bekommt man", was im Text steht, und „nichts gehört einem" ist ein ebenso weiter wie zwischen reich und bettelarm. Den simplen Optimismus, daß Erfolg den Tüchtigen lohne, hat unser Dichter allerdings nicht. Um so leichter sollten wir ihn verstehen können.

Frei von jeder Skepsis ist dagegen der wohl nichtarchilochische (vgl. Pfeiffer, Phil. 84, 1929, 142 Anm. 4), nur schlecht für Archilochos bezeugte (vgl. schon Bgk.), auch metrisch ungeschickte Vers (4 zweisilbige Wörter nacheinander etc.) fr. 14 D. πάντα πόνος τεύχει θνητοῖς μελέτη τε βροτείη.

Zu 9 D.

δηλοῦμεν cod., em. Elmsley. δειλοῦ Schneidewin, δήιου Hoffmann. — Inhaltlich vergleichbar ist P. Ox. 2310, fr. 1, 8 f. (o. S. 8 und 179 ff.), Aesch. Ag. 937. Eine nicht mehr nach dem Urteil der Umwelt fragende, autonome Lebensweise — um nicht zu sagen: autonome Ethik — kündigt sich an. Ganz radikal und konsequent ist der Dichter darin jedoch nicht, denn mitunter beruft er sich doch auf das Urteil der Mitbürger (vgl. fr. 88 D., auch P. Ox. 2310 fr. 1, 21), viell. weil es den angeredeten Personen, einem Lykambes z. B., so sehr auf die öffentliche Meinung ankam. Der Dichter selbst fragt nicht danach, weil er dessen nicht bedarf und weil er sich keinen Illusionen über die angebliche Unfehlbarkeit der Volksmeinung hingibt. — Der Name Aisimides (οἰκίας γένος Hesych, della Corte vermutete grundlos, das sei hier = Perikles) begegnet auch bei Alc. fr. 32 D.

Zum Threnos auf den Tod des Schwagers
   (fr. 7 D., P. Ox. 2356, fr. 10 D., fr. 11 D.)

   Fr. 7: v. 2: μυρόμενος ci. Meineke, alii alia — v. 4 ὀδύνη ἴσχομεν et sim. codd., em. Gaisford — v. 7 τ' et δ' codd., fort. ἄλλοτε ἄλλος D.[3].
   P. Ox. 2356 (a): v. 1 „the left-hand arc of an circle... (and) the lower end of a stroke descending from left" (L.) — v. 3 .[, γ, π, fort. ϱ (L.) — v. 5 suppl. L. — v. 9 γοῦ]νασι κε[ι-? (L.) — v. 10—11 = fr. 10, 1—2 D. — v. 12 e. g. ἀντ]ιάσας (Tr.) — v. 15]. fort. δ et .[„an upright" (L., μ? Tr.) — v. 16 ω? λο? (L.) — v. 17 αϱ veri sim. (L.) — fort. uno tantum hexametro, fort. pluribus versibus amissis sequitur fr. (b): v. 1 e. g. ει, οι (L.) — v. 8 fort. ὑ]π' Ἄϱηος (L.).
   Zur Interpretation vgl. o. S. 166 ff. In fr. 7, 1—2 beziehe ich die Negationen nur auf die benachbarten Worte (vgl. H. Fränkel, D. u. Ph. 196 „nicht um ... zu schmälern, wird..."). Der neue Pap. zeigt, daß uns nur ein geringer Teil dieser Elegie verständlich ist. Wohl sind in diesem Pap. die von Plutarch zitierten Verse fr. 10, 1—2 D. enthalten, doch bereitet es bereits Schwierigkeiten, die Bemerkung Plutarchs (de aud. poet.) sinngemäß im Pap. wiederzufinden: ὅταν δὲ τὸν ἄνδρα τῆς ἀδελφῆς ἠφανισμένον ἐν θαλάττῃ καὶ μὴ τυχόντα νομίμου ταφῆς θρηνῶν λέγῃ μετριώτερον ἂν τὴν συμφορὰν ἐνεγκεῖν, εἰ κτλ. Vermuten würde ich etwas Derartiges in v. 12 f.; viell. ist dann das Part. v. 12 auf den Angeredeten, Perikles (vgl. o. S. 163 Anm. 32), zu beziehen. Bei dem in (b) v. 4 erwähnten plötzlichen Ereignis könnte

man an eine kurze Beschreibung des Schiffbruchs denken:
vgl. Bergk: „Inerat in hoc carmine haud dubie ipsius naufragii, quo sororis maritus periit, descriptio, vid. Longin. de
Sublim. 10, qui postquam descriptionem tempestatis et
naufragii apud Homerum comparavit cum Arati imitatione
multumque Homericum illud τυτθὸν γὰρ ὑπὲκ θανάτοιο
φέρονται … praestare docuit, pergit: οὐκ ἄλλως ὁ Ἀρχίλοχος
ἐπὶ τοῦ ναυαγίου, καὶ ἐπὶ τῇ προσαγγελίᾳ ὁ Δημοσθένης·
ἑσπέρα μὲν γὰρ ἦν, φησίν· ἀλλὰ τὰς ἐξοχὰς … ἀριστίνδην
ἐκκαθήραντες ἐπισυνέθηκαν, οὐδὲν φλοιῶδες ἢ ἄσεμνον ἢ
σχολικὸν ἐγκατατάττοντες διὰ μέσου.‟ Die Beschreibung ist also
sehr kurz gewesen; der Dichter wird ja auch kaum Augen-
zeuge des Schiffbruchs gewesen sein. v. 8 läßt die Erwähnung
des Ares an einen Hinweis auf andere, im Krieg erlittene
Verluste denken; vgl. Hom. Il. 24, 46ff., dazu Pfeiffer (Phil.
84, 1929, 139f.). Die Worte Plutarchs zeigen, daß wir berechtigt sind, in dieser Elegie einen Threnos zu sehen (zurückhaltender Page 214 Anm. 2 „nearest to an … thre-
nody“).

Fr. 10, 3—4 D., zwar ebenfalls von Plut. de aud. poet.
(etwas weiter) zitiert (πάλιν ὁ Ἀρχίλοχος οὐκ ἐπαινεῖται
λυπούμενος μὲν ἐπὶ τῷ ἀνδρὶ τῆς ἀδελφῆς διεφθαρμένῳ κατὰ
θάλασσαν, οἴνῳ δὲ καὶ παιδιᾷ πρὸς τὴν λύπην μάχεσθαι διανοού-
μενος — was nicht zutrifft —, αἰτίαν μέντοι λόγον ἔχουσαν
εἴρηκεν· οὔτε κτλ.), stand, durch viele Verse von fr. 10, 1—2 D.
getrennt, in dieser Elegie. Nicht bezeugt, doch aus inhaltlichen Gründen wahrscheinlich ist die Zugehörigkeit von
fr. 11 D. Bei dem nicht ganz verständlichen fr. 12 D. kann man
die gleiche Frage viell. erwägen. Vgl. zu fr. 20—21 D. (Iamben).
Zu dem „vor Archilochos kaum gebrauchten‟ Epiphonem
mit τοῖος, das wir in fr. 7, 3 haben, vgl. Hom. Od. 4, 826 und
W. Schmid I 393 Anm. 8.

Der Versuch von Adrados, die Reihenfolge der Fragmente dieses Threnos festzulegen — fr. 8 als Anfang, dann
fr. 12, fr. 10a, fr. 11, fr. 7, fr. 10b — unternimmt etwas,
was ich für unmöglich halte, denn in der frühen Elegie
gleiten die Gedanken immer wieder von einem Teilthema
zum andren. Daß 10a und 10b nicht unmittelbar aufeinander
folgen können, hat Adrados richtig erkannt, noch ehe der
neue Pap. publiziert war.

Zu 12 D.

Παλλάδ᾽ -ον ci. Hecker, Bgk., alii alia. θέσσασθαι (cf. Hes.
fr. 201 Rz.³) = αἰτῆσαι, ἱκετεῦσαι. — Da das Adj. „schön-
lockig‟ sonst nur von Personen bzw. deren Haar gebraucht

wird, erscheint die Verbindung mit „Meer" seltsam, besonders wenn das stürmische Meer gemeint ist. Zugehörigkeit zum Threnos auf den Schwager (o. S. 194) ist denkbar, bei fr. 9 nur von della Corte vermutet.

Zu 13 D.

ἔστε ci. Fick, sed cf. Hom. Il. 4, 466 εἰς ὅ κεν ... μάχωνται. Der Dichter ist viell. selbst Söldner gewesen (vgl. fr. 40 D., auch fr. 2 D.) und weiß, daß Waffenbrüderschaft, wenn man aufrichtig ist, erlischt, sobald die Gefahr vorüber ist. Über Glaukos o. S. 152 und 163 Anm. 32.

Zu 15 D.

Redende Namen wie hier hat Archilochos öfter (Gallavotti, P. P. 1949, 139), vgl. auch Alcm. fr. 95 D. Πασιχάρηα. Eine Hetäre ist gemeint: die Milesierin Plangon, behauptet Athenaios, was mehr als fraglich bleibt, da die ihre Berühmtheit erst der Komödie zu verdanken scheint: „Pasiphilae nomen fictum ab Archilocho postea in Plangonem translatum est" Kaibel bei Crönert (p. 11). Die „Krähen" sind also die Gäste der „gastfreundlichen" (cf. Anacr. 55 D.) Hetäre; was mit „füttern" gemeint ist, ist unschwer zu erraten (ähnliche erotische Bilder sind „weiden lassen", Anacr. P. Ox. 2321, Theogn. 1250ff., und das in der Dichtung vieler Völker wiederkehrende, zartere „trinken lassen", Anacr. 55 D., Theogn. 959ff.). Die ersten Worte verstehen wir und viell. auch mancher griechische Hörer erst zuletzt. Der „Feigenbaum auf felsigem Grund" (vgl. zu σῦκον u. S. 209) ist die alte Hetäre; vgl. fr. iamb. adesp. 8 D. Ξάνθηι παλαιῆι γρηὶ πολλῆισιν φίλη και allg. E. Riess, Cl. Weekly 1943/4, 178f.

Daß diese zwei Verse mit ihrer epigrammatischen Kürze und Prägnanz eher aus einem Epigramm als aus einer Elegie zu stammen scheinen, hebt Pfeiffer hervor (Phil. 84, 1929, 142; „Epigramm" H. Fränkel, Bonnard).

Zwei andre, unter Archilochos' Namen überlieferte Epigramme stehen in der griechischen Anthologie, deren Gesamtausgabe ja nun den Tusculum-Lesern vorliegt. Ob die im folgenden angeführten Verse wirklich von Archilochos stammen, ist (trotz Crusius RE II 497) mehr als zweifelhaft:

fr. 16 D. = A. P. 7, 441:

ὑψηλοὺς Μεγάτιμον Ἀριστοφόωντά τε Νάξου κίονας, ὦ μεγάλη γαῖ', ὑπένερθεν ἔχεις.

fr. 17 D. = A. P. 8, 133:

Ἀλκιβίη πλοκάμων ἱερὴν ἀνέθηκε καλύπτρην Ἥρηι, κουριδίων εὖτ' ἐκύρησε γάμων.

IAMBEN

Zu dieser Bezeichnung, zur Verwendung von Iamben im
Demeterkult und zu ihrem ersten Auftreten in der griech.
Literatur (Margites) vgl. o. S. 160 m. Anm. 25, auch
Welcker, Kl. Schr. I 77.

Aus einem Musikschriftsteller bringt Athen. XIV 636b
die Notiz, das Saiteninstrument, das „beim Singen des
Iambos" gespielt wurde, heiße Iambyke. Nicht nur die
Archilochoslegende, auch der Dichter selbst spricht (in
einem Lykambes-Gedicht, P. Ox. 2312 fr. 4, 11, o. S. 16
und 186) dagegen von einer Leier. Übrigens war schon im
13. Jh. im Palast von Pylos auf einem Fresko ein Mann mit
einer (fünfsaitigen) Leier dargestellt (W. Blegen, Am. Journ.
of Archaeol. 60, 1956, 95).

Zitiert werden als „Iamben" sowohl die Trim. des
Archilochos als die troch. Tetrameter: fr. 22 D. — b. Hdt.
($\dot{\epsilon}\nu$ $\iota\dot{\alpha}\mu\beta\omega$ $\tau\rho\iota\mu\dot{\epsilon}\tau\rho\omega$) und Arist., fr. 57 D. — b. Clem.
Al., fr. 74 D. — b. Arist. Vgl. fr. 49 Bgk. — b. Pausan.
(dagegen als „Trimeter" fr. 31 D. und 33 D. b. Eust.
bzw. Harpocrat., vgl. 114 D. b. Hephaest.) „Tetrameter",
nie vom troch., nur von fr. 107 D. — b. Hephaest. und
Athen.).

Auch von „Epoden" sprechen ausdrücklich nur recht
späte Gewährsmänner, vor allem der Metriker Hephaistion
und Scholien: zu fr. 83 D. — schol. Ar., zu fr. 85 D. —
Heph., zu fr. 88 D. — Heph. u. schol. Hermog., zu fr. 103 D.
— Zenob. Die Terminologie der Metriker kann, da sie genau
sein muß, nicht als unmittelbares Zeugnis über den Buch-
titel gewertet werden. Andrerseits ist ein (anonymer) Kommentar (Hypomnema) zu den „Epoden des Archilochos"
bezeugt (vgl. zu fr. 87 D.). Dafür kennt Theokrit epigr. XXI
nur die Dreiteilung: Iamben, Elegien, Lyrik, und „Iambendichter" heißt Archilochos, auch wenn Verse im Epodenmaß
(fr. 95 D. bei Origen.) zitiert werden.

Die kühne Hypothese von Lasserre, wonach alle späten Kurzzitate aus dem Epodenbuch stammen sollten,
da Archilochos nur als Epodendichter noch gelesen
worden sei, ist durch die Papyri des 2. Jh.s n. Chr.
hinreichend widerlegt. Lasserre gibt jetzt zu (intr.
LXXXVIII), daß auch die übrigen Bücher des Archilochos
„n'avaient pas pour autant disparu des bibliothèques":
doch unterschätzt er immer noch den Plutarch und Synesios
und ihre Zitierweise, wenn die nur aus zweiter Hand geschöpft
haben sollen.

Zu 18 D.

Daß v. 1—2 von Thasos gesagt ist, bezeugt Plut. Der Vergleich dieser waldigen Insel mit einem Eselrücken ist kurz und drastisch, ὕλης ... ἐπιστεφής ('gestopft voll'), gleichfalls sehr anschaulich, bleibt eine einmalige Wortverbindung. Schön findet A. seine neue Heimat nicht (vgl. Hes. Erga 640 über Askra): im Gegensatz zu seiner alten Heimat Paros (nach der er Heimweh gehabt hat: P. Ox. 2313 fr. 38, Tetram.,]ρο'[,].'αποι[, ἱμ]εργτη Παρ[ος,].ως τρεφ.[, ἀ]νθρωπ.[, vgl. zu ἐφίμερος V. Hom. z. Lyr. 245) und, — in unsrem Fragment, — im Unterschied zur Gegend beim unteritalischen Fluß Siris am Golf von Tarent. Deren Beschreibung bleibt zu allgemein, als daß man auf Autopsie schließen könnte. Gesprochen hat er von dieser schönen fernen Gegend im gleichen, uns leider nicht rekonstruierbaren Zusammenhang wie vom ärmlicheren Thasos: περὶ ... τῆς Θάσου λέγων ὡς ἥσσονος (Athen., der v. 3—4 zitiert).

Über die ionische Kolonisation in Siris vgl. F. Kiechle, Messen. Studien, Diss. Erlangen 1957, 45f. Die Siedler waren vor den Lydern aus Ionien geflüchtet. Speziell aus Kolophon mögen viele in die Gegend am Siris ausgewandert sein, als Gyges gegen diese Stadt heranrückte.

Zu 19 D.

θάσων et θαλασσῶν codd., corr. Bgk. Schon im Altertum als Zeugnis dafür gewertet, daß Kallinos, der (vgl. fr. 3 D.) noch nichts von einer Zerstörung Magnesias durch die Kimmerier zu wissen scheint, zeitlich etwas vor Archilochos anzusetzen ist. Das unglückliche Los von Magnesia ist sprichwörtlich geworden (vgl. Theogn. 603. 1103, dazu Wil. S. u. S. 283 Anm. 2; Suid. s. v.), namentlich aber hat es die Gemüter der Zeitgenossen stark beschäftigt. Archilochos nimmt sich das Recht, auszusprechen, daß für ihn schwerer wiegt, was ihn (doch nicht seine Person allein; anders H. Fränkel, D. u. Ph. 191) unmittelbarer angeht. Um historisch das eine gegen das andre abwägen zu können, müßte man über die Θασίων κακά genauer Bescheid wissen. Über die Geschichte der Kimmerierzüge vgl. R. Werner, Schwarzmeerreiche im Altertum, Welt als Gesch. 17, 1957, 221ff., bes. Anm. 78.

Zu 20 und 21 D.

fr. 20 von Tzetzes auf den Tod des Schwagers bezogen (σφῆς ἀδελφῆς γὰρ σύζυγον πνιγέντα περιπαθῶς ὠδύρετο), vgl. zu fr. 7 D. und o. S. 164. Bei fr. 21 — „respicit Anon.

π. ὕψους 10, 7" D. — ist das um so wahrscheinlicher, als von
Ertrinkenden die Rede ist: in einem kühnen Bilde, das diese
grauenhafte Todesart als ein Umfangensein hinzustellen
vermag. (Eher als „confiant nos vies aux . . ." Bonnard.) —
Anders ist die Bedeutung von ep. fr. 1, 3 K. aus dem Ari-
maspen-Epos ψυχὴν δ' ἐνὶ πόντῳ ἔχουσιν und Oppian, Hal. I
42: θυμὸν ἐν οἴδμασιν αἰὲν ἔχοντες (Bowra, Cl. Quart. 1956, 1ff.).
Übertragenen ('metaphorischen') Wortgebrauch rühmt
Aristoteles als Zeichen besondrer Begabung, die Ähnlichkeiten wahrnimmt: von andren übernehmen könne man das
nicht (Poet. 1459 a 6). Das trifft u. E. auf Archilochos zu,
dessen Bildersprache viel Einmaliges hat. Einen schwachen
Abglanz unsres Fragments vermutet W. Bühler (mdl.) im —
seinerseits berühmt gewordenen — Versschluß ὑγραῖς ἐν ἀ;-
κάλαις Eur. fr. 941, 2 N.² (vom Äther).

Zu 22 D.

Daß dies der Anfang eines Iambos und der Sprecher
hier der Zimmermann Charon ist, sagt Aristoteles. Der
Name des Sprechers kann also erst später genannt worden
sein, viell., wie bei Horaz, Epod. 2 (vgl. Ed. Fraenkel,
Hor. 60 mit weiterer Lit.), erst am Schluß. Darin, daß
dieser Iambos erst später oder nach und nach seinen vollen
Sinn enthüllte, wird eine besondre, ironische Pointe zu vermuten sein.
Auf die mehrfachen negativen Sätze des Anfangs, vgl.
fr. 60 D. (dazu H. Fränkel, Wege u. Formen 56f.), muß
ein positiver Satz „aber (wenn) . . ." gefolgt sein. Inhaltlich
steht durch Arist. fest, daß der Dichter hier besonders
scharfen Tadel durchblicken zu lassen weiß. Den Tadel
des Emporkömmlings bei Anacr. fr. 54 D. und Horaz,
Epod. 4 zieht H. Fränkel zur Rekonstruktion heran. Alc.
fr. 143 LP. (vgl. *ambules*, ἐπιβαίνει, φοίταν δή.[), ebenfalls
eine Scheltrede, läßt sich dazu stellen. Das φοιτᾶν, jedoch
ohne daß der Zusammenhang kenntlich würde, schon bei
Arch. P. Ox. 2311 fr. 1, 21 (o. S. 20) und 2312 fr. 23 μ[,φοιτ[,
ᾶτ[,.ξε[.
Weitere Belege für den allgemeinen Satz: „Was die
Götter einem schenken, neidet man ihm nicht" gibt Fränkel
(D. u. Ph. 190 Anm. 13). Daß in unsrem Fall auch da der
Gedanke an die Macht, die Gyges zufiel, im Hintergrund
steht, ist Gallavotti (P. P. X 1949,. 63ff.) zuzugeben. Wenn
der gleiche Spruch nicht auf den gescholtenen NN ange-
wendet wird, erkennt man, wie beschränkt die Geltung der
Maxime des Zimmermannes Charon ist (anders A. P. 9, 110,

eine Nachahmung unsrer Stelle). Ob Charon sich als recht-
schaffener oder etwas zweifelhafter Ehrenmann entpuppte,
wissen wir nicht. Letzteres, d. h. wenn sogar ein Mann wie
Charon sich mit dem Erfolg des NN nicht abzufinden vermag, ergäbe, scheint mir, einen ganz besonders beißenden
Tadel. Wäre Charon eine fingierte Person (Bonnard), gäbe
es keine Pointe.

Zu 23 D.

Das substantivisch (wie Hom. Od. 15, 534) gebrauchte
καρτερός, sinngemäß = ἐγκρατής, wird wegen der Erwähnung
des Gyges in fr. 22 D. allgemein auf diesen Lyderkönig bezogen (Gallovotti, H. Fränkel, Bonnard). Mit fr. 18 und 22 D.
wird es von Lasserre und Bonnard einem „Loblied auf
Thasos" (?) zugewiesen.

Zu 24 D.

P. Ox. 2312 fr. 4, 3 f.]δεγωγεραιτ[,]. εδεξαμην[(o. S. 16)
ist viell. die ältere Tochter des Lykambes erwähnt: in den
Lykambiden-Epigrammen schwankt die Zahl der L.-Töchter
(u. S. 252). Wenn man nicht mit Maas οἵην schreibt, ließe
sich aus unsrem Fragment 'folgern': als Ersatz für die
erst versprochene, dann verweigerte jüngere Tochter Neobule hätte Lykambes dem Dichter die ältere Tochter an-
geboten, die der aber nicht wollte. Doch kann „die oder
keine" auch so gesagt sein. Vgl. jetzt o. S. 1—5.

Zu 25 D.

In den wenigen erhaltenen, viell. zusammengehörigen
(von Bergk aneinandergefügten) Versen geschieht nichts.
Ein Mädchen ist da, das sich an einer Rose und einem
Tamariskenzweig freut. Die herabhängenden Haarflechten
werfen Schatten auf Nacken und Schultern. Auf den
modernen Leser übt dies Bild regungslosen frohen Schauens
einen seltsamen Zauber aus. Man möchte verweilen und un-
bemerkt zuschauen.

Synesios nennt dies Mädchen eine Hetäre: Ἀρχίλοχος
ἐπαινέσας αὐτὴν (i. e. τὴν κόμην) ἐπαινεῖ μὲν οὖσαν ἐν ἑταίρας
σώματι (vgl. Costanza, Marzullo, bei diesem auch Komödien-
verse, die unsre Stelle nachahmen). Auch wenn wir wüßten,
daß es wirklich eine Hetäre war, wird die Poesie dieser
Verse dadurch nicht geringer. Der große Tadler „lobt"
hier, und Synesios nennt ihn hierbei — mit Recht — κάλλιστος
ποιητῶν. Ov. met. 13, 844 f. coma ... obumbrat ist kaum
ein direkter Nachklang.

200   ANHANG

Zu 26 D.

ἐσμυρισμένη ci. Wakefield, prob. Friedlaender, -ριχμ- et fort. -μένος ci. L. Den gleichen Versanfang καὶ στῆθος hat P. Ox. 2311, fr. 1, 6 (o. S. 20). Vielleicht (Lobel) ist unser Fragment dort, in einen Iambos an Glaukos, einzugliedern, was Lasserre tut. Mir scheint die Wortverbindung zu gewöhnlich, als daß ich diese Möglichkeit für wahrscheinlich halten könnte. Vgl. o. S. 187.

Zu 27 D.

Diesen Vers (in d. 2. p. sg. ἠλείφεο) soll, Plutarch zufolge, Perikles lächelnd zu Kimons Schwester Elpinike gesprochen haben, als die nach dessen Gedenkrede auf die Gefallenen von Samos seinen Erfolg als wenig rühmenswert bezeichnete. Der nicht ausgesprochene Wenn-Satz ist dieser Situation entsprechend zu ergänzen, etwa: „wenn du nicht eitel wärest", „wenn du nicht Beifall finden wolltest".

Zu 28 D.

v. 1 [ἡ δ'] suppl. Lattimore. θρᾶιξ codd., corr. Wil., Θρῆιξ Toup, cf. fr. 51 A I, 48 — v. 2 ἔβρυζε codd., ἐμνζε Wil. Daß die Armenier Bier durch ein Rohr schlürfen, berichtet Xen. An. IV 5, 26. Von dorther übernahm Wil. für unsre Stelle das Verbum, nicht zuletzt aus metrischen Gründen: m. c. l. in iambischen Dichtungen des Archilochos ohne Positionsbildung wäre ungewöhnlich. In P. Ox. 2318 (anon. trim.) findet sich jetzt dies Verbum, fr. 3]μυσ.[,]βορβ[,]εφριξ[,].μυξ.[.

Der zweite Satz hat obszönen Sinn (vgl. μυζουρίς = fellatrix, Wil., Hermes 59, 1924, 271, auch Hippon. fr. 22 D. κύψασα), während Lattimore fragt: "May it mean: leaning forward in her eagerness?" (AJPh. 1944, 172).

Zu 29 D.

Das Versmaß ein akephaler Trimeter wie Callim. fr. 202 Pf.

Zu 30 D.

v. 1—4 πολυ[, νότο[, φθίνων λ[, χερσὶν π[Peek — v. 8—9, 11]υτ̣ηηκομ[, [χ]αί[ρ]οις αν[, ἄμυ[νε] τω[Peek, aliter Lss.
Die Konjektur(?) der (bei Bgk. erwähnten) editores veteres, die man z. B. bei Liebel findet, πήμαινε v. 2 statt des farbloseren σήμαινε der Macrobius-codd., hat der Pap. bestätigt. Wie bei Aesch. Ag. 1082 (vgl. Ed. Fraenkel z. St.), Eur. fr. 781, 11 f. N², ist hier Apollon als redender Name aufgefaßt, ohne daß wir an ein „Spiel" mit der Etymologie

zu denken brauchen: vgl. Wil. Gl. d. H. 2, 114 Anm. 4; allg.
F. Dornseiff, Redende Namen, in: Kl. Schr. I, 1956, 101ff.;
E. Risch, Namensdeutungen u. Worterklärungen bei den
ältesten griech. Dichtern, in: Eumusia, Festschr. Howald,
1947, 74ff. Die Gebetsbitte „vernichte, wie du vernichtest",
mit fr. 75, 2 D. χαρίζευ οἱά περ χαρίζεαι und Aesch. Cho. 780,
Ag. 974 vergleichbar, mag uns farblos erscheinen, dürfte
aber, wie Gallavotti vermutete (P. P. 1949, 141), eine alte,
beschwörende Gebetsformel sein. Nicht ein Präzedenzfall,
sondern seine Wesensart wird dem Gott beschwörend vorgehalten.

Zu 31 D.

Nicht eine mythische Genealogie wird gegeben, sondern
vermutlich eine Personifikation wie Phobos, das Entsetzen,
erwähnt.

Zu 32 D.

βάβαξ = ὁ λάλος, viell. (Bonnard) vom Seher Batusiades
gesagt.

Zu 33 D.

ἐκινήθησαν codd., corr. Toup. Über die umbra poetica
und das, was bei Homer mit dem Wort für Schatten bezeichnet wird (meist nicht der Schlagschatten), vgl. V. Hom.
z. Lyr. 112ff.

Zu 34 D.

μοι Cobet. μύκης = τὸ αἰδοῖον. Vgl. Horaz, Epod. 8, das in
„archilochischen Farben" (Heinze) gezeichnete Bild der
alten Vettel, bes. v. 17 nervi rigent; fr. 171 Bgk. ἁπαλὸν
κέρας· τὸ αἰδοῖον meint viell. Ähnliches.

Zu 36 D.

v. 5 prima facie potius ε[quam ο[(L.). — Zu φιλήτης
(φηλήτης) = λῃστης, κλέπτης vgl. Hes. Erga 375, Hippon.
fr. IV 10 D., Callim. fr. 260, 65 Pf. Die Identifizierung von
v. 7 mit fr. 36 D ist, obwohl hier im Pap. keine Akzente
stehen, glaubhaft, wenn auch nicht völlig sicher (vgl.
Lobel). Die Personen lassen sich dagegen nicht identifizieren: weder die Frau (γυνή τ[ε?) noch, falls zwei Verse
weiter eines Vaters (im Gen. od. Dat.) gedacht ist, der, noch
auch der mit „du Räuber" und „Verhaßtester" Angeredete.
Lykambes, auf den letzteres passen mag, ist nicht ausgeschlossen, auch nicht ein andrer, möglicherweise sogar

wohlhabender Mann: etwa einer, der herumspionierte. Ausgeschlossen ist dagegen ein wirklicher Wegelagerer.

Zu 37 D.

ἀπέφλυσαν Schneidewin, alii. — κύψαι hier = ἀπάγξασθαι (Phot.), vgl. u. S. 252 zu den Lykambiden-Epigrammen. Von Hybris (vgl. o. S. 164) ist auch in den Tetram. P. Ox. 2313 fr. 15 die Rede (o. S. 187).

Zu 38 D.

Ἐρξίων ci. Bgk. — Von Clem. Al. als „Abwandlung" von Hom. Il. 18, 309 zitiert. Da bei ihm sonst keine Auslassungen in Zitaten unsres Dichters nachweisbar sind, liegt hier vermutlich ein Tetrameter vor, dessen Anfang korrupt ist: so auch Lasserre. — In jenem Homervers heißt es noch: und den Tötenden tötet der Krieg.

Zu 39 D.

ἐγκυτί (adv.) = πρὸς αὐτῷ τῷ δέρματι, cf. Callim. fr. 281 Pf. c. app. Auch ἀμισθί, ἀμηνιτί gebraucht Archilochos.

Zu 40 D.

Vgl. Hom. Il. 9, 378 ἐν Καρὸς αἴσῃ. Daß diese Bezeichnung kein Ehrentitel ist, weiß Archilochos: ihm macht das nichts aus.

Zu 41 D.

v. 5 pro ἐγὼ εἰπέ σοι scr.? L. — v. 8 Ευρυτας, τ del., sscr. μ pap. ηχε? L., potius ηρε P. (διέρομαι), διαψέγο[ι Lss. Im Pap. hatte dieser Iambos eine Überschrift (hier: Zeile 1, vgl. zu P. Ox. 2310 fr. 1, S. 178; S. 174 über die Archilochoszitate bei Clemens Al., Zitate aus zweiter Hand). Dem Pap. danken wir es, daß jetzt Argumente für die Priorität von Hom. Od. 14, 228 ἄλλος γάρ ⟨τ'⟩ ἄλλοισιν ἀνὴρ ἐπιτέρπεται ἔργοις gegeben sind: Archilochos erweist sich als der spätere: in der nachhomerischen Verwendung von φυή im Sinn von „Natur, Art" (später: Physis) wie bei Semonides fr. 7, 42 D. (vom Meer), aber m. E. auch darin, daß nun die natürliche Motivierung, der Gedanke an die Natur des Menschen, vor der mythisch-religiösen Motivierung stärker hervortritt. „In der Odyssee hat sich ... (im Vergleich zur Ilias) ein feineres Wissen um die Unterschiede der Menschen ausgebildet; dort greift Archilochos es auf" (Snell, Entd. d. G.[3] 87). Aus späterer Zeit vgl. Eur. fr. 360 N.[2] ἀλλ' ἄλλος ἄλλοις μᾶλλον ἥδεται τρόποις.

Deutlich wird im folgenden, daß der Dichter, der vermutlich zugleich der Sprecher ist, sich über andre Leute,
seine lieben Zeitgenossen, lustig macht. Einem (Melesandros?
Peek) wird Geilheit nachgesagt, vgl., mit dem gleichen Wort
am Versende, P. Ox. 2319 fr. 4, 4 (o. S. 18); von einem
Rinderhirten (Phal- — Eigenname? oder Eigenschaftswort)
wird etwas ausgesagt, was auch nicht rühmlich gewesen sein
wird. Die Reihe der Exempel für den allgemeinen Satz ist
damit, strenggenommen, zu Ende. Stellt man den Seher,
der anschließend einen Hieb abbekommt, dazu, so repräsentieren diese „Typen" (generell oder individuell zu verstehen)
die Menschheit, die Neigungen dieser Leute die Vielfalt
menschlicher Veranlagungen. Vornehm ist das Milieu wahrlich nicht, sondern mit dem der Straßburger Epode fr. 80 D.
vergleichbar. Dann vergleicht, wie es scheint, der Dichter
sich mit einem Seher: nach Ael. Arist. II 380 (o. S. 122) war er auf
einen Vertreter dieses Standes nicht gut zu sprechen: was
es mit dem hier namentlich erwähnten Eurymas für eine
genauere Bewandtnis hat, bleibt leider unklar: "I can make
nothing of the word which follows" (Lobel). Aber mit „kein
(andrer) Seher als ich sagte das dir . . . Zeus (gab) mir . . .
machte mich tüchtig unter den Menschen" wird die eigene,
von Zeus verliehene Fähigkeit und Überlegenheit sehr stark
hervorgehoben, die Fähigkeit des „Wahrsagens" vermutlich,
was im Griechischen nicht nur, wie bei uns, eine Aussage
über Künftiges, sondern auch über Gegenwärtiges einschließt. Ich möchte meinen: die Wahrheit des allgemeinen,
gnomischen Satzes hat auch die angeredete Person erfahren
oder bekommt sie jetzt zu erfahren, d. h. der Dichter exemplifiziert auch noch an ihm: versteht sich, in ähnlicher Weise
wie an den beiden ersten Exempla; aus welchem Anlaß,
wissen wir nicht. Der Vorwurf, Archilochos habe alle
menschlichen Bestrebungen trivialisiert, wäre jedoch vorschnell. Wir kennen den Wortlaut von v. 1 nicht. Peek ergänzt da ἁπλῆ: ohne die Zugehörigkeit zu unsrem Stück zu
behaupten, möchte ich fr. 151 Bgk. vergleichen: Hesych
ἄκομψον· ἀπανοῦργον, ἁπλοῦν, Ἀρχίλοχος. Viell. hat Archilochos
mit dem Satz begonnen, daß keine menschliche Natur frei
von Wichtigtuerei und Gaunerei ist. Ob ein Quentchen
Selbstironie mit dabei ist, wenn er sich selbst rühmt? Aber
recht hat ihm in diesem Fall das Leben gegeben.

Zu 42 D.

v. 2 cadit in κεκλήσομαι fr. 40 D., quod ludens hic
adiunxit Lss. — v. 3 φυτοῦ et v. 5 πί pap. — v. 4 εἴκασιν

codd., ἴασιν Steph., ἴησιν Toup, ἄκησιν Hemsterhuys —
v. 10 μενοιν⟨ε⟩ω[? Peek. — φυτόν hier = φῦμα. Da das für
unsre Stelle ausdrücklich bezeugt ist, handelt es sich hier
— im Unterschied zu φυτῶν τομήν in fr. 51 E₂ I, 21 — nicht
um ein pflanzliches Gewächs. fr. 136 Bgk. φῦμα μηρῶν
μεταξύ zeigt, in welcher Sphäre unser Fragment spielt. Viell.
ist auch die Schlafzimmerszene des Margites zu vergleichen.

Zu 43 D.

ἴστη codd., ἱστήκει Et. Vind., ἔστη Edmonds. — Das Bild
von der „Schneide von Welle und Wind", unübersetzbar und
nur von fern mit unsrem „es steht auf des Messers Schneide"
vergleichbar, meint das Segeln gegen den Wind und gegen
die Wellen, genauer, das Segeln auf einem Kurs, auf dem
diese beiden auch richtungsmäßig verschiedenen Kräfte
einen Mittelwert (die Diagonale des Parallelogramms der
Kräfte, sagen wir heute) ergeben. Das einmalige Bild ist für
Archilochos charakteristisch. Er hat einen besondren Blick
für Situationen des Äußersten, für Grenzsituationen (was
ich damit meine, mag man sich im Bereich des Körperlichen
an den Statuen Myrons, vor allem an dem berühmten
Diskuswerfer, vor Augen führen): ein besonders sensibles
Empfinden für kritische Momente (vgl. fr. 56 D.).

Zu 44 D.

ἐσθλὸς et ἐσθλὸν codd., ἐσθλήν et κυβερνητὴν σοφόν Bgk.
Auch die Bedeutung von τρίαινα „Dreizack" (Poseidons: so
gut wie ausgeschlossen), „dreizackige Harpune" (eines
Fischers: so Hiller v. Gaertringen) oder „kleines Schiff mit
drei Segeln" (vgl. D., das. Lit.) läßt sich aus dem Wenigen,
was erhalten ist, nicht mit Sicherheit entnehmen. Das in
P. Ox. 2310 fr. 1 erwähnte „kleine Schiff" der Frau aus
Gortyn kann kaum unser Fragment erklären helfen.

Zu 45 D.

τέου = τίνος. τέωι (P. Ox. 2313 fr. 27, o. S. 8) = τίνι.
Nicht das Subst. „Daimon", sondern ein Adj. scheint in
P. Ox. 2312 fr. 16 zu ergänzen (Trim.):]νον[,]μ.[,].αιφρον[,
]νουσεσ[,]αιμων[,].απηχ[,]ιηρα[, δ]λβιος[. Zu 45 D. vgl.
Catull 40, 3.

Zu 47 D.

Von Schneidewin als Worte des Kentauren Nessos, die
er zu Deianeira spricht, gedeutet. Vgl. fr. 147 Bgk. (o. S. 108 ff.)
und zu fr. 100 D.

Zu 48 D.

οὐδαμῶς Et. Flor. κορωνός· ὀρθοκέρως ταῦρος Hesych, γαῦρος καὶ ὑψαυχῶν Et. Die verschiedenen Ergänzungsversuche führe ich nicht an. Die äsopische Fabel, zu der dies Fragment gehört, ist im Textteil abgedruckt. Bonnard-Lasserre möchten auch fr. 33. 35. 44. 47 D. und 128. 159 Bgk. da einreihen.

Zu 49 D.

ὥσπερ codd., ὥστε Wil., Diehl; cf. Knox, Phil. 87, 1932, 21, doch kann man mit Masson, REG 66, 1953, 407 einwenden: "Le texte a été modifié, le début étant restitué au citateur: l'établissement de ce fr. demeure incertain."

Zu den Inschriften aus dem Archilocheion (fr. 51 D.).

I. Die neugefundenen Steine (E₁, E₂, E₃ und ein Relief)

Vgl. Kontoleon, Arch. Ephem. 1952 [1954], 32ff. und (mit Photo) Phil. 100, 1956, 29ff.; Peek (der statt der Bezeichnungen Kontoleons für die neuen Steine die Bst. A und B verwendet) Phil. 99, 4ff., vgl. allerdings besonders den Nachtrag ebda. S. 50. Kurz behandeln die Inschr. auch Vanderpool (AJPh. 76, 1955, 186ff.), Tarditi (P. P. 1956, 122f.), Parke (Cl. Q. 1958, 90ff.). Die Reliefplatte mit dem Ochsenkopf, die Kontoleon im Museum in Paros vorfand, "recognized as coming from the frieze of the Archilocheion", ist abgebildet in d. Archaeological Reports 1955, S. 28 Abb. 29 (= Suppl. zu JHS 76, 1956).

Zur Fundgeschichte o. S. 152f. Auf dem im Juli 1950 gefundenen Stein E₃ ist keine antike Inschrift erhalten. Mit seiner Breite von nur 76 cm wird er seinen Platz am Ende einer der Mauern gehabt haben. Die Maße der Steinplatte E₂ betragen 126 × 63 × 18,5 cm. Die Inschr. war in 4 Kolumnen zu je 57 Zeilen mit 5 cm hohen Bst. geschrieben. Zur Orthographie EI für HI (z. B. τεῖ, εἰρημένον, προσείπει) vgl. Schwyzer, Gr. Gr. I S. 201. 258. Die Schrift gehört (nach Kontoleon) in die Mitte des 3. Jh.s v. Chr. Die Inschr. auf den neugefundenen Steinen ist demnach um gut 150 Jahre älter als die auf den schon früher bekannten Orthostaten, die zweifellos zum gleichen Archilocheion gehörten. Das von Mnesiepes angelegte Archilocheion ist im 1. Jh. v. Chr. von Sosthenes, viell. einem Verwandten des Mnesiepes (o. S. 153 Anm. 10), erweitert oder restauriert worden. Das Relief mit dem Ochsenkopf — „Archilochos and the Muses were no doubt

represented on the adjoining slabs" — gehört stilistisch ins
1. Jh. (vgl. u. S. 208).

Die Inschr. der neugefundenen, tatsächlich aber älteren
Steine unterscheiden sich von den Sosthenes-Inschr. durch
die „philologische" Schreibweise: Orakel- und Verszitate
werden um 1 Bst. vorgerückt („in Ekthesis" geschrieben),
wie das in philologischen Kommentaren üblich war. Auch
daß der Stein in 4 Kolumnen beschrieben wurde, in E_1 III
16 eine Koronis, mehrfach Paragraphoi und Stigmai : gesetzt
werden, ist aus dem Einfluß der Schreibweise erklärlich, die
in Papyrusrollen üblich war. Die Sosthenes-Inschr. hat davon
nur die 4 Kolumnen beibehalten, kennzeichnet Verszitate
jedoch nicht mehr durch Vorrücken und bringt sie nicht
einmal mit Verstrennung. Auch die Verschiedenheit der
Quellen ist bemerkenswert. Mnesiepes beruft sich auf „die
Alten" und auf „eigene Forschungen", Sosthenes auf (den
Lokalhistoriker) Demeas. Hier wird nach Archonten datiert,
bei Mnesiepes nicht.

E_1: Die drei Orakel

Die Frage, warum hier drei Orakel — in Prosa, wie sie
in späterer Zeit in Delphi üblich war, und in delphischem
Dialekt — aufgezeichnet sind, kann, da die vorhergehende
Kolumne nicht erhalten ist, zu zweierlei Antworten führen.
Die eine Möglichkeit, es handle sich um verschiedene Über-
lieferungsvarianten eines einzigen Vorgangs, scheidet aus,
wenn man den Empfänger des Orakels, Mnesiepes, mit dem
Subjekt von ἱδρύμεθα, mit dem Erbauer des Archilocheions,
gleichsetzt (zu Arist. Rhet. 1398 b 11 vgl. u. S. 250), und wenn
Mnesiepes selbst die „Forschungen" angestellt hat, deren
Resultat, teils in Form einer Legende, teils als ethisch
gefärbte Biographie, auf den neugefundenen Steinen niedergeschrieben war. In diesem Fall muß man folgern, daß tatsächlich in derselben Angelegenheit das celphische Orakel
von Mnesiepes dreimal befragt worden ist.

Warum diese Hartnäckigkeit und diese Unkosten für die
von Delphi verlangten Opfergaben? Wo doch schon das
erste und ebenso das zweite Orakel die Errichtung eines
heiligen Bezirks genehmigte? Auch wenn es nicht der einzige
Fall dreimaliger Orakelbefragung ist, muß diese Frage aufgeworfen werden. Parke, der übrigens aus σωτήρια folgern
möchte, Errettung aus irgendeiner Gefahr habe Mnesiepes
veranlaßt, eine Kultstätte zu stiften, berührt diese Frage
nur am Rande: "There appear to have been three inquiries

at Delphi: whether made on the same occasion is not in-
dicated, but it is probable" (90).

Eine Erklärung ergibt sich m. E. aus der Eigenart gerade
des letzten Orakels, während die beiden ersten nur un-
wesentlich (in mehreren Götternamen und Epiklesen)
differieren. Nur das letzte Orakel enthält eine auf unsren
Dichter bezügliche Wendung, die in ihrer allgemeinen
Formulierung („ehren, wie es Mnesiepes beabsichtigt") als
Genehmigung eines Archilochos-Kultes ausgelegt werden
konnte und ausgelegt worden ist („und so opfern wir sowohl
den Göttern wie dem Archilochos"). Mnesiepes kam es offensichtlich nicht darauf an, eine neue Stätte für Götterkulte
zu stiften, sondern auf die Ehrung des Heros Archilochos.
Nur zögernd hat Delphi das genehmigt (Chr. Habicht, Gott-
menschentum u. Polis, Zetemata 14, 1956 behandelt speziell
nur die Herrscherkulte).

Zu vergleichen mit dem Archilocheion wäre das Myrsileion
oder Myrsineion in Mytilene (Alkaios fr. 40 D.), das Tele-
sikles-Heroon in Thasos (Hiller RE s. v. Thasos 1324), das
Mimnermeion in Smyrna (CIG II 3376, als Gymnasium in
röm. Zeit).

Die Belege für das sonstige Vorkommen der Götter-
epiklesen („Asphaleios" — der Schützer, „Eukleia" —
Ruhm bescherend, „Hyperdexios" — überaus günstig ge-
sinnt, „Prostaterios" — Vorsteher des Gemeinwesens) gibt
Kantoleon, Arch. Ephem. a. O.

Die Legende von der Begegnung mit den Musen
(col. II 21 — III 15)

Stilistisch ist die ausführliche Erzählung mit mancher
Wundergeschichte bei Herodot (z.B. IV 14, VI 61, bes.
§§ 4—5), mit der Epimenideslegende (VS 3 A 1) u.a.m. vergleichbar. Da in dieser Partie kein Dichterzitat, nur zwei
hexametrische Orakel standen, ist die Folgerung (Kontoleons)
berechtigt, daß Archilochos im Unterschied zu Hesiod nicht
selbst von seiner 'Musenweihe' gesprochen hat. Die Legende,
die wir vor uns haben, unterstreicht allerdings ihren Wahr-
heitsanspruch durch genaue Ortsangaben und anderes
Detail. Daß diese ganze, durch „man erzählt" eingeleitete,
in or. obl. wiedergegebene Partie aus der einen der genannten
'Quellen', aus der „Überlieferung der Alten", d.h. aus münd-
licher Lokalüberlieferung, stammt, ist eine weitere glaub-
hafte Folgerung Kontoleons. In ihrer vorliegenden Form
scheint die Legende in einer Zeit entstanden, als man der-

gleichen in so harmlos-spielerischer Weise darstellen konnte,
ohne das Bestürzende, auf das die Scheltworte der Musen
bei Hesiod hinzielen, und als man dem Orakel die Weis-
sagung der „Unsterblichkeit" eines Sterblichen (wenn auch
im Sinn ewigen Nachruhmes) zuschreiben konnte. Eine bild-
liche, bisher — trotz der Kuh — auf Hesiods Musenweihe
gedeutete Darstellung auf einer um 450 in Athen gemalten,
in Eretria gefundenen, heute in Boston befindlichen weiß-
grundigen Pyxis (K. Schefold, Die Bildnisse der ant. Dichter
etc., 1943, 57) kann mit Kontoleon trotz Peeks Widerspruch
auf unsre Archilochoslegende bezogen werden. Wie die
parische Legende dem Vasenmaler in Athen bekannt wurde,
können wir nicht sagen, brauchen danach aber m. E. nicht
zu fragen. Ob die neugefundene parische Reliefplatte mit
dem Ochsenkopf tatsächlich zum Archilocheion gehörte,
können nur Archäologen an Ort und Stelle beurteilen. Wäre
mehr davon erhalten, so wäre ein Vergleich der Darstellung
auf der Pyxis mit dem Relief des 1. Jh.s v. Chr. aufschlußreich. Aus der literarischen Überlieferung war bisher nur
das Orakel (A. P. XIV 133, vgl. Dio Chrys. 33, 12, o. S. 124)
bekannt. Daß Telesikles ausgerechnet zusammen mit
Lykambes nach Delphi reist, ist eine weitere liebenswürdige
Erfindung.

Den Schluß der Legende, in dem ein weiteres, m. E. eher
auf Ar(chilochos) als auf Ar(temis) bezügliches Verszitat
vorkam, können wir nicht rekonstruieren. Nochmals war die
Leier erwähnt (von der auch der Dichter selbst spricht:
P. Ox. 2312 fr. 4, 11). Vielleicht haben sich die Musen noch
irgendwie für den materiellen Verlust erkenntlich gezeigt,
ein Opfertier beschert oder die Vorratskammer gefüllt. Die
Frage des heimgekehrten Vaters, ob auch alles Notwendige
im Hause sei, da es schon spät abends war, verrät, daß
Telesikles keineswegs in glänzenden Verhältnissen lebt. Da
hier aber zwei ursprünglich selbständige Legenden miteinander verknüpft sind, kann es weitergegangen sein,
wie Snell (A. u. A. 6, 155) annimmt: „Noch am selben
Abend half er (Archilochos) aus, als bei einer Feier ein Lied
fehlte."

Das Dionysosfest und der Prozeß (Col. III 16 — Ende)

Auch diese Geschichte wird durch „man erzählt" ein-
geleitet und von da ab in or. obl. erzählt. Ein inhaltlicher
Zusammenhang mit der Musenlegende scheint jedoch nicht
zu bestehen. Zitiert wird hier ein weiteres hexametrisches

Orakel (Z. 47—50), eins, das die Freilassung des verurteilten
Dichters fordert. Zuvor jedoch war ein dem Archilochos
zugeschriebenes Dionysos-Liedchen in fünf Versen un-
bestimmbaren Versmaßes (oder, wenn Z. 31 als eine Art
Überschrift angesehen werden könnte, in vier Versen,
möglicherweise Daktylen) zitiert (Z. 31—35). Die stark
zerstörten Prosazeilen davor scheinen zu besagen, daß
Archilochos erst improvisiert, dann dies Liedchen mit
den Freunden einstudiert habe: was auf eine, wenn auch
bescheidene, musische Neuerung im Dionysos-Kult schließen
läßt.

Das Liedchen, dessen Verlust besonders bedauerlich ist
(vgl. zu fr. 119. 120 D.), ist als zu anzüglich (ἰαμβικώτερον)
mißverstanden worden und hat Anlaß zur gerichtlichen
Verurteilung des Dichters gegeben: ein biographisches Fak-
tum, von dem wir bisher nichts wußten, das aber kaum von
der parischen Lokalüberlieferung frei erfunden sein dürfte,
mögen sich auch legendäre Züge daran anschließen. (Archil.
P. Ox. 2313 fr. 4 b 2]. διϰηνϰρι[, Anon. P. Ox. 2319 fr. 4, 5
]ηνεγωδιϰην sind zu stark zerstört, als daß daraus etwas zu
ersehen wäre).

Die richtige Erklärung des mißverstandenen Liedchens
war zur sachlichen Rechtfertigung des Dichters in der Inschr.
mitgeteilt: τῶν ϰαρπῶν Z. 40 gehörte dazu. Wir verstehen
das wenige Erhaltene nicht und sehen erst recht nicht die
Zweideutigkeiten. „Gerstenschrot" — vgl. IG XII 5 nr. 5
ὀλὰς τῷ Διονύσῳ θύεσθαι und viell. (Theophr.) τύϊον = θύον
scheint auf eine Opferanweisung zu gehen (τυαζ unverständlich, erwarten könnte man θυσιαζ[ωμεν od. dgl.) und konnte
kaum mißverstanden werden: eher schon „saure Trauben"
(Subj.) und „süße Feigen". Prima facie sind das Früchte:
wer es partout wollte, mochte einen erotischen Sinn den
Worten beilegen („Feige" für αἰδοῖον γυναιϰεῖον). Eindeutig
anzüglich scheint οἰφολίωι (vgl. οἰφόλης IG XII 5 nr. 97;
Hesych: ὁ μὴ ἐγϰρατής, ἀλλὰ ϰαταφερὴς πρὸς γυναῖϰας, Eust.
= φίλοιφος). Hier scheint das Wort von Dionysos gebraucht
und damit naiv ausgesprochen, was die Attribute des
Dionysos-Kultes immer bezeugt haben.

Mit Z. 42ff. ist die Legende Schol. Aristoph. Acharn. 243
(= orac. 546 Parke-Wormell) vergleichbar, wo von einer
νόσος εἰς τὰ αἰδοῖα in Attika, auch da als einer Strafe des
Dionysos, erzählt wird. Die vom Orakel verlangte Freilassung unsres Dichters ist natürlich in der Inschrift berichtet worden. Da der Stein rechts abgebrochen ist, fehlt
col. IV völlig.

E₂: Der biographische Rahmen

Erhalten ist nur z.T. col. I. Weiterhin ist die Oberfläche der Steine stark bestoßen; col. II—IV sind daher für immer verloren. Ob dieser Stein unmittelbar an E₁ anschloß, bleibt ungewiß. Daß er nicht voraufging, ist klar.

Im Prosatext Z. 1—24 ist ein bestimmtes (nicht genau datiertes) historisches Ereignis, ein Krieg mit den Naxiern, als Beispiel genannt, um die Vaterlandsliebe des Dichters (vgl. φιλόπολις bei Thuc.) zu beweisen: ganz im Stil der peripatetischen Biographien, denen es viel mehr auf den Nachweis bestimmter Charakterzüge und Vorzüge ankam als auf einen historischen Lebensbericht. In einer Art praeteritio war zuvor betont worden, es gebe viele Beispiele für eine solche Bewährung des Archilochos, doch würde es zu weit führen, sie alle zu nennen. In diesem Krieg gegen Naxos hat Archilochos seine Vaterlandsliebe durch ein dringendes Hilfegesuch bewiesen. Dieser poetische Hilferuf wird nicht nur zitiert, sondern in 30 Versen möglicherweise ganz zitiert (wenn Z. 14 als Prosatext zu verstehen ist und die Worte „jetzt alle" zu einem Subst. „Verse" — nicht „Menschen" — gehörten).

Bald nach dem langen Verszitat geht der Prosatext auf ein andres historisches Ereignis über: ein zeitlich späteres Ereignis, von dem wir nur die Worte „50 (Schiffe)" lesen können. Bei dieser Gelegenheit hat sich die ἀνδραγαθία des Archilochos bewährt: wiederum also wird von einer 'Tugend' ausgegangen und ein Beispiel angeführt.

Die archilochischen Tetrameter

Für den Inhalt der 30 Verse sind nicht nur die Worte vor dem Zitat aufschlußreich: παρεκάλεσεν . . . βοηθεῖν ἀπροφασίστως, sondern m.E. auch εὐξαμένωι οὖν . . . (ὑπή-)κουσαν οἱ θεοί gleich nach dem Zitat. In den zwei letzten Versen dieses an Erxies gerichteten Hilferufes darf ein an die Götter gerichteter Wunsch um rasche Fahrt erblickt werden, um so mehr, als das logische Subj. zu στέλλειν sehr wohl die Götter sein können und μηδέ auf einen Wunschsatz schließen läßt. Den Hilferuf richtet der Dichter, wenn nicht alles täuscht, aus Paros an seinen Freund Erxies (o. S. 163 Anm. 32) in Thasos.

Die Tetrameter, von deren 15 Silben jeweils nur je 4—6 erhalten sind, lassen sich nicht ergänzen. Mit Enjambement muß nicht selten gerechnet werden (Z. 16. 17. 18. 22? 27. 29).

Trotzdem läßt sich noch der eigenartige Aufbau des Ganzen erkennen. Dreimal, und nicht etwa in einem zusammenhängenden Bericht, wird in wenigen Versen (3, 2, 3) die tatsächliche Lage geschildert: „sie räuchern von allen Seiten unsre Stadt aus ... sie kamen mit schnellen Schiffen, ... die scharfen Lanzen- ... der Feinde, ausgedörrt wird ... von der Sonne." Eine Schilderung des Mutes der Parier, eine erste Mahnung, die Brüder nicht im Stich zu lassen, schließt diesen ersten Abschnitt.

Zwei Verse berichten dann wieder über feindliche Erfolge: sie haben „abgeschnitten" (oder Tote geschändet), irgend etwas, vielleicht ein Turm, ist unter den Schlägen gestürzt. Wieder schließt sich eine Aussage über die innere Reaktion der Betroffenen und des Dichters an und daran wieder eine Mahnung, die Thasier (abgesehen von denen, die in Thasos zurückbleiben und bei Torone sind??) sollen rasch den Brüdern zu Hilfe kommen.

Kurz und dringend, fast wie ein Schrei, ist die dritte und letzte Schilderung: „das Feuer, das jetzt ... in der Vorstadt prasselt ... sie mißhandeln unsre Erde ..." Hier erst kommt die Anrede an Erxies. Mit einer an die Götter gerichteten εὐχή endet dieser Hilferuf.

Auf die ganz anders geartete Deutung Kontoleons gehe ich nicht ein: von einem ausführlichen mythischen Exempel, das er annimmt, sehe ich keine Spur, wenn ich auch die Erwähnung von Torone nicht recht erklären kann. Im einzelnen vgl. zu Z. 15: καπνείω = καίω Nic. Ther. 38 u. d. Gleichnis Hom. Il. 18, 207f. ὡς δ' ὅτε καπνὸς ἰὼν ἐξ ἄστεος αἰθέρ' ἵκηται τηλόθεν ἐκ νήσου, τὴν δήϊοι ἀμφιμάχωνται. — Z. 18: vgl. fr. 63 D. — Z. 24: ἀμηνιτί adv. wie ἐγκυτί, ἀμισθί. — Z. 26: τέου = τίνος, τέωι = τίνι, τέων = τίνων. — Zu ἀπέθρισαν vgl. fr. 138 Bgk., Callim. fr. 43, 70 Pf. — Z. 27: vgl. Hom. Il. 4, 462 ἤριπε δ' ὡς ὅτε πύργος, in zwei andren Hom.-Gleichnissen und Ps. Hes. Sc. 421 „wie eine Eiche", bei Hom. nur von Kämpfern. — Zu Z. 41: Hom. Il. 24, 54 γαῖαν ἀεικίζει.

Die schon früher bekannten Steine:

A col. I:

Zu Sosthenes = Sostheus und seiner Familie vgl. o. S. 153 m. Anm. 10. Der parische Lokalhistoriker Demeas (FGrHist nr. 502, vgl. Jacoby, Atthis 364 Anm. 64) ist sonst nicht

bekannt. Die Mnesiepes-Inschrift zitiert ihn nicht: sein
Werk mag in der Zeit nach 250 v. Chr. entstanden sein. Die
Jahre der parischen Archonten Eur ... und Amphitimos
lassen sich nicht bestimmen, so willkommen das für die
Chronologie des Archilochos wäre. — Hyria wird b. Steph.
Byz. unter den parischen Ortschaften genannt: *Συρίων*
(*λιμήν*) bliebe uns unverständlich. Die (Poseidon-)Grotte
gibt es tatsächlich noch heute: vgl. Rubensohn RE. Die
Koiranos-Legende wird ausführlich von Phylarchos (FGrHist
81 F 26 = Athen. XIII 606d), Plutarch, Soll. an. 36 p. 648f.
— der fr. 117 D. zitiert — und Aelian, Nat. anim. 8, 3 erzählt: beide Letztgenannten machen aus dem Milesier
Koiranos allerdings einen Parier, berichten aber fast mit den
gleichen Worten, die uns eine Erklärung von Z. 11 der Inschrift ermöglichen: Plut. a. O. *ὀλίγῳ δ' ὕστερον ἔπλει
πεντηκόντορον ἔχων, ὥς φασι, λῃστῶν* (*Μιλησίων* Rohde, cf. Ael.)
*ἄνδρας ἔχουσαν, ἐν δὲ τῷ μεταξὺ Νάξου καὶ Πάρου πορθμῷ
τῆς νεὼς ἀνατραπείσης κτλ.* Da wird die Rettung allerdings
nicht als göttliche Hilfe dargestellt, sondern aus der Dankbarkeit des Tieres erklärt: Koiranos soll den von Fischern
gefangenen Delphin einst losgekauft und freigelassen
haben.

Z. 40ff. Das erste der wirklich historischen Ereignisse, die
wir bei Sosthenes verzeichnet finden, spielt sich zwischen
den parischen Siedlern in Thasos und den Thrakern ab. Das
Gold, das der von Archilochos als eigennütziger Volks-
verführer gebrandmarkte Sohn des Peisistratos heranbringt,
sollte möglicherweise die Thraker friedlich stimmen und
ihren Abzug erreichen: wenn es nicht gar — trotz der Bezeichnung als „Geschenk" — das Blutgeld war, das die
Parier auf Weisung des delphischen Orakels für die Tötung
des Thrakers Oisydres zahlen mußten. Das als Beleg ange-
führte Verszitat bleibt teilweise ebenfalls unverständlich,
τῆς λεώ als fem. ist singulär und daher verdächtig. Sollen die
„Flöte und Leier....nden Männer" v. 47 [*εὖ φ]ωνοῦντας*? D.)
als harmlos und unschuldig oder als unkriegerisch gekennzeichnet sein? *ἀνῆρ'* = "he started" (Edmonds; *ἀνήρ* wäre metrisch nicht möglich, cf. Maas, Metrik² § 34) verrät nichts von
einer Gewalttat: der anschließende Prosatext (*καταχτείναντες*)
könnte viell. eher *ἀνεῖλ(ε)* erwarten lassen. v. 48 u. 49 steht
auf dem Stein übrigens *Θρηιξιν* und *οικειως*. Die Sprache der
abschließenden Prosazeilen scheint so vieles auszulassen,
daß man gerade nur versteht: ein Teil wurde von den Pariern,
ein andrer von den Thrakern vernichtet; es gab also Siege
und verlustreiche Niederlagen der parischen Siedler in

Thasos. Um die Erklärung dieser Stelle hat sich Steffen (Eos 1954, 51ff.) bemüht (Der Sohn des Peisistratos sei von den Thrakern angeworben worden: ἀν᾽ ἧρ᾽ ἄγων ∼ ἐπὶ ἧρα φέρων, γῆς für τῆς konjiziert er). — Die Σάπαι, auch Σαπαῖοι (fr. 49 Bgk.) und (fr. 6 D.) Σάϊοι, sind ein thrakischer Volksstamm.

Z. 52ff. Der Sieg über die Naxier im Jahre des Archonten Amphitimos streift ein Ereignis aus der Geschichte der Heimatinsel Paros. Das Verszitat bleibt, obwohl gar nicht so schlecht erhalten, etwa zur Hälfte wieder unverständlich. P. Ox. 2313 fr. 2 brachte einen kleinen Fetzen mit]δ᾽[...]ναιη[,]τυπον Διος,]πολυκλαυτο[,]επιχθ[: statt des letzteren las man auf dem Stein v. 59 zuletzt επαν oder επην[..]α und erwog bisher die Ergänzung ἐπαύ[λι]α. Der Pap. würde (wenn der Raum dafür reicht, s. Lobel) auf ἐπὶ χθ[όν]α schließen lassen. Wie sich das in den Zusammenhang einordnet, ist nicht zu ersehen, trotz Horaz, Oden II 7, 11f. ...et minaces turpe solum tetigere mento. Daß die Naxier irgendwelche Felder zeitweilig hatten räumen müssen, später dann ihrerseits Paros brandschatzen und in einem dieser Kämpfe auch den Dichter Archilochos töteten, ist alles, was sich annäherungsweise über diese langwierigen Auseinandersetzungen zwischen den Pariern und ihren östlichen Nachbarn sagen läßt.

A col. IV:

v. 4 ἐεργμένω[ν φαλάγγων et v. 5 suppl. Zielinski (Raccolta Ramorino, 1927, 604 ss.) collato Hor. c. II 7, 13 s sed me per hostes Mercurius celer denso paventem sustulit aere.

Da Sosthenes auch hier der Chronologie des Demeas gefolgt sein wird, geht es um spätere Ereignisse als in col. I; mit den in der Mnesiepes-Inschrift erwähnten können sie aber z.T. identisch sein. Daß im Verszitat v. 2—6 der Schauplatz Thasos war, ist nicht gesagt, doch m. E. wahrscheinlich. Für das Verszitat v. 8—11 (oder 12) steht es fest, dgl. für v. 22. Die Heldentat des Glaukos (ἀνεῖλες αἰχμῆι ∼ P. Ox. 2310 fr. 1, 19) mag in der Tötung eines besonders gefährlichen Gegners bestanden haben. Zu dem nur hier belegten ἐφολκεῖ, von ἐφόλκιον = kleines Schiff, vgl. o. S. 183 zu P. Ox. 2310 fr. 1, 22 νηΐ σὺν σμικρῆι. Z. 23ff. läßt an den Frauenmangel der ersten griechischen Kolonisten denken; vgl. für Milet Herodot I 146.

Zu v. 45ff. (Verszitat): v. 49 πρὸ πατρίη[ς Peek — v. 50 ἔκει]το Maas, κ]εῖτο Peek — v. 51 ἐδε[ίμαμεν Hiller — v. 52, cf. fr. 76 D., Λεσβίω[ν παιήονα Hiller — v. 53 [ϑ]έντες D., νδα[_ ᴜ]ϑεντες : Peek, ν δα[μ]έντες Tr., Lss. — v. 61 ἀ]λκὶ δ᾽ ἐ[κτείνο]ντες lusi. Dieses lange Verszitat nach der Lücke von 17 Zeilen hat in P. Ox. 2313 fr. 3a und 3b einige willkommene Ergänzungen gefunden; erst jetzt steht auch fest, wo in v. 55 und 57 die Mitteldihärese war. Der Pap. hat:]νδα[,]ωνὲσο[(oder ἐσό),]η[ν]σινϑοηισιπημ[,]οταμφιπυργονεστασαν[,]εγανδεϑεντοϑυμοναμ[,].με[..]ηρ[.]νείμε[, während auf dem Stein]νηνεπηγον[,]ιστασανπονε[,]τοϑυμοναμφε[zu lesen war. Peeks Zusammensetzung von v. 53 scheint mir nicht akzeptabel, weil, nach den übrigen Zeilen des Pap. zu urteilen, die Mitteldihärese ca. 5—7 Bst. nach]νδα[zu erwarten ist. Der Abstand des kleinen Fetzens fr. 3b (fehlt bei Peek, Phil. 100, 1956, 3f., fehlt auch bei Lss.) an der linken Seite ist nicht genau feststellbar (s. Lobel), doch scheint mir in v. 61 darin das erste breve des Verses enthalten zu sein.

Den Schauplatz dieser Schlacht kennen wir nicht. Falls hier von einem niedergerissenen Turm die Rede war und falls in dem langen Verszitat der Mnesiepes-Inschrift ἤριπε πληγῆισι sich auf einen Turm bezieht (vgl. o. S. 211), könnte man an einen der Kämpfe gegen die Naxier, also an Paros, denken; v. 51 könnte andrerseits an einen zu Lebzeiten des Dichters erbauten Turm denken lassen, dann viell. eher an das neubesiedelte Thasos. Anders als bei jenem Hilferuf an Erxies ist hier, soweit man sehen kann, die ausführliche Schilderung des Kampfes zusammenhängend, mehrfach unterbrochen nur durch die Erwähnung göttlicher Hilfe (Athena, Zeus; Athena auch A col. I 55). Das ist mehr, als die homerischen Kampfschilderungen an göttlichem Eingreifen bringen. Andrerseits ist eine Wendung wie „seinen Thymos groß machen" unhomerisch (vgl. Corolla Linguistica, Festschr. f. Sommer, 1955, 228), dagegen mit manchen Wendungen der frühen Elegie vergleichbar. Sie verrät ein größeres Selbstbewußtsein: das erwachende Bewußtsein, daß der Mensch selbst den Mut aufzubringen hat. In den übrigen, freilich nur kleinen Archilochosfragmenten, in denen wohl von Kampf, aber nicht von einem bereits stattgefundenen Kampf die Rede ist, finden wir den Appell nur an die Männer gerichtet: am Erfolg aber haben die Götter teil. Auch hier scheint sich der Satz zu bewahrheiten: „Das Persönliche befreit sich nicht ohne das Religiöse" (K. Reinhardt, Von Werken und Formen, 1948, 59).

TETRAMETER

Über „Tetrameterszenen in der Tragödie" vgl. M. Imhof, Mus. Helv. 13, 1956, 125ff., im Satyrspiel R. Pfeiffer, SBAk München 1938, 2, bes. 36 Anm. 3 und das neue Material (zuletzt P. Ox. 2162), in der Komödie s. Schmid I 5 index und das neue Material wie P. Heid. 182 (ed. Siegmann, 1956).

Zu 52 D.

ὦ ex Arist. et Cratin. add. Bgk. — λιπερνής· ὁ ἐξ ἀγροῦ εἰς πόλιν πεφευγὼς ἢ ὁ λιπόπολις Hesych. Wenn erstere Erklärung für unser Fragment zutrifft und das Adj. in seiner eigentlichen Bedeutung gebraucht ist, so ist die Situation hier ähnlich wie in den ersten Jahren des Peloponnesischen Krieges in Athen: die bäuerliche Bevölkerung hat ihre (Felder und) Hortikulturen verlassen müssen und ist in die Stadt geflüchtet. Vgl. die Tetram. 51 E₂, wo die Feinde (die Naxier) die Baumpflanzungen (in Paros) abholzen. — Wie dort so auch hier nennt Archilochos seine Verse schlicht ῥήματα.

Zu 53 D.

Der Aufforderung (an einen, der etwas Landbau und Fischerei — vgl. Eur. fr. 670 N.² βίος ... θαλάσσιος — betrieb), das armselige Leben in Paros aufzugeben, muß ein positives Gegenbild gefolgt sein. Anderswo (in Thasos?) lockt ein Leben, das man sich schöner vorstellt. Doch vgl. zum folgenden.

Zu 54 D.

v. 2 "if σ[, this in Archil. 52 (Bgk.)" L. — v. 3]λοῦτ[pap. — Im Pap. ist so wenig und so wenig Bezeichnendes erhalten, daß eine Identifizierung mit fr. 54 D. (= fr. 52 Bgk.) ganz unsicher bleiben muß. Die Erwähnung von „Reichtum" würde aber, wie mir scheint, gut in den Zusammenhang passen. Der „Abschaum aller Hellenen" hat sich in Thasos eingefunden: jeder hofft, reich zu werden. Das, jedenfalls ersteres, sagt Archilochos ganz offen, ohne jede Beschönigung (er spricht nicht von Kolonisieren). Ist im Vergleich zu fr. 53 eine Ernüchterung eingetreten? Daß Paros, die alte Heimat, nun als ἱμερτή erschien?

Im gleichen P. Ox. 2313, aber fr. 36, findet sich vermutlich die Wortverbindung „nach Thasos" nochmals an der gleichen Versstelle]ρι...[,]σθασονκ[,]νάναστ[.

Zu 55 D. = an. iamb. 2 col. I D.³

v. 2 quattuor litt. supra πιοι scriptae, tum spatio intermisso .[, fort. φ[: in illis dispicere sibi visi sunt Blass]αλιν, Milne]ζειν, Lss.]εισιν, quod in textum recepit, sed]χειν Tr. — v. 9]υσεται P. Mus. Brit.,]ναχαυσεαι P. Ox. — v. 14 recte legit, fr. 55 D. agnovit Lss.

Die neuen Lesungen ergeben mit Sicherheit, daß hier als mythisches Bild für drohende Gefahr der „Stein des Tantalos" erwähnt war: ist man aus den antiken Zitaten, die dieses Bild (das älter ist als das vom „Schwert des Tantalos") für Alkman (72 D.), Alkaios (32 D.) und Archilochos (55 D.) nachweisen, zu folgern bereit, daß jeder das Bild nur einmal verwendete, dann wird man Lasserres Identifikation mit fr. 55 D. für sicher halten. Es handelt sich dann (s. Bonnard) um eine Gefahr, die der Insel Thasos droht. S. zum folgenden Stück.

an. iamb. 2 col. II D.³

v. 1 recte legit, [ἐύφρ]ονες suppl. Lss. — v. 2 φαίν[ομαι, τό]σων Lss., σων veri sim. — v. 3 ὦ[ς ἐμοὶ] γένοιτο Lss., confirmare nequeo .]..νμ edd. pr. — v. 4. χωρ.[edd. pr., tum .ε.[Tr., possis .ει[.fort. ιει[— v. 5 in. recte legit Lss. tum [λεῖν] δ᾽ἴωμεν ἔντεα Lss., sed praeter ιω, τ et fort. με incertissima — v. 6 ἐφισταίμην ἐφ᾽ ὑμέα[ς Lss. — v. 7 ἐς μέσον το[Blass, Milne. δ᾽ἡμῖν (sscr. εας) ἔπελθε, Ζεῦ πά[τερ Lss. — v. 8 μετ..ε.[Lss., μετω.ε fort. μετωμε Tr. — v. 9 μαχραὶ δὲ νῆες Lss.: vestigia incerta — v. 10 λοφ...δειν Lss., λόφωι Tr. — v. 13 legit Lss. — v. 14 τα edd. pr., τα.νε possis — v. 16 legit Lss. — v. 23 recte ut vid. legit Lss.

War die Publikation dieses Stückes bei D.³ besonders mangelhaft, so hat es bei Lasserre durch die neuen Lesungen besonders gewonnen. Eine Infrarot-Photographie, wie sie ihm vorlag, konnte auch ich dank der Güte von Prof. E. G. Turner vergleichen, auch eine gewöhnliche Photographie. Die meisten Lesungen Lasserres kann ich bestätigen: nicht alle. An 3—4 Stellen vermochte ich einige Bst. mehr zu lesen.

Nur durch den Kolumnenschluß, ca. 15 Verse, vom Vorhergehenden getrennt, mögen diese Tetrameter zum gleichen Lied gehören, d.h. zu einem Hilferuf für Thasos. Vermutungen über den Mann anzustellen, der v. 23 „seinen Gefährten Leid gebracht", wäre nicht unmöglich, doch bei diesem Zustand des Textes zu gewagt. Auch der Vergleich mit dem Hilferuf für Paros (s. 51 D.) muß unterbleiben.

Zu 56 und 56a D.

fr. 56: v. 2 γυριον, γυρεον Heracl. γυρεῦον et sim. Plut.
codd., om. Theophr., em. Xylander. — fr. 56a: v. 9 extr.
]υμος D, ...ϑ]υμὸς..... Adrados. — Ἀρχίλοχος ... ἐν
τοῖς Θρᾳκικοῖς ἀπειλημμένος δεινοῖς τὸν πόλεμον εἰκάζει ποντίῳ
κλύδωνι Heracl. Für tatsächlich allegorischen Charakter der
als Allegorie zitierten Verse, denen Crönert auch den 1927
veröffentlichten Pap. (als zum gleichen Gedicht gehörig)
anfügte, tritt Adrados (Aeg. 1955, 206ff.) ein: weil die
Rettung auf See nicht vom Kapitän abhänge, man im
Moment eines wirklichen Sturmes nicht Verse verfaßt und
vorträgt etc. — Aber mit dem Pl. „Schiffe" 56a 8 werden
doch nicht lauter Staatsschiffe gemeint sein, und das Wenige,
was uns kenntlich wird, scheint eher auf die Situation vor
dem Hereinbrechen des Sturmes zu führen. So bleibt es
ungewiß, ob Archilochos das allegorische Bild vom Staats-
schiff als erster verwendet: bei Alkaios liegt es — m. E.
fraglos — schon vor. H. Fränkel vermutet in 56a ein Gebet:
doch „vorausdenken" (zum imperat. προμήθεσαι Wackernagel, Mus. Helv. 1944, 229) müssen Menschen, und auch
sonst sehe ich nichts, was diese Vermutung stützen könnte.
Zur oft behandelten Frage, wo die „Gyreischen Felsen"
lagen, zuletzt Sandbach, Cl. Rev. 1942, 63ff. Er verweist
— wie schon Dindorf tat (cf. Bgk.) — auf den im Juli d. J.
51 v. Chr. geschriebenen Brief ad Att. V 12, worin Cicero
seine Reise von Athen nach Delos beschreibt (Piräus —
Zoster—Keos—Gyaros—Syros—Delos) und (§ 1) fort-
fährt: itaque erat in animo nihil festinare Delo nec me movere
nisi omnia ἄκρα Γυρέων (Schneidewin, ΑΚΡΑΤΝΡΕΩΝ cod.)
pura (iura cod.) vidissem. Das führt auf eine nördlich von
Delos gelegene, bei klarem Wetter von dort aus sichtbare
Gegend: auf die Erwähnung von Felsen an der Südküste
von Tenos (vgl. Fiehn, RE s. v. Tenos 508) im Cicero-
brief, der eine Reminiszenz an unser Archilochosfragment
enthält.

Zu 57 D.

Vgl. Hom. Il. 7, 102 νίκης πείρατ᾽ ἔχονται ἐν ἀθανάτοισι
θεοῖσιν. Bei Clemens wird allerdings nicht dieser Homervers zum Vergleich zitiert, sondern etwas, was sich in
unsrem Homertext nicht findet: νίκης ἀνθρώποισι θεῶν
ἐν +πείρα+ κεῖται, wo Sylburg ἐ⟨κ⟩ πείρα⟨τα⟩, Stählin ἐν
⟨γούνασι⟩ κεῖται πείρα⟨τα⟩ vorschlug. „Sonst findet sich in dem
griech. Schrifttum, das uns überliefert ist, die Verbindung
νίκης πείρατα nicht" O. v. Weber (13).

Zu 58 D.

v. 1 *τίθει πάντα* Trinc., *τίθει τ⟨ὰ⟩ πάντα* Grotius, *-σι ῥεῖα πάντα* Wil. . . . *ἅπαντα* D.³, *θεὶς* Steffen, *τέλεια πάντα* Hommel (Gymn. 58, 1951, 218), Lattimore — v. 3 *κινοῦσ'* codd., *κλίνουσ'* Valckenaer, *κείνοισ'* Friedlaender, Lss. — v. 5 *χρὴ μὴ* codd., corr. Abresch.

Stünde dem Vorschlag von Wilamowitz nicht die metrische Beobachtung von Knox entgegen, daß zwei zweisilbige Wörter von A. am Versschluß und vor der Mitteldihärese gemieden werden, so hätten wir hier eine mit Hes. Erga 5ff., Th. 442f., 419, 438, Alc. fr. 78, 7 D. vergleichbare Wendung von der göttlichen Allmacht (so auch H. Fränkel), eine „Allmachtsformel"; später wird derlei — mindestens in der zweiteiligen Form: mit dir ist alles Schwere leicht, ohne dich unmöglich — in enkomiastischen Reden auf große Männer aufgenommen (z. B. von Xenophon).

Die Nuance des ersten Satzes können wir nicht fassen, da der Text korrupt ist. Deutlich zeigt aber das Weitere, wie elementar die Unsicherheit des Einzellebens empfunden ist, wie ausschließlich der Mensch in die Hand der Götter gegeben ist. Der Gedanke an Strafe oder Lohn für menschliche Handlungen taucht dabei (in den erhaltenen Versen) gar nicht auf. Keine Theodizee wird gesucht, aber auch keine Anklage erhoben. Andre Fragmente zeigen, daß die wechselvolle Unsicherheit für den Dichter das eine Tröstliche hat, daß nach dem Sturz der Mensch auch wieder aufgerichtet werden kann und „ins Licht gestellt", wenn er im Dunkel lag: durch einen Gott oder einen andren Menschen, den Gott einem schickt (P. Ox. 2310 fr. 1), und daß der Mensch gefaßt alles ertragen kann (fr. 67a D.).

Zu 59 D.

κεροπλάστης· . . . *φιλόκοσμος* . . . *περὶ κόμην* (Plut.) . . . *τριχοκοσμητής* Hesych. Gegen „Lockenputz" auch fr. 162 Bgk. *διαβεβοστρυχωμένον* (Pollux II 27) und fr. 60, 2 D.

Zu 60 D.

v. 1 *διαπεπλεγμένον* et *διαπεπηγμένον* codd., em. Hemsterhuys — v. 3 extr. *κατὰ κνήμην ἰδεῖν* Schol. Theocr., *ἐπὶ κνήμαισιν δασύς* Dio — v. 4 in. (v. l.) *ῥοικός* Galen, Schol. Theocr.; *ῥοιβός* Dio, Pollux (= . . . *οἷς κάμπυλα εἰς τὸ ἔνδον τὰ σκέλη . . . , . . . Ἀρχίλοχος*): cf. Lss. introd. LXXVII.

Über die Neigung des Archilochos, erst zu sagen, was nicht gilt (vgl. auch fr. 22 D.), H. Fränkel, Wege u. Formen 56; über die unhomerische Wendung „sicher schreiten" vgl.

V. Hom. z. Lyr. 71 ff. Das Bild, das Archilochos vom kleinen x-beinigen Heerführer zeichnet, steht zum homerischen Ideal des großen und tüchtigen bzw. großen und schönen Mannes fast in allem in krassem Gegensatz: allerdings nur in allem Äußerlichen. Das, worauf es eigentlich ankommt, den Mut, wertet er nicht minder hoch, ja, um so höher.

Zu 61 D.

ἐσμέν codd., Bgk., εἰμέν Fick, D., Lss. Plutarch zitiert diese Verse im „Leben Galbas": viele an dessen Ermordung Unbeteiligte hätten später ihre Hände und Schwerter mit Blut beschmiert und vorgezeigt. Gegen derlei Angeber und Renommisten wendet sich Archilochos, und die erfrischende Aufrichtigkeit seiner Ironie zeigt sich gerade darin, daß sie nicht vor der Gemeinschaft haltmacht, zu der er selbst gehört. — In den Tetram. P. Ox. 2313 fr. 35 findet sich ein vergleichbarer Versschluß:]εν·,]νποσι,] schol. ωμνυε[,].μετέα,]ποτε[,]αρασ[. — Die Wendung μάρψαι ποσίν ist homerisch (Il. 22, 201; μάρψῃ ... πόδεσσι Il. 21, 564).

Zu 62 D.

Vgl. P. Ox. 2314 col. I, 3 ἀ]νολβο.. ἀμφαϋτήσει στρατός. Die Belegstellen, in denen der Freund Erxies (in Thasos u. W.) erwähnt wird, o. S. 163 Anm. 32.

Zu 63 D.

-εῖ codd., -έει Tr. „Viele von ihnen" = viele Leichen der Feinde. Der „Sirius" ist hier nicht der Hundsstern, sondern die Sonne wie bei Hes. Erga 587, Alc. fr. 94, 5 D. etc. Vgl. zum Inhalt die Tetram. fr. 51 E₂ I, 17 f. ... ἀυαινετ[αι _ _ _] ἡλίωι, viell. auch fr. 125 Bgk. (o. S. 50 und 104).

Zu 64 D.

v. 1 καί codd., ⟨οὐδὲ⟩ nescio quis — v. 2 ζῴου in ζόου corr. Porson — v. 3 ζῴοι κάκιστα δέει codd., explevit et explicavit ignotus quidam in exemplari Grotiano, quo usus est Gaisford. — Einige vergleichbare Wendungen bringen die Tetram. P. Ox. 2313 fr. 12: ob deren Inhalt allerdings mit unsrem fr. oder eher mit Kallinos und Tyrtaios vergleichbar ist, läßt sich nicht sagen: vgl. den Text o. S. 19, dem viell. (Lobel) die Reste von zwei Versen in fr. 11 des gleichen Pap. oben anzufügen sind.

Während Archilochos hier nur feststellt, wie es ist und wie „wir" zu tun pflegen (ὅτι τῶν πλείστων μετὰ θάνατον ἡ

μνήμη διαρρεῖ ταχέως Stobaios), macht Semonides daraus
eine Maxime: wir sollen den Toten vergessen (fr. 2 D.):

> τοῦ μὲν θανόντος οὐκ ἂν ἐνθυμοίμεθα,
> εἴ τι φρονοῖμεν, πλεῖον ἡμέρης μιῆς.

Zu 65 D.

Odysseus verbietet Eurykleia, über den Tod der Freier
laut zu frohlocken (Hom. Od. 22, 412): οὐχ ὁσίη κταμένοισιν
ἐπ᾽ ἀνδράσιν εὐχετάασθαι. Das ist bei Clemens mit unsrem
Fragment zusammengestellt, obwohl die Verse keineswegs
inhaltsgleich sind. Die Struktur beider Sätze ist allerdings
sehr ähnlich (vgl. O. v. Weber 7f.). Der des Archilochos hat
allgemeinere Geltung und beruft sich nicht auf das, was
Göttern angenehm ist, sondern auf menschliches Anstandsgefühl. Nach diesem Verse zu urteilen wird unser Dichter
vermieden haben, was die römischen Satiriker der Kaiserzeit bevorzugten, weil es ungefährlich war: über Tote zu
spotten.

Zu 66 D.

v. 2 δρῶντα codd., με add. Hecker, corr. Turyn, Pfeiffer.
δεινοῖς codd. em. Herzog (cf. nunc P. Ox. 2313 fr. 15, 2
δ]εννοςυβρινα.[).
Diese Maxime (vgl. P. Ox. 2310 fr. 1, 14f., o. S. 10)
gilt im gesamten Altertum (nur Antigone handelt nicht
danach), — bis die christliche Lehre etwas unerhört Neues
brachte: Matth. 5,43f. „Ihr habt gehört, daß gesagt ist:
du sollst deinen Nächsten lieben und deinen Feind hassen.
Ich aber sage euch: liebet eure Feinde ..."

Zu 67a und 67b D.

v. 2 ἄνα συ ci. Pfeiffer — v. 3 cf. Hesych. ἔνδοχος· ἐνέδρα,
unde ἐν λόχοισιν ci. Klinger, W. Jaeger (Cl. Rev. 1946, 103),
ἐνδ. def. Tovar, Colonna, Lss.
fr.67b:Ἀρχίλοχος τοῖς φίλοις ἐγκαλῶν διαλέγεται πρὸς τὸν
θυμόν Aristoteles, dessen Hss. am Anfang des Zitates fälschlich οὐ haben (corr. Schneidewin, Meineke). Die Zugehörigkeit zum gleichen Iambos wie 67a ergibt sich aus Aristoteles
mit Sicherheit, wie Jacobs erkannte.
Eines der bekanntesten Bruchstücke ist dieser Appell an
den eigenen Thymos, sich aus dem Wirbel der Leiden (vgl.
Sol. 1, 67 νούσοισι κυκώμενον) aufzuraffen: Worte und Gedanken von einer Wucht, die etwas Packendes hat. Unerbitt-
lich mag es uns scheinen, im Leid uns vorhalten zu lassen:

Erkenne!, in allem, in der Freude, im Leid, im Sieg wie in
der Niederlage dieses „Erkenne!" zu hören: mit jenem
andren Gebot, nicht zu laut zu frohlocken, vom Schmerz
sich nicht zu Boden werfen zu lassen. Aber gerade das ist für
den Griechen, namentlich für den Dichter dieser frühen, kraft-
vollen Zeit, bezeichnend (vgl. den Spruch μηδὲν ἄγαν). Noch
zweifelt man nicht daran, daß aus der Erkenntnis das
entsprechende Handeln resultiert (anders z. B. Eur. Hippol.
380f.: wir erkennen, handeln aber nicht danach). Deshalb
denn auch, und nicht aus 'Pathophobie' oder aus Rücksicht
auf die Umwelt, dieser Appell: denn wenn jemand in seinem
Hause sich vor Verzweiflung am Boden windet, sieht das
niemand: und doch soll man das nicht ... Erkennen aber
soll man, so lautet die für Archilochos bezeichnende Forde-
rung, das Gesetz, unter dem alle Menschen stehen (vgl. o.
S. 170f.), den „Rhythmos" (dazu O. Schröder, Hermes 53,
1918, 324ff.; E. Wolf, Wiener Stud. 68, 1955, 99ff.), das Auf
und Ab (H. Fränkel, D. u. Ph. 207), den Wechsel von
Wellental und Wogenkamm gleichsam, der wie ein großer
Strom alles beherrscht und trägt. — Ob aus der Erkenntnis
das entsprechende Handeln resultieren oder die „Beherrscht-
heit ... nur Haltung und Widerstandskraft verleihen"
soll (H. Fränkel a. O. 196), dürfte auf Grund weniger
Verse kaum zu entscheiden sein: auch das Letztgenannte
ist nichts Geringes und in manchen Lebenslagen das
Einzige.

Vorbild dieser berühmten Verse dürfte das kurze Selbst-
gespräch des Odysseus (Hom. Od. 20, 18—21) gewesen sein:
„Ertrage es, mein Herz!" etc. Einige banalere Nachklänge:
Theogn. 355ff., 657f., 1029ff., Lucilius 695 (Marx) ... *ergo
antiquo ab Arciloco excido | re in secunda tollere animos, in
mala demittere, | ceterum, quid sit, quid non sit, ferre aequo
animo et fortiter.*

Zu 68 D.

Nachbildung von Hom. Od. 18, 136f. τοῖος γὰρ νόος ἐστὶν
ἐπιχθονίων ἀνθρώπων οἷον ἐπ' ἦμαρ ἄγησι πατὴρ ἀνδρῶν τε
θεῶν τε, wie schon bei Clemens vermerkt wird. Die Priorität
der Odysseestelle ist m. E. (V. Hom. z. Lyr. 225, das. Lit.)
erwiesen. Zur teils physikalischen, teils psychologischen,
teils ethischen Auslegung der vielbehandelten, u. a. von
Cicero (de fato fr. 3) übersetzten Odysseeverse in der Folgezeit vgl. A. Weiher, Odyssee XVIII 130—142, Progr.
Kaiserslautern 1917. Die Belegstellen für Glaukos o. S. 163
Anm. 32.

Zu 70 D.

Ein ähnliches 'Polyptoton' — Gen., Dat., Acc. des Namens Kleubulos, hat Anakreon (fr. 3 D.) und Hipponax (P. Ox. 2323, 3f., Dat. u. Acc. des Namens Bupalos). Die Unsicherheit der Überlieferung ist bei unsrem Fragment, bes. v. 2, allerdings sehr groß (genau behandelt von Lobel, Cl. Quart. 22, 1928, 116), *κεῖται* verdächtig, der Schluß (*δὲ ἄκουε* codd., corr. Porson) ganz unsicher. Trotzdem wird deutlich, mit welcher geradezu epigrammatischen Treffsicherheit der ,,Volksfreund" und seine kritiklosen Anhänger ironisiert werden.

Zu 72 D.

Eine berühmte Homerstelle, die Tyrtaios nachgebildet hat, bringt dem Typus nach vergleichbare Nebeneinanderstellungen von Substantiven (Paronomasien) in Kampfschilderungen. In solchen Wendungen ,,Schild an Schild" etc. ballt sich eine ungeheure Energie zusammen: der Eindruck ist mitreißend. Hom. Il. 13, 130ff. (= cert. Hom. et Hes. 188ff.) *φράξαντες δόρυ δουρί, σάκος σάκεϊ προθελύμνῳ· ἀσπὶς ἄρ' ἀσπίδ' ἔρειδε, κόρυς κόρυν, ἀνέρα δ' ἀνήρ.* Tyrt. 8, 31ff. D. *καὶ πόδα πὰρ' ποδὶ θεὶς καὶ ἐπ' ἀσπίδος ἀσπίδ' ἐρείσας, ἐν δὲ λόφον τε λόφῳ καὶ κυνέην κυνέῃ καὶ στέρνον στέρνῳ πεπλημένος,* vgl. Ov. met. IX 44f. *cum pede pes ... digitos digitis ... frontem fronte.*

Das gleiche Stilmittel verwendet unser Dichter hier im erotischen Bereich (*ἀσκὸν λέγει τὸν περὶ τὴν γαστέρα τόπον ... δρήστην ... οἷον δράσαντά τι,* schol. Eur.), wie nach ihm Anakreon (fr. 164 Bgk.), Lucilius (v. 305 Marx: ... *latus lateri, cum pectore pectus ... et cruribus crura diallaxon*), Tibull (I 8, 26), Ovid (am. I 4, 43 u. ö.) *femori femur.* Für den unbezähmbaren Trieb hat hier, für eine zarte Empfindung in fr. 71 D. der Dichter Worte gefunden.

Zu 73 D.

ἠδ' ἄτη codd., cf. Leumann, Hom. Wörter 215. *ἀάτη* Meineke. *ἤμβλακον = ἤμαρτον.* Der Vers wird zitiert als Nachbildung von Hom. Il. 9, 116 *ἀασάμην, οὐδ' αὐτὸς ἀναίνομαι. ἀντί νυ πολλῶν ...*

Zu 74 D.

v. 5—9]*τα*[,]*εωνθαυμαζετω·* (ε sscr.),]*ειψωνταινόμον,*]*ακυματα,*]. *εινορος·* pap. — v. 4 *λυγρὸν* codd., *ὑγρὸν* Valckenaer — v. 5 *οὐκ ἄπιστα* codd., *καὶ πιστὰ* Liebel, *κἄπιστα* Doederlein, Pfeiffer — v. 7 *ἐὰν* ci. Valckenaer — v. 9 *ἡδὺ ἦν* Stob., *ἦι* δύειν ci. A. B. Cook (Class. Rev. 1894, 147), ὑλήειν Bgk., Maas, potius]νειν, i. e. ἦι δύ]νειν, quam]ηειν pap.

Nicht der Dichter selbst ist hier der Sprecher: er „läßt den Vater über seine Tochter sprechen (und sie hart schelten)" (Arist.). Die Vermutung, „der Vater" sei Lykambes, die Tochter Neobule, hat der Pap. bestätigt. Die Hypothese von Lasserre (Mus. Helv. 1947), der Vater des Archilochos sei der Sprecher, ist überholt, auch wenn Bonnard es nicht zugibt. Da in den weiteren Versresten eine zeitgenössische Person mit Namen genannt ist, kann es sich jedenfalls bei Vater und Tochter nicht um anonyme und bloß typische Gestalten handeln. Im (vornehmen) Ἀ]ρχηναχτίδης werden wir den Rivalen des Dichters erblicken dürfen, dem Lykambes seine Tochter eher als dem Habenichts geben wollte. Das Wort „Hochzeit" steht im Text: aber zur Hochzeit ist es nicht gekommen, scheint er zu besagen. Den Grund, warum der Vater seine Tochter nun hart schilt, kann man sich unschwer vorstellen (vgl. o. S. 162). In den Worten, die der Dichter dem Lykambes in den Mund legt, spiegelt sich aber doch seine eigene Erschütterung darüber, daß das Unmögliche, Undenkbare in Natur und Menschenleben möglich geworden ist (vgl. E. Dutoit, Le Thème de l'Adynaton dans la poésie antique, Paris 1936): in der Natur durch die plötzliche Sonnenfinsternis (wohl die v. 7. April 648 bzw. 647), ein erschütterndes Ereignis für eine Zeit, die die Naturgesetze noch nicht kannte, vom Bewußtsein einer unzerstörbaren Ordnung aber um so tiefer durchdrungen war, nun aber auch den Analogieschluß vom Kosmischen auf das Menschliche ziehen muß: auch da ist fortan alles unzuverlässig und möglich, nie kann man schwören, daß etwas nicht geschehen wird (vgl. Soph. Ant. 388 οὐδέν ἐστ' ἀπώμοτον). Nur wo es keinen Zweifel gab, gibt es ein erschüttertes und erschütterndes Irrewerden an den Menschen. — Nachgebildet hat das Ovid, tr. I 8 (v. 8 *et nihil est, de quo non sit habenda fides*).

Zu 75 D.

v. 2 γενοῦ codd., -εῦ Schneidewin. — Zu dieser Gebetsform vgl. zu fr. 30 D. und Hom. Il. 13, 633 (Ζεῦ...) οἶον δή ... χαρίζεαι.

Zu 76 D.

Von der Überlegenheit lesbischer Aoiden spricht Sappho fr. 116 D., viell. im Hinblick auf ihren (älteren) Landsmann Terpandros. Hier und viell. in 51 A IV 52 haben wir bei

Archilochos ein Zeugnis für die bedeutende Rolle lesbischer
Musik in früher Zeit. Paia(o)n, urspr. und noch bei Hes.
fr. 194 Rz.³ eine eigene Gottheit, später mit Apollon gleichgesetzt, andrerseits ein Kultruf oder Kultlied an Apollon
(Lit. A. p. 135, dazu Harvey, Cl. Quart. 1955, 172, der unser
— bei Athen. zitiertes — Archilochosfragment als ein Beispiel für den „banquet-paean" wertet).

Zu 77 D.

Vgl. den berühmten Aristoteles-Passus über den Ursprung
der Tragödie, Poet. 4 p. 1449a 10 ἀπὸ τῶν ἐξαρχόντων τὸν
διθύραμβον κτλ., dazu jetzt Lesky, Trag. D. 16ff., zum
Dithyrambos auch Harvey, Cl. Quart. 1955, 173. Noch nicht
verwertet ist in den bisherigen Untersuchungen, daß unser
Dichter im Dionysoskult in Paros musikalische Neuerungen
eingeführt hat, von denen die Biographie (51 E₁ III) berichtet: und daß Aristarch, wie der neugefundene Bakchy-
lides-Kommentar P. Ox. XXIII, 1956, nr. 2368 zeigt, gegen
Kallimachos über die Bezeichnung Paian und Dithyrambos
polemisiert hat und für eine allgemeine (nicht-dionysische,
sondern erzählende) Bedeutung des Wortes Dithyrambos eingetreten ist. Vgl. zu fr. 120 D. — Den — historisch berech-
tigten — Dichterstolz verrät οἶδα, vgl. Alcm. fr. 93 D.

Zu 78 D.

v. 1 μεθύων cod., em. Casaubonus — v. 2 εἰσήνεγκας cod.
εἰσενεγκών Eust. paraphr., εἰσενέγκας Schweighäuser, εἰσενείκας Kaibel — v. 3 ⟨ὑφ' ἡμέων⟩ inseruit Bgk., alii alia.

Diese Scheltworte sind an Perikles gerichtet (o. S. 163
Anm. 32), ὡς ἀκλήτου ἐπεισπαίοντος εἰς τὰ συμπόσια Μυκονίων
δίκην (Zitat?): die Bewohner dieser kleinen Insel seien in
Verruf geraten, sparsam und habgierig zu sein (Athen.). Daß
nicht nur in Sparta ein Beitrag des Einzelnen bei gemein-
samen Symposien u. dgl. selbstverständlich war, zeigt außer
unsrem Fragment auch Hes. Erga 721f. Ohne Einladung erscheinen durfte selbst der Freund nicht (vgl. auch Alc.
fr. 44 D.): man warf ihn nicht hinaus, hatte aber Grund zum
Tadel.

EPODEN

Zu 79 D. und 80 D. (Straßburger Epoden).

fr. 79a: schol. in marg. sin. ante v. 1: θαλασσ.ος, ad v.
superiorem .ι.ηεκτ/ — v. 3 schol. inter lin. ο το'/ — v. 4
schol. οιακρ...ς κομωντες — v. 5 ἐνθαναπλησει pap.,]λλα..

πλισαι[..]κα schol. — v. 7 χνου pap. — v. 8 επιχοι pap.,
επει/η...νοι schol., ἐπέχοι ed. pr., ἐπιχέοι Cantarella, Masson —
v. 10 schol. ακρασ[.]οι — v. 11 κυμαντῶι prop. Masson. schol.
κατακροντοναιγιαλον — v. 13 εφορκ pap., ἐπὶ ὁρκίοις schol. —
v. 14 s. schol. in marg. sin.]λαινει et παλ (ση]μαίνει [τὸν
Βού]παλ[ον Blaß).
fr. 80: v. 2 schol. in marg. dextr. .ε.ταμ[— v. 4 .]ἰδ
Reitzenstein, i. e. [ο]ἰδεν — v. 6 schol. in marg. dextra
(ad v. 5 referendum) μακαριοςοστιςτον. κώσέϊ pap., i. e. κώ
σ᾽ (Masson) — v. 7 suppl. Wil. — v. 9 ἠμερσέ pap. — v. 10
schol. φα/...σ/.

Die im Jahre 1898 in Kairo erworbenen, vom Fürsten
Hermann zu Hohenlohe-Langenberg der Universitätsbiblio-
thek Straßburg geschenkten „Straßburger Epoden", bis 1954
die wichtigsten Papyrusfragmente zu Archilochos, sind noch
heute umstritten. (I) R. Reitzenstein hat sie in der guten,
erst 1951 durch Masson überholten editio princeps v. J. 1899
dem Archilochos zugewiesen, und zwar beide Stücke (fr. 79
und 80), eine Ansicht, der sich Hauvette anschloß. (II) Andre,
schon Blaß i. J. 1900, dann Crusius, Perrotta, Terzaghi,
Lasserre und jetzt auch Masson, haben beide Stücke dem
Hipponax zuweisen wollen, dessen Name im Text von
fr. 80, 3 vorzukommen schien (Ἱππωνα[κτίδης erg. jetzt Maas).
(III) Die Andersartigkeit des Stils hat drittens zahlreiche
Forscher (Jurenka 1900, Romagnoli, U. Galli, Cantarella;
vgl. die Nachweise bei Diehl³ z. St.) die erste Epode (bzw.
79a D.) dem Archilochos, die zweite (genauer: 79b D. und
80 D.) dem Hipponax zuweisen lassen (wozu auch Pfeiffer
und H. Fränkel neigen): ganz zu schweigen von denen, die
(wie Coppola und del Grande) beide Stücke einem alexandrinischen Dichter zuweisen wollten oder wie Pasquali an
einen Nachahmer des Archilochos dachten.

Dreierlei Meinungen waren schon um die Jahrhundert-
wende geäußert worden. Die Kallimachosfunde gaben in den
dreißiger Jahren Anlaß zu erneuter, bes. in Italien lebhaft
und erbittert geführter Diskussion. Es würde zu weit
gehen, das im einzelnen zu verfolgen oder alle Literatur an-
zuführen.

Die genaue Überprüfung der Originale durch J. Schwartz
(bei Masson 1951) hat ergeben, daß beide Stücke von der
gleichen Hand geschrieben sind und von der gleichen
Papyrusrolle stammen. An zwei Dichter kann man nur
denken, wenn eine Anthologie vorläge. Der so verschiedene
Inhalt, die erklärenden Scholien, das Fehlen einer Überschrift nach 79a D. schließen diese Möglichkeit mit großer

Wahrscheinlichkeit aus. Der Zuweisung an zwei Dichter, die
sich letztlich nur auf unser Stilempfinden berufen konnte,
ist damit die Grundlage entzogen (s. Masson 1951).

Gegen Archilochos als Verfasser sind a) lexikalische,
b) orthographische, c) syntaktische (Artikelgebrauch) und
d) metrische Argumente vorgebracht worden, von denen
m. E. nur die letztgenannten ernst zu nehmen sind. Lexika-
lisch bringt jeder neue Papyrus-Band Überraschungen, so
jetzt für Archilochos das neue Wort ἀμφικουρίη. Wenn
ἀκρασίη sonst erst wieder in Hippokratischen Schriften belegt
ist, so beweist das gar nichts. δούλιος, das für Hipponax (vgl.
Hippon. fr. 39, 5—6 D. τρώγων / . . . δούλιον χόρτον) ins Treffen
geführt worden ist, ist neuerdings auch für Archilochos
belegt (P.Ox. 2313 fr. 24]νμεηα[,]δουλιο[,]εξελ[,]καη[,]κα[).
Da die literarische Überlieferung (Stobaios und Ps.-Plat.
Eryxias) in fr. 68 ὀκοίην und ὀκοίοισ᾽ bewahrt hat (trotz
sonstigem πο-, vgl. Perrotta), finde ich an κώ fr. 80, 6 nichts
Anstößiges (vgl. den Kallimachos-Index von Pfeiffer). Daß
der Straßburger Pap. φιλεῖς, πολεμεῖ schreibt, die Oxyrhynchos-Papyri -έει, besagt über die Schreibweise des Autors
ebensowenig wie εφορκιοισ mit darübergeschriebenem επιορ-
κιοις fr. 79, 14. Der Artikel ist bei Archilochos „nur im
ausgesprochen demonstrativen oder possessiven Sinn gebräuchlich" (Pfeiffer, Phil. 88, 1933, 269; zu fr. 64 D. und
fr. 58 D. vgl. Perrotta) — außer der ersten Straßburger
Epode mit ἐκ δὲ τοῦ χνό⟨ο⟩υ v. 8. Daß bei Sappho, für die allg.
das gleiche gilt, „der Tau" u.a.m. auch mit dem Artikel
verbunden ist, darf beachtet werden: und ob an unsrer
Stelle nicht doch eine demonstrative, d.h. hier auf früher
Erwähntes (das Meer) zurückverweisende Nuance durch
den Artikel ausgedrückt ist? — Für Tmesis ist zu den alten
Belegen bei Archilochos ein neuer hinzugekommen (anon.
P. Ox. 2317, 9).

„Bei Archilochos längt muta cum liquida ohne Ausnahme" (Pfeiffer, Phil. 1933, 270, ebda. über das unechte
fr. 14 und die von Wilamowitz evident verbesserte Stelle
fr. 28, 2 D.; ebenso zuletzt Morelli über die correptio Attica
bei Archilochos). In beiden Straßburger Epoden aber finden
wir je einmal die sog. correptio Attica (κύμασῐ πλαζόμενος,
ἄριστᾰ βροτῶν). Die neuen fr. haben nichts dergleichen gebracht (σμικρῆῐ z. B. ist natürlich nicht iambisch). Nach
wie vor bleiben dies prosodische Singularitäten der Straßburger Epoden: in deren daktylischen Versen (U. Galli),
was wohl nicht ohne Belang ist. Das können Homerismen
sein (οὔτε βροτῶν, ἔσσι βροτῶν Od. 6, 119 und 153) wie das

Epitheton ἀκρόκομοι (= Il. 4, 533) und dreisilbiges ἔιδε. Auch
Sappho hat in daktylischen Versen mehrfach correptio Attica,
und einmal, an einer für die strengen Interpreten unbe-
quemen Stelle (fr. 27a, 19 D.), in sapphischen Strophen.
Für Archilochos spricht die Tatsache, daß Horaz, Epod.
10 eine freie Nachbildung der ersten Straßburger Epode ist,
aber mit *olentem Mevium* ebda. v. 2 auch einen Passus der
letzten Straßburger Epode nachzubilden scheint (F. Leo).
Als neues Argument führt Ed. Fraenkel (Hor., 27 ff., bes.
31 f. m. Anm. 2) an, daß Horaz in seiner frühen Periode
dichterischen Schaffens jeweils dem einen Klassiker (Lucilius, Archilochos, Alkaios) des literarischen Genos (in freier
Adaptierung) gefolgt ist: da die Mevius-Epode in seine
Frühzeit gehört, ist eine Kombinierung archilochischer
Motive mit solchen aus Hipponax da noch unwahrscheinlich.
Alkaios fr. 24c, 23 D. ἔμβαις ἐπ' ὀρκίοισι hat — außer
Herondas VIII 58 — von allen, bei Masson (1951, 435f.)
gesammelten Ausdrücken für 'die Eide mit Füßen treten'
die größte Ähnlichkeit mit fr. 79, 14 λὰξ δ' ἐπ' ὀρκίοισ' ἔβη
und klingt (worin ich Diehl recht gebe) wie eine Nachahmung des Archilochos. Für Archilochos spricht nicht
zuletzt die Großartigkeit von fr. 79, das übrigens — bei
aller sonstigen Verschiedenheit — ebenso wie fr. 80 die Erklärung erst am Schluß bringt. Das neue fr. P. Ox. 2317
ist für „Zähneklappern" zu vergleichen (o. S. 10ff.). Und was
fr. 80 betrifft, so zeigt das Namenverzeichnis der von
Archilochos Verspotteten (o. S. 163 Anm. 32), daß Reitzenstein nicht zu Unrecht von der „rein persönlichen Spott-
dichtung" des Archilochos sprach: daß viele Personen — zu-
weilen auch mit Berufsbezeichnungen („der Zimmermann
Charon", der Seher Batusiades) — bei Archilochos erwähnt
waren. Daß dieser Dichter vielfältiger ist als man geglaubt
hat, lassen die neuen Fragmente ebenfalls durchblicken.
Gegen Hipponax als Verfasser von fr. 80 (obwohl Hipponax nicht nur Hinkiamben, sondern auch Epoden geschrieben hat) spricht der Name Hippona- inmitten dieser
zweifelhaften und anrüchigen Gesellschaft. Denn (in dem
Fall würde man doch „Hipponax" ergänzen: aber) was der
Dichter von diesem Mann aussagt, ist um nichts besser als
was über die mit „du" angeredete Person vorher und was
über Ariphantos nachher gesagt ist: und der ist, wie der
Dichter nun sagt, ein stinkender Kerl: glücklich, wer ihn
nicht kennt.
Beide Straßburger Epoden halte ich für archilochisch. —
Der Inhalt von fr. 80 bleibt in vielem dunkel. Die Personen

sind: die angeredete Person + ein X, in dessen Nähe „du
zu sitzen pflegst" + Hippona(ktides) + Ariphantos, der
Stinkende + Aischylides, der Töpfer. „Ob mit v. 9 und 10
der Dichter wieder zu der v. 2 angeredeten Persönlichkeit
zurückkehrt oder noch bei Ariphantos und Aischylides ver-
weilt, wage ich nicht zu behaupten" (Reitzenstein, S. 864).
Das Ganze scheint ein sauberes Konsortium, Betrüger und
betrogene Betrüger (oder Schmeichler).

fr. 79 ist mit seiner Aneinanderreihung von Bild um Bild,
mit seiner Parenthese, die die Kette der Wunschbilder
(Optative) unterbricht, indem sie sich die weitere Zukunft
des Betroffenen ausmalt (Fut.), mit dem vielsagenden
Schluß, der die ganze Erbitterung erst verstehen läßt, eines
der packendsten Gedichte. Der nicht abreißende Atem (für
starke Interpunktion ist kein Platz) verrät eine ungeheure,
geballte Energie. Energisch, noch energischer als im frühen
Epos, ist auch die Struktur der einzelnen Kola: wie von
selbst finden sich die Worte, die Schlag um Schlag für den
Verräter bringen, jeweils an Versanfängen: durch Wellen —:
in Salmydessos (= thrakische Stadt am Schwarzen Meer) —:
die Thraker —: sollen ihn ergreifen—: Sklaven—(-brot: aber
nicht auf das Brot und das Essen kommt es dem Dichter an!)
— vor Kälte —: Tang —: klappern—: daliegend—: just am
Rand —. Diese Struktur hat auch noch der nächste Vers:
das—(möchte ich sehen). Merklich anders sind die beiden erklärenden Schlußverse gebaut, in denen das besonders Be-
deutungsvolle seinen Platz an der Zäsur (vor und nach ihr)
findet.

Zur Struktur homerischer Verse vgl. H. Fränkel, Wege
u. Formen 100ff., bes. 113f. und 151f. (über Trimeter), zur
Wortstellung bei Archilochos vgl. oben S. 190.

Zu 81 D.

ante v. 3 εἶτ' ἐπιφέρει Ammonios. Zwei Fragmente sieht
daher hier Luria, allerdings ohne zu berücksichtigen, daß der
Beginn der Fabeln stets abrupt ist, soweit wir sehen können.
Viell. haben wir hier mit Luria und Immisch (der auch
fr. 83 D. dazu stellt) den Beginn der Fabel über den Streit
beider Tiere περὶ εὐγενείας (Aesop f. 14 Hausrath, Babr. 81).—
Das griech. Wortspiel Kerykides = 'Heroldssohn' — σκυτάλη
= 'Heroldsstab' ist unübersetzbar. 'Heroldsstäbe' waren
mit weißen Riemen umwickelt: auf diesen war die Botschaft
geschrieben (o. S. 128). ἀχν. σκ. paraphrasiert Plut. ἐπὶ τῶν
λυπηρᾶς ἀγγελίας ἀγγελλόντων = „et je serai messager de dé-
plaisir" Bonnard.

Zu 82 und 83 D.

Unverkennbar klingt in der Aesopfabel 83 (Hausrath) unser Archilochosvers nach, der sprichwörtlich geworden ist, und da in fr. 82 ῥόπτρον als τὸ ἐν παγίδι καμπύλον ξύλον, ᾧ ἐρείδεται erklärt wird (= Stellholz einer Falle, andre Bezeichnungen der Teile einer Falle b. Callim. 177 Pf.), scheint sich hier auch die Falle der gleichen Tierfabel wiederzufinden.

Zu 84 D.

„Die Menschen jedoch urteilen über die Zukunft ὥσπερ ἐν σκότῳ", fährt Ael. Aristides fort, wie er auch vor dem Zitat von sich aus sagt, vor den Göttern liege die Zukunft ὥσπερ ἐν ὀφθαλμοῖς. — Telos = Verwirklichung (H. Fränkel). Zum Gedanken vgl. etwa Sem. 1, 1f. D., dazu Wil. Gl. d. H. I 347: „So ist aus dem Gotte, der das Wetter machte, der Gott geworden, der alles macht, der Welt und den Menschen zuteilt, was er will, und die Person, von der die Mythen erzählen, tritt ganz zurück."

Zu 85 D.

Zu Batusiades, der Seher — aber ein schlechter Seher — war, o. S. 163 Anm. 32. Weil der Metriker Hephaistion diese Verse für dieses Epodenversmaß zitiert, folgert Snell (Phil. 1944, 284), daß es die Anfangsverse der ersten Epode dieses Versmaßes waren, fr. 81—84 und fr. 86 in der Buchausgabe also an späterer Stelle folgten.

Zu 86 D.

Leider wissen wir nicht, auf wen diese großartige Charakteristik des widerspruchsvollem Wesens einer Frau geht: ἡ παρ' Ἀρχιλόχῳ γυνή bzw. ἐπὶ τῆς τὰ ἐναντία φρονούσης ist alles, was Plutarch dazu sagt. Vgl. o. S. 183. Lasserre bezieht die Verse auf einen — Affen (sic!).

Zu 87 D.

Paraphrasiert mit οὐ δωρεὰν ἐμοῦ καταγνώσεταί τις, ἀλλὰ ἀποδώσει μισθὸν ὧν ἔπραξε (Et. Gud., An. Par.), mit der Bemerkung: οὕτως εὗρον ἐν ὑπομνήματι Ἐπῳδῶν Ἀρχιλόχου. Wir wissen nicht einmal, wer diesen antiken Epodenkommentar verfaßt hat. Die Hoffnung, daß sich davon einmal einige Papyrusfragmente finden, braucht man nicht aufzugeben.

Die Fabel von Adler und Fuchs
(fr. 88—92, 94—95 D.)

In dem αἶνος (= erdachte, exemplarische Geschichte) von
Adler und Nachtigall begegnet bei Hesiod, Erga 203ff. in der
griechischen Literatur uns zum erstenmal eine Tierfabel
(gelegentlich μῦθος, meist λόγος, in der Spätzeit bei Cic.,
Quint., Gell. ἀπόλογος genannt). Archilochos hat Tierfabeln
oft verwendet: wie es scheint, in der Weise, daß sie in
Rahmenerzählungen eingefügt waren, d.h. schonungslos,
mit unverblümter Anwendung auf den Einzelfall. Nach ihm
bedient sich Semonides des gleichen Mittels, über Höher-
gestellte seine Meinung zu sagen. Aesop, der als 'Vater der
Fabelerzählung' gilt und schon im 5. Jh. eine legendäre
Gestalt geworden war, mag etwa Sapphos Zeitgenosse gewesen sein. Gesammelt wurden die äsopischen Fabeln erstmalig von Demetrios von Phaleron im 4. Jh. v. Chr. (Wehrli,
Schule des Aristoteles 4, 1949, S. 68).

Weit verbreitet war die Tierfabel im Orient. Die Griechen
selbst wußten gelegentlich von thrakischen, karischen, phry-
gischen, lydischen, kyprischen, libyschen, syrischen, ägyp-
tischen Fabeln zu berichten (vgl. Index 8 bei Perry, Aesopica
I, Urbana 1952; Meuli 17 Anm. 2; für Ägypten vgl. Würfel,
Wiss. Ztschr. d. Univ. Leipzig, 1952/3, H. 3. 63ff.; Aesch.
fr. 139 N² μύθων τῶν Λιβυστικῶν κλέος; Callim. 194, 7 Pf.
beruft sich auf die alten Lyder). — Im AT steht Iudicum
9, 8—15 eine Fabel von den Bäumen, die sich einen König
wählten, und von Salomo heißt es 1. Reg. 5, 10: ,,Und er
redete von Bäumen ... auch redete er von Tieren, von
Vögeln, von Gewürm und von Fischen.''

Daß die Fabel, die ,,den Bauernaufstand in der Moral
begleitet'' (Crusius), in Rom urspr. fremd gewesen zu sein
scheint, mag für die unangefochtene Geltung der auctoritas
bezeichnend sein. Phaedrus, der aus Mazedonien stammende
Freigelassene des Augustus, kann sich rühmen, in seinen
lateinischen Iamben die äsopischen Fabeln als erster über-
tragen zu haben. Babrios (2. Jh. n. Chr., dichtet in griech.
Hinkiamben) und Avianus (5. Jh. n. Chr., in elegischem
Versmaß und lateinischer Sprache) sind die letzten Repräsen-
tanten der Fabeldichtung in der Antike. Dem Mittelalter
blieb sie, was ebenfalls bezeichnend ist, etwas Fremdes.
Luther hat sie sehr geschätzt. Weiteres in Kleukens Sammlung und bei Meuli.

Bei Archilochos glaubten wir, die Fabel von Adler und
Fuchs einigermaßen zu kennen. Die Neufunde belehren

uns, „daß wir noch nicht am Ziele der Entdeckungen stehen"
(Schneidewin i. J. 1844).

Inhaltlich entfernt vergleichbar ist eine ägyptische
Fabel vom Geier und der Katze. Sie findet sich auf einem
demotischen Pap. (s. I/II) in Leiden (I 384: W. Spiegelberg,
Der ägyptische Mythos vom Sonnenauge etc., 1917, 13ff.;
G. Franzow, ÄZ 66, 1931, 46ff.; Würfel 72f.). Sogar ins
Griechische ist sie wie dieser ganze Mythos vom Sonnenauge
einmal übersetzt worden: P. Lond. 274 (Brit. Mus., s. II/III,
vgl. R. Reitzenstein, Die griech. Tefnutlegende, SBAk
Heidelberg 1923, 2), nur ist dieser Teil der griech. Übersetzung nicht erhalten. Nach dem demotischen Text lautet
die Fabel:

„Es war ein Geier, der in dem Wipfel eines Wüstenbaumes geboren war,
und es war eine Katze, die bei einem Hügel geboren war. Es fürchtete sich
nun der Geier herauszugehen, um für seine Jungen Nahrung zu holen ... aus
Furcht vor der Katze, daß sie nicht über seine Jungen herfiele. Und auch die
Katze wagte nicht herauszugehen, um für ihre Jungen Nahrung zu holen,
aus Furcht, daß der Geier über ihre Jungen herfiele. Da wandte sich der Geier
an die Katze und sprach: „Sollten wir nicht so miteinander leben können, daß
wir vor Phre, dem großen Gott, einen Eid leisten des Inhalts: wer heraus-
gehen wird, um Nahrung für seine Jungen zu holen, über dessen Junge soll
der andre nicht herfallen." Da leisteten sie ihre Eide vor Phre, daß sie danach
handeln wollten. Es geschah eines Tages, da sah die Katze eine Speise, an der
ein Geierjunges fraß, und wollte sie ih(m) wegnehmen. Als nun seine beiden
Füße sich umwandten zu seinen Genossen, da bohrte die Katze ihre Nägel in
ihn und hielt ihn fest. Nicht konnte er sich wieder befreien. Da sagte sie: Bei
Phre, nicht ist eine Speise ... bohren ... Ich habe sie dir nicht gebracht.
Möge man sie finden! Da sagte er zu ihr: Ich bin ... hinab ... Was liegt dir
daran vor Phre, die Vergeltung zu bringen über ... wegen des falschen Eides,
den er geschworen hat? ... wollte weggehen. Doch seine beiden Flügel trugen
den Leib nicht hinaus nach ... Als er nun nahe daran war, sein Leben zu
beschließen, sagte er zu ihr ... sein Antlitz nämlich, der Sohn seines Sohnes.
Da machte der Geier seine ... Es geschieht, wenn die Vergeltung kommt in
die fernen Gegenden des Landes Syrien, so wird sie hierher zu einer andren Zeit
wieder zurückkehren. Siehe, ich verdiene es. Wenn die Katze herausgeht, um
Nahrung zu holen für ihre Jungen, falle ich über ihre Jungen her, damit sie
mir und meinen Jungen zur Speise sind ... gelangen können zu ... um zu beschließen das Leben der Katze. Siehe, ich habe dir bereits erzählt, was mir
bereits mit ihr geschehen ist. Da hielt sich der Geier die Sache vor sein Auge.
Es geschah nun eines Tages, da ging die Katze heraus, um Speise zu suchen
für ihre Jungen. Da fiel der Geier über ihre Jungen her. Als nun die Katze
heimkam, fand sie ihre Jungen nicht. Da erhob sie ihr Angesicht zum Himmel,
indem sie vor Phre betete: Erfahre mein Recht und Gericht mit dem Geier,
der über meine Jungen hergefallen ist, nachdem er die heiligen Eide verletzt
hat, die ich mit ihm festgesetzt habe! Da wurde ihre Stimme von Phre gehört.
Man sandte eine Gottesmacht herab, um Vergeltung zu üben am Geier, der
über die Jungen der Katze hergefallen war. Da fand er die Vergeltung unter
dem Baum, auf dem der Geier war. Sie (d. i. die Gottesmacht) befahl ihr (d. i.
der Vergeltung), dem Geier zu vergelten für das, was er den Jungen der Katze
getan hatte, wie es ihm vor Phre befohlen war. Es geschah nun, daß die Vergeltung den Geier sah mit einem Syrer, der etwas Bergwild kochte, um es ihm
als Speise zu geben ... Er hob ein Stück Fleisch in seinen Schnabel, er nahm
ihn in ... ein Stück Fleisch, indem die Kohlen an ihm angezündet waren, ohne
daß er es merkte. Da brannte die ... an dem Ort des Geiers. Da fielen seine

Jungen zur Erde ... zu Füßen des Baumes. Da kam die Katze nach ... und klagte den Geier an bei Phre: du bist es, welcher über meine Jungen hergefallen ist, indem du ihnen von jeher nachstelltest. Siehe, bist du nicht hergefallen über meine Kinder, während ich deine Jungen nicht verspeist habe, indem sie gekocht waren?" —

— Soweit die demotische, z.T. lückenhafte Fassung. Trotz des fremdartigen Götterapparates (Phre, Gottesmacht, Vergeltung) und der geradezu kasuistischen Rechtsauffassung sind Ähnlichkeiten mit der äsopischen Fabel nicht zu verkennen. Geringer sind sie im babylonischen Etanamythos (Ungnad, Die Rel. d. Babylonier u. Assyrer, 1921, 132ff.; Würfel 73). Dort schwören Adler und Schlange einen Eid vor Schamasch, halten aber nur einen Tag lang ihre Abmachungen. Ich bringe hier nur einen Auszug:

„Als des Adlers Junge groß und schlank geworden waren, ersann der Adler Böses in seinem Herzen, sein Herz trieb ihn zu bösen Dingen: die Jungen seines Gefährten trachtete er zu fressen. Ein Junges, ein hochgescheites, sagte zum Adler, seinem Vater, das Wort: Friß nicht, mein Vater, das Netz des Schamasch wird dich fangen! — Er hörte nicht auf sie (d. i. seine Kinder), hörte nicht das Wort seines Jungen, er fuhr herab und fraß die Jungen der Schlange": (Die Bestrafung erfolgt nur am Adler selbst: die Schlange versteckt sich in einem toten Wildochsen und packt den Adler, als er, „der nicht hörte das Wort seines Jungen", herabfährt.) —

Hier sind klare Verhältnisse. Das Ethos ist sehr deutlich, überdies in der Erzählung durch Wiederholung wie durch einen doppelten Hammerschlag markiert, was orientalischer Erzählweise entspricht. Neu für uns ist der Dritte als Warner.

Bei Archilochos meinte man, folgende Episoden der Erzählung feststellen zu können: (I. Anrede an Lykambes). II. Beginn der Fabel. III. Raub der Füchslein durch den Adler. IV. Klage und Drohung des heimgekehrten Fuchses (erste Rede?). V. Hohn- und (Peek) Rechtfertigungsrede des Adlers (zweite Rede). VI. Gebet des Fuchses (dritte Rede). VII. Bericht über die Bestrafung. (VIII. Epilog: Anwendung der Fabel auf das Verhältnis des Lykambes zu Archilochos). — Daß (I) und (VIII) als Rahmenerzählung zu dieser Fabel gehören, hat erstmals Huschke vermutet (bei Furia, Fabulae Aesopicae, Leipzig 1810; Schneidewin wollte I. dem Epilog zuweisen). Die Annahme ist durchaus glaubhaft, weil der Inhalt der Fabel eine genaue Parallele zum Wortbruch des Lykambes bildet und weil wir wissen, eine Adler-Fabel, vermutlich in seiner ersten Epode, hat der Dichter gegen Lykambes verwendet. Vgl. Lasserre und Adrados (RPh. 1956, 28ff.).

Eine alte und eine neue Textstelle müssen nun jedoch Zweifel daran wecken, ob man richtig interpretiert und rekonstruiert hat. In fr. 92a D. ist v. 3 bei Euseb. κάθηται

überliefert, Meinekes Änderung (b. Schneidewin) in die
1. p. sg. ist zwar von allen edd. außer Lasserre akzeptiert
worden, aber unberechtigt, weil mitten im wörtlichen Zitat
ein accommodare suae orationi nicht anzunehmen ist. 92a
enthält keine Hohnrede des Adlers. Lasserre schließt es an
94 D. an: „du siehst" würde sich dann anaphorisch im Gebet
des Fuchses wiederholen (s. Masson). Einzuwenden ist: σὴν
μάχην, zu Zeus gesagt, erhöbe den Adler zu einem Theo-
machos, einem Streiter wider Zeus. Das vieldiskutierte, aber
m. E. nur auf den Felsen zu beziehende παλίγκοτος — eine
'Belebung des Unbelebten' wie λᾶας ἀναιδής Hom. Od. 11,
598 — wäre unrichtig. Keiner betet zu Zeus, der glaubt,
am Felsen pralle der Groll des Gottes ab. Dies Wort führt
in eine Situation, in der der Sprecher wie der Angeredete,
der eine Fehde führt, dem Adler nicht beikommen können:
auf ein drittes Tier, das zum Fuchs spricht (Pfeiffer), so
ungern man die an sich schon lange Fabel noch länger und
komplizierter werden sieht.

Das gleiche gilt vom neuen P. Ox. 2316, so daß die eine
Stelle die Deutung der andren stützt. Auch hier ist es eine
an den Fuchs gerichtete Rede mit ausführlichen Aussagen
(4 Partizipia) über den Adler. Im entscheidenden v. 12, der
mit].ῆσ.· σος δε θυμος ελπεται vor die Interpunktion den
Schluß dieser Aussage (v. fin.) bringt, ist eine Ergänzung zu
ησω. (Peek),]νῆσα· Lss. jedoch durch die Tintenspuren ausgeschlossen (Pfeiffer, mdl.; nach σ ''the upper part of an
upright . . . at an interval'' L.). Somit ist eine Selbstaussage
des Adlers auszuschließen. Möglich ist dagegen eine 3. p. sg.
— wie v. 4, — ἤσει allerdings nur, wenn der gravis im Pap.
irrtümlich gesetzt ist. Der „Dritte", der auch hier den Fuchs
höhnt und zum Adler hält und sogar (s. u.) dessen Tun für
gerechtfertigt ansieht, wird vermutlich mehr als nur ein
zufälliger Interlocutor gewesen sein. Bei Phaedr. II 4, Adler,
Wildsau und Marder, tritt letzterer als Typus des Ver-
führers auf (Gegenbild zum Warner). Die Frage in (I):
„Wer hat, Lykambes, deinen Sinn verführt?" wäre dann
nicht bloß rhetorisch.

Alle weiteren Fragen: ob auch der „Dritte" von der Strafe
ereilt wurde (vgl. die geschlachtete Ziege) oder tertius gau-
dens blieb wie der Marder a. O.: ob er eher als der Fuchs
Zugang hatte zum Nistplatz des Adlers (urspr. ein Fels, so
auch Hdt. V 92 und auf den von Ed. Fraenkel zu Aesch. Ag.
118 erwähnten Münzen; in späten Fassungen ein Baum), —
helfen einstweilen nicht, diesen „Dritten" zu identifizieren.
Ihn festgestellt zu haben, ist Pfeiffers Verdienst.

Einen gewissen Einblick bekommen wir nun aber in die
Erzählweise des Archilochos. Manches, und gerade einfache
Ausdrücke, wird in der Fabel wiederholt: „der hohe Berg",
„auf dem hohen Berge", „er brachte und setzte vor", „er
brachte . . . und setzte vor". Wäre mehr erhalten, hätten
wir derlei sicher noch mehr („Busch", „herabfliegend",
„Freundschaft" werden bei Aesop wiederholt). Ob diese Art
von Wiederholungen nicht als Spiegelbild älteren, volkstümlichen Prosastiles angesehen werden darf, wie ja auch bei
uns das Dornröschenschloß niemals Burg heißt? In einem
frühen Stadium steht die Identität von Wort und Sache fest;
eine variatio im Sachlichen ist damit ausgeschlossen. Wiederholt werden übrigens nur Sachbezeichnungen und Handlungen, die das Gerüst der Fabel bilden: in allem andren
kann sich die Beschreibungskunst des Dichters frei entfalten,
der ausführlichere Beschreibungen dort bringt, wo sie aktuelle
Bedeutung haben („nicht flügge", wo Fliegen die einzige
Rettung wäre etc.). — Ganz andren Charakter haben die
Wiederholungen in den orientalischen Fassungen der Fabel.
Sie gleichen einem doppelten Hammerschlag an ethisch
wichtigen Stellen; z. T. sind es Wiederholungen mit rück-
läufiger Wortstellung („ersann er Böses in seinem Herzen,
sein Herz trieb ihn zu bösen Dingen").

Wichtiger ist ein andres, neues Ergebnis. Während in der
Fabel bei Hesiod die Hybris als nackte Willkür auftritt
— „wenn ich mag, freß ich dich", sagt da der Adler zur
Nachtigall —, gab es in der dialogischen Fabel des Archilochos, wie Peek erkannte (Phil. 100, 1956, 25ff., Wiss. Ztschr.
Halle 1955/6, 196), eine Rechtfertigung für das Vergehen des
Adlers: d. h. eine Art Dialektik. Ihr Ausmaß ist nicht mehr
ersichtlich, doch bleibt, nach Abzug alles Unsicheren,
(παίδων) ὀρφανῶν μεμνημένος ein deutlicher, ἀπορῶν τροφῆς
bei Aesop ein verblaßter Hinweis: aus Sorge um seine un-
versorgten Kinder (in diesem Sinn muß m. E. das Adj.
verstanden werden, ~ ὀρφανὸς βίου, anders, auf die Füchslein bezogen, Lss.), so wird dem Fuchs gesagt, handelt der
Adler, was übrigens auch Lykambes vorschützen konnte,
als der reiche Freier auftauchte. Für den Dichter und seine
Hörer bleibt freilich auch 'unfreiwillig' begangenes Unrecht
eindeutig Unrecht. Jahrhunderte vor der Sophistik beginnt
hier immerhin schon etwas wie eine Auseinandersetzung über
Recht und Zwangslage.

Von der Redegabe der Tiere abgesehen, ist rationale
Glaubwürdigkeit und Lebenswahrheit eine wichtige Kompo-
nente in Tierfabeln des A., im Unterschied zu Späteren.

Tatsächlich brüten Steinadler zwei Junge aus (vgl. Musaios
B 3). Bis sie flügge werden, vergehen übrigens etwa 70 Tage.
In der Ausgangssituation der Fabel hat nun allerdings nur
die demotische Variante einen rational glaubwürdigen Zug
im paritätischen Verhältnis beider Partner: beide fürchten
für ihre Jungen. Sollten am Ende erst die Griechen die soziologische Ungleichheit in den Vordergrund gerückt, die
demotische Fabel hierin einen alten Zug bewahrt haben?
Noch deutlicher und aggressiver ist der soziologische Aspekt
bei Semonides fr. 11 D.: der Mistkäfer als Rächer des
Hasen, andrerseits der Adler, der seine Eier in Zeus' Schoß
legt.

Weitere Einzelheiten zu den Fragmenten:

fr. 88 D.: zur Rahmenerzählung s. o.

fr. 88a D.: s. unten.

fr. 89 D.: cf. Ar. av. 652f. ... *τὴν ἀλώπεχ' ὡς φλαύρως
ἐκοινόνησεν αἰετῷ ποτε.* — v. 3 *ἔθεντο* Ammon., v. l. sec.
Eust.

fr. 90 D.: von Schneidewin unsrer Fabel zugewiesen und
richtig auf die erste Mahlzeit bezogen, ebenso D. Anders,
aber jetzt widerlegt, Lasserre (44). *αἰηνές* = *βλαβερόν*, unverständlich Et. Sym. ... *καὶ τὸ κατακαῖον βλαβερόν. κατὰ
τοῦτο γὰρ οὐκ ἔστι φαγεῖν τὸν ἀποθνῄσκοντα. οὕτω Μεθόδιος.*
„Schädlich" nennt A. das erste, „nicht schön" das zweite
Mahl, bei dem das Nest in Flammen aufging: auf seine Weise
unterstreicht auch A. das ethisch Verderbliche.

fr. 91 D. ist auszuscheiden, weil identisch mit Callim.
195, 22, vgl. Pfeiffer z. St., Masson, Gnomon 1952, 312.

fr. 92a D.: Meinekes Zuweisung an Archilochos ist
sicher, die herkömmliche Deutung „aquilae verba deriden-
tis" (D.) aber nicht mehr haltbar, s. o. zu *κάθηται.* Lasserre
verbindet es mit 94 D. (Gebet des Fuchses.)

fr. 92b D. + P. Ox. 2316: v. 4 *σ]έ γ' ?*, subi. 3. p. sg. aut
nescioquis aut aquila — v. 7 e. g. *φάρμ]ακον* Peek — v. 9
καυ, *α* del., *λ* sscr., ante *ην* "the top of an upright" L., nisi
potius *λ* pap. *ἁμαρτω]λήν* lusi. Betont werden muß (gegen
Adrados und Lss.), daß auch in Dimetern A., soweit wir
sehen, nie zwei zweisilbige Wörter am Versschluß hat und
nie Wortanfang in der Versmitte, und daß *κλύειν* „hören"
keinen sigmatischen Aorist hat. *κλύζειν*, „spülen", hier ohne
dat. instr. anzunehmen, viell. in übertragenem Sinn, — obwohl Callim. 75, 22 Pf. *λύματα*, Soph. fr. 770 N.[2] *χολήν* wörtlich gemeint sind, vgl. Eur. IT 1193 *θάλασσα κλύζει πάντα*

τἀνθρώπων κακά —, scheint weniger bedenklich, vgl. das
metonymische 'Abwaschen der Sünden' im NT.

v. 10 suppl. et ταμ non τεμ spatio sufficere docuit L.,
cf. Bacch. 5, 17 ss. βαθὺν δ' αἰθέρα ... τάμνων ... αἰετός;
Eur. Phoen. 1; Eur. fr. 124, 2 s. N² διὰ μέσου γὰρ αἰθέρος
τέμνων κέλευθον πόδα τίθημ' ὑπόπτερον, Ar. Thesm. 1099 s.
διὰ μέσου γὰρ αἰθέρος τέμνων κέλευθον — v. 11 ὥσας pap.,
Plut., cf. Callim. 110, 53 Pf. c. app., κυκλῶσαι Attic. ap. Eus.;
nostro olim vindicavit Schneidewin — v. 12 v. supra (ἤσει?),
[οὔπως ἀ]νήσω Peek,]νῆσα Lss.

fr. 93 D.: s. unten.

fr. 94 D.: v. 3 τε καὶ ἀθέμιστα Att., καὶ ἃ θέμις Clem.,
καθέμι(σ)τας οἱ καὶ ἃ θέμις Stob. codd., καὶ θεμιστά ci.
Liebel. λεωργόν· κακοῦργον Hesych. (cf. Aesch. Prom. 5). —
Während Hesiod, Erga 276ff. sagt, nur den Menschen habe
Zeus das Recht geschenkt, bei den Tieren, die das Recht
nicht kennen, sei es Gesetz, einander aufzufressen, vertritt
Archilochos einen andren Standpunkt: noch allgemeinere
Geltung hat für ihn das Recht in der Welt (vgl. Latte, Antike
und Abendland II, 1946, 68, zur Hesiodstelle H. Fuchs,
Mus. Helv. 12, 1955, 202ff.).

P. Ox. 2315 fr. 1: v. 1 fort. ἐς παῖ]δας Lss. — v. 2
κἀκηνοπ in κἀληνεπ corr. pap., ἐπ[ί] L. — v. 3 in marg.
schol. ὑπὸ τῆς κ[ακοτροφίας οὔπω ἀποτετελεσ]μένοι ἦσαν[
]ἔχοντας ἐ[, e. g. supplevi, cf. Aes. ἔτι ἀτελεῖς δι' ἀσθένειαν
— v. 5 in marg. schol. πυρὸς ἄμ(μα) suppl. Pf., et]../.τοις
το[,]φονησαν[— v. 7 [ὅπως τροφή]ν ἐχοί[ατο]? Peek, cf.
Phaedr. 28, 4 — v. 9]φώ.α[pap., φωλάζει, φωλίον contulit
Peek.

fr. 2: v. 1 ἔλης sscr. ι, in marg. schol. κατειρων[ειαν Pf.
]κως π.[— v. 2]καρδιηνδο.[pap., post o "a circular letter"
L. Ist die Zugehörigkeit zu dieser Epode auch nicht gesichert (Lobel), so bleibt sie doch wahrscheinlich. Die
ironische Äußerung kann noch gut zur Fabel gehören, wie
ja noch manches aus Archilochos bei Atticus enthalten sein
wird (so schon Schneidewin).

fr. 94a D. ἐν αὔωι...[κάρφει] Schneidewin, ἐν etiam Snell,
Lasserre. φέψαλοι = οἱ σπινθῆρες.

fr. 95 D.: zur Rahmenerzählung s. o., in den Prolog will
Lasserre diese Verse setzen. Zwar ist es nicht die einzige Erwähnung eines Eides bei Archilochos (vgl. P. Ox. 2313
fr. 10, 7 ὁ]μνύων ὅτε, ib. fr. 35, 3 schol. ωμννε[), doch scheint
es sich bei jenen Tetrametern nicht wie hier um das Versprechen zu handeln, jemanden in die Haus- und Familien-
gemeinschaft aufzunehmen.

Zu 88a D. (und 143 Bgk.)

Ἐπεὶ πτερῶν τέττιγγος ἐδράξω τάλαν,
τοὐμοῦ σιγῶντος καὶ λαλεῖν πεπαυμένου,
ὦ Παφλαγὼν πανοῦργε παντεφθαρμένε,
ἐπεί τ᾽ ἐγαργάλιξας αὐτῷ δακτύλῳ
5 καὶ μὴ θέλοντα προσλαλεῖν σκώπτεις μάτην,
αὖθίς τε τοῦτον ἐκβιάζει πρὸς μάχην
εἰρηνικὸν τελοῦντα καὶ πρᾶον βίον,
ἄκουε λοιπὸν ᾠδικὰς μουσουργίας κτλ.

Mit diesen Versen wendet sich im 9. Jh. n. Chr. Konstan-
tinos von Rhodos an seinen Gegner Theodoretos. Anklänge
an Archilochos sind bei ihm auch in den folgenden Versen
(abgedr. bei Lasserre 325) unverkennbar. Teils in stärkerer
Anlehnung an die Paraphrase Lukians (fr. 143 Bgk., dem
Diehl mit dem Wortlaut seines fr. 88a folgte), teils in Anlehnung an diesen Byzantiner (Diels, Hermes 22, 1888, 270;
Wil., Herm. 59, 1924, 271) hat man den originalen archilochischen Wortlaut dieser sprichwörtlich gewordenen Wendung zu rekonstruieren gesucht: zuletzt hat es Adrados mit
einem Trim. versucht, dem er den von Bgk. II p. 439 angeführten anonymen Dimeter ἄκουε δὴ κακοῦ λόγου (Append.
Prov. I 14 ἐπὶ τῶν τοὺς μύθους διηγουμένων) — cf. Const.
Rhod. v. 8 — anfügt (RPh. 30, 1956, 28ff.). Es wäre Zufall,
wenn einer dieser Versuche den genauen Wortlaut unsres
Dichters gefunden haben sollte. Noch fraglicher und sogar
unglaubhaft bleibt die Zuweisung dieses Fragments zu der
Lykambes-Epode mit der Fabel vom Fuchs und Adler, obwohl Adrados erneut dafür eintritt. Gerade die von ihm
vorgenommene ῾erweiterte᾽ Rekonstruktion spricht eher
dagegen: es ergäbe sich eine zweimalige Ankündigung, einmal
die eines ῾schlimmen Logos᾽ (Dim.) und bald danach die
eines῾unter den Menschen bekannten Ainos᾽ (fr. 89, 1 D. Dim.).
Auch scheint die Situation hier eine andre als im Lykambes-
Gedicht, und daß vor der Tierfabel noch ein andres sprichwörtlich gewordenes, aber an der Fabel unbeteiligtes Tier
erwähnt war, vermag ich bis zum Erweis des Gegenteils
nicht zu glauben.

Zu 93 D. (und 189 Bgk.)

Einem (Adler) wird gedroht, ein Stärkerer könnte ihm
begegnen: der Stärkere wird als „einer mit schwarzem Sterz"
bezeichnet, der Angeredete gehört demnach nicht zu dieser
Spezies, sondern zu einer andren. Er mag πύγαργος gewesen
sein. Daß der Vers in eine archilochische Tierfabel gehört,

scheint glaubhaft, doch gibt es viele Fabeln, in denen der
Adler eine Rolle spielt. Daß der Fuchs zu ihm so gesprochen
hat, vermutete einst Schneidewin, dgl. Crusius und neuerdings Adrados (RPh. 1956, 30ff.). Ich halte das für unwahrscheinlich, und was Adrados aus fr. 93 D. und fr. 189 Bgk.
ʽrekonstruiert', πύγαργος εἰς· μή τευ μελαμπύγου τύχης, ist
kein archilochischer Trimeter (über dessen Zäsuren vgl.
z. B. Snell, Metrik 9).

Zu 96—99 D. (Löwe, Hirsch und Fuchs)

Aus naturwissenschaftlichen Schriften (Arist. hist. an.
676b 25, Plin. nat. hist. 11, 192, vgl. Schol. Hom. A 234)
läßt sich beweisen, daß Hirsche nach griechischer Ansicht
keine Galle haben. fr. 96 kann also von einem Hirsch gesagt
sein (Lasserre, Mus. Helv. 5, 1948, 9f.). fr. 97 bezog schon
Bergk auf die Aufforderung des Fuchses, der Hirsch möge
in die Höhle des Löwen eintreten (Babr. 95, 81, vgl. Aesop
f. 200 Chambry). fr. 98—99 bezieht Lasserre auf die gleiche
Fabel. Der Schwur bei „der Mohnblüte" — die so rasch die
Blütenblätter verliert — kann tatsächlich mit Babr. v. 82f.,
dem Schwur „bei den Blättern", verglichen werden. Man
wird dabei übrigens gewahr, wieviel stärker die Imagination
und Ausdruckskraft des Archilochos ist. Ob fr. 98 D. mit
„erschrick nicht wie ein Lämmchen" bei Babrios vergleichbar ist, bleibt bereits unsicherer, selbst wenn man den
obenerwähnten Unterschied mit in Anschlag bringt. Über
die Vögel, die sich ducken (πτήσσειν), vgl. zu Sappho fr.
66 D. An unsrer Stelle wird mit πτώσσειν das für Feld-
hühner und Rebhühner charakteristische ʽEntwischen', das
unauffällige Fortlaufen, gemeint sein. Wenn Lasserre gar
fr. 46 D. auf diese Tierfabel beziehen möchte und fr. 188
Bgk. πρόξ (nach Eust. 711, 40 von einem Hirsch gesagt), so
ist die Unsicherheit noch größer. Schlagend widerlegt wurde
Lasserre in einer andren Einzelheit durch Snell (Phil. 1948,
336). Meist allerdings sind Vermutungen nicht zu widerlegen.
Eine kritische Betrachtung muß es sich dann genügen lassen,
das Kind beim rechten Namen zu nennen und die Unsicherheit bzw. deren verschiedene Grade nicht zu verschweigen.
Wenn z.B. ein Pap.]καρδίηνδο.[hat, so führt das nicht auf
]καρδίην.

Zu 100 D.

ἔμπλην hier = χωρίς. Φόλου, von Schneidewin für ἐφόλου
konjiziert, fand Colonna (Doxa 4, 1951, 407ff., vgl. Masson,
REG 1953, 406) in einer Hs. der Nikander-Scholien. Zu-

gehörigkeit zur Nessos-Geschichte (fr. 147 Bgk., s. u. 246)
ist durch den Namen des Kentauren Pholos wahrscheinlich;
Adrados (RPh. 1956) vermutete, Herakles habe dem Nessos
gedroht, indem er von seinem früheren Sieg über die Kentauren sprach. Außer Deianeiras Rede hätten wir da viell.
also auch eine des Herakles in dieser Epode.

Zu 101 D.

$\lambda\varepsilon\acute{\iota}\omega\varsigma = \tau\varepsilon\lambda\varepsilon\acute{\iota}\omega\varsigma$. Ob es eine Aussage in der 1. p. sg.
(Bonnard) oder 3. p. pl. ist, läßt sich nicht entscheiden.
Ersteres mag man für wahrscheinlicher halten.

Zu 102 D.

Vgl. o. S. 177 zum „Esel des Arkaders" in P. Ox. 2314.

Zu 103 D.

Nach Zenobios findet sich diese sprichwörtliche Redens-
art u. a. bei Homer, womit hier wohl nur der Margites
gemeint sein kann, das oben S. 160 erwähnte Schelmenepos.
Von diesem antiken Simplizissimus hieß es u. a.: „Vielerlei
Werke verstand er, aber alle verstand er schlecht." Der Viel-
wisser ist doch der Dumme. Weil überdies Archilochos sich
selbst in Tierfabeln mit dem Tier vergleicht, das nach all-
gemeinem Dafürhalten das schwächere ist, wird er sich auch
hier in der Rolle des Igels gefühlt haben (anders Bowra,
Cl. Quart. 1940, 26ff., weil schon die Antike von dem Trick
weiß, wie der Fuchs mit dem Igel fertig wird, — Näheres
dazu findet der Leser bei Wilhelm Busch in „Hernach").
Zum Margites zuletzt J. A. Davison, Class. Review NS 8,
1958, 13ff. und H. Langerbeck, Harv. Stud. in Class. Phil.
63, 1958, 33ff. Ersterer möchte es auf Grund des Vokabulars
für unwahrscheinlich halten, daß Archilochos die uns bekannten Margites-Verse kennen konnte. „Die Alternative",
meint Langerbeck, „ob Archilochos den Margites oder umge-
kehrt der Dichter des Margites den Archilochos zitiert, oder
ob gar das Archilochos-Zitat erst aus den Archilochoi des
Kratinos stammt, läßt sich ... aufgrund dieses einen Verses
... nicht entscheiden" (a. O. 34). L-s Inhaltsrekonstruktion
überzeugt mich nicht, die Scheidung von Proto- und Deute-
romargites (Davison) noch weniger.

Zu 104 D.

Ein Beispiel für die ungemein drastische Ausdrucksweise
unsres Dichters ist jedes Wort dieses Epodenfragments: der
Schmerz bohrt sich ihm durch die Knochen, — womit nicht

etwa eine physische Verwundung gemeint ist, sondern das
unglückliche, mit schweren Leiden verbundene, von den
Göttern in ihm geweckte Liebesverlangen (Pothos), dem er
verfallen ist, — soweit, daß er sich als ἄψυχος vorkommen
muß, als entseelt. In der Kraft dieser Ausdrucksweise spiegelt
sich eine besondere Intensität des Erlebnisses (vgl. Snell
z. St. und zu fr. 112 D.).

Zu 105 D.

Versschluß wie Hom. Il. 3, 404, ähnlich Hes. Erga 695
ποτὶ οἶκον ἄγεσθαι, dazu Steffen, Eos 1952/3, 41. Unser
Fragment gehört, wie Snell (Phil. 1944, 284) aus der Zitierweise Hephaistions folgert, als v. 2 an den Anfang einer
Epode. Wer die als „offensichtliches Übel" bezeichnete Frau
ist, wissen wir nicht.

Zu 106 D.

κηλεῖν ist etwa synonym mit θέλγειν, das oft die geradezu
magische Wirkung des Liedes auf die Hörer bezeichnet. Von
ihr sind die frühen griechischen Dichter alle überzeugt
(vgl. W. Kraus, Die Auffassung des Dichterberufs im frühen
Griechentum, WSt. 68, 1955, 65ff. und o. S. 159). Poesie hat
in jener Zeit nicht nur als „Rede", sondern auch durch das
Wunderbare, das sie bewirkt, Daseinsberechtigung.

ASYNARTETA

Die archilochischen Asynarteta (vgl. dazu Lss. intr. LXV;
Snell, Metrik 25ff.) gehörten in der von Hephaistion be-
nutzten Ausgabe zu den „Tetrametern": so zitiert auch
Athenaios. In den erhaltenen Zitaten finden wir — ohne
Pause, aber mit Dihärese aneinandergefügt:

fr. 107—111 D. „erasmonideus" (ähnlich dem paroemia-
cus) u. ithyphallicus
fr. 112—117 D. vier Daktylen und ithyphallicus, denen
epodenartig ein (katalektischer) iambischer Trimeter folgt
fr. 118 D. . . . . .hemiepes und iambischer Dimeter
fr. 119 D. . . . . iambischer Dimeter und lecythion.

Zu 107 D.

Einerseits steht fest (107 D.): Archilochos hat ἐν τετραμέτροις dem Charilaos eine ergötzliche Begebenheit — keine

Fabel, keinen Mythos, sondern vermutlich eine wahre Begebenheit — erzählt (zum Wort χρῆμα vgl. Bahntje 72f.). Andrerseits hat er den gleichen Freund, ebenfalls ἐν τετραμέτροις (Athen.), als πολυφάγος „verleumdet" (διαβέβληκε). Die Frage, wie sich das verträgt, haben die edd. meist nur gestreift („rei mentionem facit" D.), Liebel hat sie in seiner Ausgabe (1812, S. 134) in wünschenswerter Schärfe aufgeworfen. Er meint, entweder sei „liebster Freund" ironisch zu verstehen oder es sei später, wie mit Perikles, eine Entzweiung der Freunde eingetreten. — M. E. spricht die Gleichheit der Buchangabe, bei der es sich nicht um troch. Tetrameter, sondern um die verhältnismäßig seltenen „Asynarteta" handelt, dafür, das Zitat und die in sich einheitliche Sekundärüberlieferung einem einzigen Charilaos-Gedicht zuzuweisen. Emphatisches „liebster" (vgl. D. B. Gregor, Cl. Rev. 1957, 14f.) schließt einen ironischen Nebensinn im Griech. aus. Liebels Alternative, sachlich richtig, war in der Erklärung humorlos. Wenn wir mit der Möglichkeit rechnen dürfen, im gleichen Gedicht habe Archilochos seinem liebsten Freund dessen Freßsucht an einem spaßigen Beispiel vorgehalten, finden wir statt „Verleumdung" und maledicentia Humor.

In der Erzählung vom gefräßigen Korinther Aithiops, fr. 145 Bgk. (o. S. 112) ist uns — leider ohne Buchangabe — eine historische Anekdote erhalten. Ich vermute, sie wurde dem Charilaos als χρῆμα γελοῖον erzählt.

Nachahmungen wie Cratin. fr. 10 K. aus den „Archilochoi" v. J. 449 v. Chr. Ἐρασμονίδη Βάθιππε τῶν ἀωρολείων und Catull 56 o rem ridiculam, Cato, et iocosam / dignamque auribus et tuo cachinno ergeben für die Rekonstruktion nichts.

Zu 108 D.

Der aus dem Zusammenhang gerissene Einzelvers gestattet nicht die Folgerung, hier sei wie bei Theognis 213ff. die Notwendigkeit betont, sich andren Menschen anzupassen, auch wenn man sie im Grunde haßt. Für unaufrichtige Worte scheint jedenfalls auch hier unser Dichter nichts übrig zu haben.

Zu 109 D.

ἦσαν codd., corr. Meineke.

Zu 111 D.

ἔξωθεν et βακχίη codd., em. ἔωθεν et — vix recte — βακχίηισιν Bgk. — Das Wort „am Morgen" findet sich noch in den Trim. (?) P. Ox. 2318 fr. 2 εωος[, κάιμ[, ..πὴσ[, ἀχροισ.[. Bergks Textänderungen 111 D. hat Lss. nicht übernommen.

Zu 112—114 D.

Aus der Zitierweise Hephaistions folgert Snell (Phil. 1944, 283f.), daß fr. 113 Gedichtanfang ist — mit dem Thema *fis anus* wie Horaz, Epod. 8 (v. 3f. *et rugis vetus / frontem senectus exarat*) und Öden IV 13 (v. 11 *rugae*). fr. 114 D. schloß Elmsley unmittelbar an fr. 113 D. an (ὄγμοις ci. Snell). Beide Philologen haben recht, wie der neue Archilochosfund Pap. Col. 7511 (vgl. o. S. 1 ff.) zeigt. In fr. 112 D. spräche dann, wenn es zum gleichen Lied gehört, die Erinnerung an das einst übermächtige Liebesverlangen nach der jetzt Gealterten, vermutlich Neobule: *quae me surpuerat mihi* Horaz, Oden IV 13, 20 sind ebenfalls Worte der Erinnerung an eine frühere Zeit. Dem Rekonstruktionsversuch von Lasserre (136ff.) weiter folgen hieße sich auf zu schwankenden Boden wagen.

Zu 115 D.

Von Athenaios mit Hom. Il. 21, 353 verglichen, wo durch das Feuer Hephaists auf der Walstatt und in ihrer Umgebung τείροντ᾽ ἐγχέλυές τε καὶ ἰχθύες. Die Ähnlichkeit mit unsrem Vers scheint allerdings sehr gering. Bergk vermutete, auch dies gehöre zum Thema *fis anus* wie die vorhergehenden Fragmente. Wilamowitz empfahl, den Acc. ἐγχέλυς zu schreiben.

Zu 116 D.

„Vide an eiusdem sint carminis fr. 112—116 ... nunc senex olim amore captus iuvenis venator per invia et densa silvarum vagatus est" D., dem Lasserre (146) zu folgen bereit ist. Ich bin es nicht.

Zu fr. 118 D.

Immisch folgend, verbindet Lasserre diese Aussage über gegenwärtiges Liebesverlangen mit fr. 20 D. „und weder an Iamben noch an Vergnügungen finde ich Gefallen". Horaz, Epod. 11, wo es v. 1 f. heißt *Petti, nihil me sicut antea iuvat scribere versiculos amore percussum gravi* hat hierzu geführt, doch kann diese Ähnlichkeit eine zufällige sein (Ed. Fraenkel, Hor. 67 Anm. 4). Die Überlieferung von fr. 20 spricht nicht für eine solche Verbindung.

Die Wendung „gliederlösender Pothos" ist neuerdings auch für Alkman, den Zeitgenossen unsres Dichters, belegt: P. Ox. XXIV, 1957, nr. 2387 fr. 3, 1.

LYRIK

Zu 119 D., 120 D. und den Testimonia.

Theocr. epigr. 21 (o. S. 128) erwähnt zuerst die Iamben unsres Dichters, dann die ἔπεα, d. h. (in diesem Fall) Elegien und spricht zuletzt davon, daß A. schön zur Lyra zu singen verstand. Während Gow (z. St.) im Anschluß an Crusius (RE 2, 502) das auf die dem Archilochos zugeschriebenen musikalischen Neuerungen bezieht (noch anders Snell, Metrik 27), ist m. E. die Deutung auf eine dritte Dichtungsgattung, die (chor)lyrische, vorzuziehen.

Von dieser ist nur ganz wenig erhalten: fr. 119 D., mit dem Versmaß der Asynarteta, zitiert Hephaistion in einer Weise, die durchblicken läßt, daß man zu seiner Zeit an der Authentizität der archilochischen „Iobakchen" gezweifelt hat (ἐν τοῖς ἀναφερομένοις εἰς Ἀρχίλοχον Ἰοβάκχοις). Es ist ein Demeterlied: ein Zeugnis spricht davon, Archilochos habe in Paros mit einem Demeter-Hymnos einen Preis errungen.

Der Titel „Iobakchen" (vgl. fr. 121 Bgk.) zeigt, daß auch Lieder auf Dionysos dazu gehörten. In der neugefundenen Inschrift (51 E₁ III 16ff.) haben wir vier Versanfänge eines — angeblich von Archilochos improvisierten, dann mit seinen Freunden einstudierten — Dionysosliedes (o. S. 46). In fr. 77 D. rühmt sich der Dichter, ein schönes Lied, einen Dithyrambos, zu Ehren des Dionysos anstimmen zu können, trunken von Wein. Letzteres erwähnt Callim. fr. 544 Pf., wo er von einem „Prooimion" des Archilochos spricht (vgl. Pfeiffer z. St.: Prooimion im Sinne von Hymnos; allg. jetzt H. Koller, Das kitharodische Prooimion, Phil. 100, 1956, 159ff.). Genau genommen wissen wir bisher nur von einem Lied auf Dionysos: daß es mehrere gab, mag man für wahrscheinlich halten.

Drittens haben wir ein Zitat und mehrere Testimonia — darunter eine Erwähnung bei Pindar und eine bei Kallimachos — von dem „Lied" oder „Hymnos" auf Herakles. Dieses Lied ist noch zu Pindars Zeiten in Olympia zur Siegerehrung gesungen worden, und Plutarch (de Herod. malign. 14 = fr. 272 Lss.) weiß von diesem Lied unsres Dichters. Der Chorführer, der den (dreimaligen) Refrain anstimmt, ist dabei noch durchaus der Vorsänger gewesen. Wir dürfen Eratosthenes glauben, daß es nicht strophisch gebaut war — wie das große „Mädchenlied" des viell. etwas jüngeren Zeitgenossen Alkman, ganz zu schweigen von triadischem Aufbau, den wir bei Ibykos finden. Auch inhalt-

lich ist es, soweit wir nach den erhaltenen Versen urteilen
können, sehr schlicht.

Die lyrischen Dichtungen des Archilochos scheinen
primitiv und kurz (vgl. [Plut.] de mus. 10, o. S. 118), wie erste,
tastende Versuche, im Gegensatz zu seinen übrigen Dichtungen. Dabei sollte noch zu seinen Lebzeiten die Chorlyrik
ihre erste Hochblüte erreichen, die bereits etwas von der
späteren Großartigkeit und Gedankenfülle verriet. Aber das
Verdienst hieran gebührt andren Dichtern, von denen wir
Alkman und neuerdings (P. Ox. XXIII, 1956, nr. 2359.
2360) Stesichoros etwas besser beurteilen können. Im Hinblick auf die Entstehung der Tragödie aus dem Dithyrambos (vgl. zuletzt Lesky, Trag D. 16ff.) verdient die negative
Feststellung hervorgehoben zu werden, daß das kleine
Dionysos-Liedchen, dessentwegen Archilochos ins Gefäng-
nis kam, keine Mythenerzählung enthielt und im Herakles-
Hymnos 'die Tat ganz schlicht erwähnt war'.

INCERTI LIBRI FRAGMENTA IAMBICA

Die Überlieferung des Wortlautes ist in vielen Fällen
unsicher. Lasserre hat alle diese Stücke den Epoden zugewiesen und sie darin einzuordnen gesucht. Seine Grund-
these, nur als Epodendichter sei Archilochos in späterer Zeit
noch zitiert worden, ist jedoch unbegründet und durch die
Papyrusfunde widerlegt. Zuweisungen an einzelne Gedichte
müssen ohnehin fast immer willkürlich bleiben. Es er-
übrigt sich, darauf einzugehen.

Zu 124 Bgk.

Vgl. Hesych. ἀπεσκόλυπτεν· ἀπέσκεπε τὸ δέρμα, P. Ox.
2328 ἀπεσκολυμμένους· τοὺς κεκακουχημένους (o. S. 21).
„Cephisodorus poetae verba suae orationi accommodavit"
Bergk.

Zu 128 Bgk.

ἀμυδρόν = χαλεπόν. Das Gleichnis bei Theognis v. 575 f.
(ἀλεῦμαι ... ὥστε ... χοιράδας) hat Bergk herangezogen.

Zu 129 Bgk.

Vermutlich das gleiche Adj. jetzt auch (Tetram.) P. Ox
2313 fr. 34, wo nur].ζυρη[erhalten ist, mit „Hyphen"

darunter (langer Bogen bei zusammengesetzten Wörtern, die als ein Wort gelesen werden sollen).

Zu 130 Bgk.

Vgl. P. Ox. 2310 fr. 1, 28]χεῖρα καὶ π[..]εστ[α]θη[.] (o. S. 10).

Zu 132 Bgk.

Vgl. fr. 170 Bgk. zur Wortform κεῖθι. Plutarch zitiert den Vers in dem Zusammenhang, daß es unbezahlbar sei, vor einem Schwätzer fortlaufen zu können. Von einem verhaßten Schwätzer spricht Archilochos fr. 32 D.

Zu 133 Bgk.

ὅτι δὲ ἀρχαιοτάτη τῶν πολιτειῶν ἐμφαίνει καὶ Ὅμηρος ... καὶ Ἀρχίλοχος ἐν οἷς ἐπισκώπτων τινά φησιν κτλ., sagt unser Gewährsmann: also hatte der Dichter die Worte spöttisch an einen Einzelnen gerichtet. Was speziell mit νόμος hier gemeint war, wissen wir nicht. — Mit dem Einzelwort Κρεέτη in fr. 175 Bgk. und (der Frau) „aus Gortyn" P. Ox. 2310 fr. 1, 23 haben wir bis jetzt drei Erwähnungen Kretas bei unsrem Dichter, dessen Heimatinsel einst z.T. von Kretern besiedelt worden war.

Zu 134 Bgk.

ἀμφίτριβας· περιττῶς τετριμμένους, Hesych.

Zu 136 Bgk.

Von Lasserre (140) mit Horaz, Epod. 8, 5f. verglichen und einer archilochischen Epode mit dem Thema *fis anus* zugewiesen. Vgl. zu 139 Bgk.

Zu 138 Bgk.

Das gleiche Verb findet sich jetzt in den Tetrametern fr. 51 E_2 I, 26 (o. S. 50). Viell. ist an unsrer Stelle von der Verstümmelung der Gefallenen die Rede, vgl. Tyrt. 7, 25 D.[3]. μέζεα und μέδεα = τὰ αἰδοῖα.

Zu 139 Bgk.

Das Subst. „Schaum" finden wir jetzt auch in den Trimeter-Resten P. Ox. 2312 fr. 5(a), wo von „des Dotades" Tochter die Rede zu sein scheint. Das Thema *fis anus* war vermutlich auch in Trimetern behandelt (vgl. o. S. 17 und S. 186).

INDIREKT ÜBERLIEFERTES

Zu 153 Bgk.

Über das Schelmenepos „Margites" o. S. 160 m. Anm. 25.
Daß Latte (Gnomon 1955, 491f.) — vor allem wegen der
parodischen Verwendung episch-pathetischer Wendungen im
Margites — das Gedicht „für kaum älter als die zweite Hälfte
des 6. Jh.s" hält, also das vorliegende Zeugnis anficht, sei
vermerkt; ähnlich Lesky, Gesch. d. gr. Lit. 85. Über leichte
Ironisierung des Heroischen in der Odyssee vgl. V. Hom. z.
Lyr. 73f.

Zu 147, 150, 190 Bgk. und Julian

Unter den wenigen mythischen Themen unsres Dichters
(o. S. 161 Anm. 26) bildet die Nessos-Geschichte, zu der auch
fr. 47 D., von Nauck mit Soph. Trach. 560 μισθοῦ ἐπόρευε
verglichen, gehören kann, eine besondre Ausnahme durch
die bezeugte Ausführlichkeit. Darin, daß hierbei Deianeira
eine lange Rhesis hielt, hat sich A. auch von sonstigen uns
bekannten Darstellungen dieser Geschichte unterschieden
(vgl. Bacch. fr. 64, dazu Snell, Hermes 75, 1940, 180 Anm. 5;
Ov, met. 9, 103ff.; Soph. a. O. 565; Hes. Cat. F 4 Merkel-
bach, v. 20ff., ganz ohne Reden; für Pindar haben wir fast
nur die Paraphrase der Acheloos-Episode fr. 70; anon. P. Ox.
2395, ein Kentaur als unliebsamer Freier wird erwähnt,
könnte zum gleichen Mythenkreis gehören). Snell folgerte,
die lange Rede paßt dazu, daß Herakles erst herankommen
muß, um Nessos mit der Keule zu töten, nicht mit dem
Pfeilschuß. Gern wüßten wir mehr: Inhalt und Art der
langen Rede und den aktuellen Bezug, denn vermutlich war
der Mythos, wie sonst die Tierfabeln und gelegentlich auch
eine historische Anekdote, vom Dichter als exemplum verwendet, und er hat mit Frauen nicht eben gute Erfahrung
gemacht. — Weitgehende Vermutungen bei Lasserre 189ff.
Vgl. fr. 100 D.

fr. 150 Bgk. mit der Lynkeus-Geschichte ist verdächtig,
weil Archilochos darin als „rerum scriptor" (Bergk) erscheint.
Viell. liegt, wie nicht selten, Namensverwechslung vor.
Letzteres könnte man sich auch beim „Aition" fr. 190 Bgk.
fragen.

Zum Brief Kaiser Iulians bemerkte Wilamowitz (Hermes
59, 1924, 270), der die leichte, phonetisch (in späterer Zeit)
gleichwertige Korrektur von Λαυ- zu Λαβ- vornahm: „Wer
wäre nun der Labdakide, dem Archilochos fälschlich etwas
Unanständiges nachsagt? ... Der Labdakide ist doch Laios;

das Patronymikon wird aus dem Verse beibehalten sein.
Laios hat den Chrysippos geraubt: die Insinuation der
Päderastie hat Iulian nicht offen aussprechen wollen." Die
Frage, wer der „Laudakide" war, möchte ich trotzdem
offen lassen. Richtig und bemerkenswert ist,·daß Archi-
lochos im Gegensatz zu unzähligen Griechen nichts für
Knabenliebe übrig hat, sie anprangern würde und viell.
angeprangert hat (vgl. Latte, Gnomon 1955, 495; Peek,
Phil. 1956, 18).

Zu 145 Bgk.

Die köstliche Anekdote von dem verfressenen Aus-
wanderer, der seinen Anspruch auf ein neues Landlos für
einen Honigkuchen verkauft, scheint auf ein Ereignis d. J.
734 v. Chr. (= Gründungsdatum von Syrakus) zurückzu-
gehen, kann aber für die Datierung unsres Dichters nur
einen terminus post quem abgeben (Jacoby 102 gegen
Blakeway). Die Geschichte, die unser parischer Dichter von
einem Korinther zu erzählen weiß, wird vielerorts in Hellas
erzählt worden sein. Nicht nur Mythen, auch witzige Anek-
doten, die sprichwörtlich werden, können durch Generationen
unvergessen bleiben. Eine „triviale Episode" (Jacoby) ist die
Anekdote für unsren Dichter keineswegs. Er kennt den Wert
des Erworbenen, ohne ihn zu überschätzen. Wer tut, „was
der Bauch befiehlt" (so Hom. Od. 6, 133), den lacht er aus.
Gerade die Freßsucht hat er bei dem Charila(o)s getadelt:
viell. war das χρῆμα γελοῖον, das er ihm fr. 107 D. erzählen
will, diese Anekdote von dem Korinther Aithiops.

Zu [Lucian.] amores 3.

„λεπτὸν ἐφηδύνουσα . . . φωνήν sind Worte des Archilochos,
also aus einem Distichon. Neobule zierte sich", meinte Wilamowitz (Hermes 1924, 271), dessen Zuversicht, den originalen
Wortlaut aus der Paraphrase herausschälen zu können, man
hier m. E. nicht teilen kann. Iambisch z. B. wird der Anfang,
wenn man δ' einschiebt; das Verb ist bisher erst seit Platon
belegt.

Zu 179 Bgk.

λέγαι δὲ DV. — Wir wissen nicht, ob eine allgemeine
Aussage — wie bei Hes. Erga 585, das Alkaios fr. 94 D. (vgl.
Sappho fr. 89 D.) nachgeahmt hat, — oder ein persönlicher
Angriff auf einige Frauen vorliegt: in diesem Fall würde man
an die Lykambiden denken. Die Klage, Archilochos habe
ihnen μαχλοσύνη vorgeworfen, kehrt in den hellenistischen

Lykambiden-Epigrammen mehrfach wieder. In den neuen
Trimeter-Resten P. Ox. 2312 fr. 5(c) 2 (o. S. 17 und u. S. 252)
scheint]μαχλ[auf den gleichen Vorwurf zu führen.

Zu 142 Bgk. und 183 Bgk.

Das Zeugnis des Kritias, Archilochos habe sich als
μοιχός, λάγνος und ὑβριστής erwiesen und selbst dargestellt
(o. S. 120), hat andre Zeugnisse unnötig in den Schatten
gedrängt. So urteilt Schmid (I 392): „In erotischen Dingen
freilich — nur von Frauenliebe ist bei ihm die Rede —
wahrt er nicht die Beherrschung, die er sich auf andren
Gebieten errungen hatte." Das ergibt jedoch ein unvoll-
ständiges und daher schiefes Bild. fr. 142, 183 und 179 Bgk.
zeigen, daß unser Dichter haltlose Triebhaftigkeit bei Mann
und Frau verurteilt, in einzelnen speziellen Fällen, aber auch
allgemein, wie es nach ihm Alkaios (fr. 109/110 D.) getan
hat. Vgl. auch o. S. 177 zu P. Ox. 2314, das von den aphrodi-
sischen Vergnügungen der jungen Leute handelt. Mag die
vernünftige Überlegung im Vordergrund stehen, daß es un-
klug ist, mühsam erworbenes Geld mit einer πόρνη durchzu-
bringen, auch in der Bauernmoral aller Zeiten, die keineswegs von abstrakten Prinzipien bestimmt ist, ist ein 'Wille
zur Norm' unverkennbar.

Erinnert sei daran, wie erbittert der leidenschaftliche
Catull die *moecha*, die *fures*, *cinaedi* (vgl. Archil. P. Ox. 2313
fr. 21]ναιδε· τισ[, γυναί]καβῖνεων[,].ρεκεινος[) verspottet
und verhöhnt. Für *parum pudicus* hat man auch Horaz gehalten, doch gibt es nur wenige Berührungen bei ihm mit
dem sehr viel elementareren und kraftvolleren Archilochos
(s. zu fr. 88 D.).

Glossen

Außer den schon erwähnten sind folgende Einzelwörter
durch Grammatikerzitate für Archilochos belegt: ἀγέρωχος
= ἀλαζών (154 Bgk.); ⟨ἀηδονιδεύς⟩ = γυναικὸς αἰδοῖον (156
Bgk.); ἄζυξ = ἄζευκτος (157 Bgk.); ἀμοιβή als vox media
(159 Bgk.); ἀργιλιπής . . . = ἔκλευκος (160 Bgk.); ἄτμενος =
δοῦλος (202 Edm., cf. 155 Bgk.); γυμνός = ἀνυπόδητος (161
Bgk.); διαβεβοστρυχωμένος (162 Bgk.); +διστόση sc. τῇ
ἡλικίᾳ (163 Bgk.); διὲξ τὸ μύρτον (164 Bgk.); ἐκτενισμένοι
(165 Bgk.); ἔτρεψεν = ἠπάτησεν (166 Bgk.); ἥμισυ τρίτον
(167 Bgk.); +Θριαθρίκη (168 Bgk.); κεῖθι, κεῖ (170 Bgk.);
κεραυλής = αὐλητής (172 Bgk.); κοκκύμηλα (173 Bgk.);
κροαίνειν = ἐπιθυμεῖν (176 Bgk.); κύρτη σιδηρᾶ = ἀγγεῖόν τι
οἷον οἰκίσκος ὀρνίθειος (177 Bgk.); κύφων = κακός (178 Edm.);

μέσπιλα = ὄα (180 Bgk.); μουνόκερα = τὸ μηκέτι ἔχον τὴν
ἀλκήν (181 Bgk.); μυδάλεον = δίυγρον ...ὄμμα (182 Bgk);
μύσχης = εὖρος (185 Bgk.); ὀρέσκοος (186a Edm.); πρόξ =
ἔλαφος, καί τις διὰ δειλίαν ὠνομάσθη πρόξ (188 Bgk.);
ῥώξ, ῥωγός (191 Bgk.); σάλπιγξ = ὁ στρόμβος (192 Bgk.);
σκελήπερος = νήπιος (193 Bgk.); τράμις = ὄρρος (195
Bgk.); τρίχουλος (196 Bgk.); φλύος = φλυαρία (197 Bgk.);
χηράμβη (198 Bgk.); ψαυστά (199 Bgk.). Aus den Papyri
kämo manches Wort jetzt noch hinzu (s. P. Ox. XXII index).
ὀθνείην ὁδόν — in Cyrilli glossario investigavit W. Bühler.

HISTORISCH-BIOGRAPHISCHE ZEUGNISSE

Das Glaukos-Monument

Die Inschrift, die von einem Monument (Kenotaph, wie
es scheint) auf der Agora der Stadt Thasos stammt und von
französischen Archäologen erstmalig 1955 (BCH, Chron.
des fouilles, S. 348f, mit Taf. III) veröffentlicht wurde, ist
als einziges unmittelbares Zeugnis aus der Zeit unsres
Dichters besonders wertvoll. Sie zeigt, daß der Freund des
Archilochos, Glaukos (vgl. o. S. 163 Anm. 32), Sohn des
Leptines, in Thasos besondres Ansehen genossen hat und
wohl kein gewöhnlicher Landsknecht, sondern eher Heerführer oder besonders verdienter Einzelkämpfer gewesen ist
(vgl. J. Pouilloux, BCH 1955, 75ff., dessen Folgerungen in
mancher Hinsicht m. E. zu weit gehen). Brentes, sonst nicht
bekannt, führt einen thrakischen Namen: seine Söhne, die
Stifter des Monumentes, nennen ihre Namen nicht (vgl.
Hesiod, Erga 654ff., der von den 'Söhnen des Amphidamas'
spricht, ohne ihre Namen zu erwähnen). Auch diese — ursprünglich thrakische, vielleicht gräzisierte — Sippe des
Brentes wird in Thasos eine nicht unbedeutende Stellung
eingenommen haben. Aufs neue wird uns deutlich, wie
wenig wir über die Lokalgeschichte jener Zeit wissen, da kein
Werk eines thasischen Lokalhistorikers (wie Philippos aus
Amphipolis) erhalten ist.

Geschrieben ist die Inschrift boustrophedon und in
parischem Alphabet (o für ω, ω für o, ου). Die Schreibung
EIMI (nicht EMI) spricht übrigens entschieden gegen eine
Datierung ins 8. oder Anfang des 7. Jh.s und gegen Blake-
way's Frühdatierung des Archilochos um 711 v. Chr.: ein
Grund mehr, der Datierung von Jacoby zu folgen.

Die Kolonisierung von Thasos

Im Altertum wurde die Kolonisierung von Thasos teils in die 16., teils in die 18. Olympiade, also spätestens um 700 v. Chr., datiert. Es mag sich dabei um eine Erstbesiedlung durch die Griechen gehandelt haben und um 680 v. Chr. (vgl. Bengtson, Gr. Gesch. 89) viell. um eine Neubesiedlung, an der ein Vorfahr unsres Dichters — der Vater Telesikles oder (Paus.) der Großvater Tellis — führend beteiligt war. Ihn und Kleoboia hat der Maler Polygnot, selbst aus Thasos gebürtig, zwischen 457 und 446 auf seinem Unterweltsgemälde in der Lesche der Knidier in Delphi dargestellt, Kleoboia „als noch unverheiratetes Mädchen" mit Attributen des Demeterkultes: daß sie später die Frau des Tellis wurde, wird man aus den Worten des Pausanias folgern dürfen. Der Demeterkult ist in der Familie unsres Dichters besonders gepflegt worden und ist auch unsrem Dichter vertraut (vgl. fr. 119 D.).

Zu Arist. Rhet. 1389 b 11

Schon für das 4. Jh., also ehe Mnesiepes das Archilocheion erbaute, ist durch Alkidamas eine Heroisierung unsres Dichters bezeugt: dies wird man aus dem Perfektum $\tau\varepsilon\tau\iota\mu\dot{\eta}\varkappa\alpha\sigma\iota$ folgern müssen.

Zu Callim. fr. 104 und Dieg. V 9ff.

„Fortasse Oesydrae caedes et quae sequuntur adhuc satis obscura . . . ad has pugnas saec. VII pertinent" Pfeiffer z. St. Daß hier das delphische Orakel internationale Streitigkeiten beilegt, ist bemerkenswert. Vgl. o. S. 212.

Zu Kritias fr. 44

Vgl. o. S. 156ff.

Zu Ael. Aristides II 380

Die Belegstellen für das Vorkommen dieser Personennamen (Cheidos nur hier) o. S. 163 Anm. 32. Mit dem 'gewissen Seher' wird der Seher Batusiades, Sohn des Selleus, gemeint gewesen sein, über den Archilochos sich lustig macht, warum, wissen wir nicht. In Perikles, dem Adressaten (u. a.) der Elegie über den Tod des Schwagers (fr. 7 D. etc.), könnte man einen nahen Verwandten vermuten. Der Grund für die spätere Entzweiung ist uns (trotz fr. 78 D.) ebenfalls nicht bekannt. Daß Archilochos 'auch seine Freunde', wie Kritias sagt, d. h. seine einstigen Freunde durchgehechelt hat, wird man verstehen, wenn man in Betracht zieht, was in

fr. 67b D. eben nur noch andeutungsweise uns deutlich wird:
daß die Freunde ihn in die größte innere Not gebracht haben.
Die Worte unsres späten Rhetors (2. Jh. n. Chr.) dürfen
nicht so ausgelegt werden, als wären die genannten Personen
zu ihrer Zeit Leute von unbedeutender und untergeordneter
sozialer Stellung gewesen. Aus der historischen Distanz betrachtet und verglichen etwa mit dem attischen Strategen
Perikles erscheinen auch uns Lykambes und Leute seines
Schlages als recht jämmerliche Gestalten: allerdings aus dem
einzigen Grunde, weil Archilochos sie so charakterisiert hat.
Daß Archilochos nichts Despektierliches über die mythischen
Helden gesagt hat, ist richtig, daß im übrigen in den Worten
des Aelius Aristides sich ein Zirkelschluß birgt, bemerkt nur,
wer sich Fragen methodischer Quellenkritik vorlegt, was von
der antiken Rhetorik nicht zu erwarten ist.

Die Legende vom Tod unsres Dichters

Vgl. Bahntje 2ff., wo die Überlieferung dieses und der
übrigen damals bekannten Orakel betr. des Archilochos
analysiert ist und weitere Belegstellen genannt sind.

Die alexandrinische Philologie und Archilochos

Nach Aristoteles und seinem Schüler Herakleides Ponti-
cus (o. S. 174) haben alle großen alexandrinischen Gelehrten
von Archilochos gehandelt: Eratosthenes (vgl. zu fr. 120 D.),
Apollonios von Rhodos ,,in dem Buch über Archilochos"
(Athen. X 451d), Aristophanes von Byzanz (Athen. III 85e,
Cic. ad Att. XVI 11, 2), Aristarch (Quint. X 1, 59). Den
Titel der Schrift Aristarchs erfahren wir aus Clem. Al. str. I
388 (vgl. schol. Pind. O. VI 154, dazu Bahntje 24f.):
Ἀρίσταρχος ... ἐν τοῖς Ἀρχιλοχείοις ὑπομνήμασι. — Gelegentlich wird (vgl. zu fr. 87 D.) ein ,,Hypomnema zu den Epoden
des Archilochos" ohne Verfassernamen zitiert. Bahntje
folgerte, auch das stamme von Aristarch. Vgl. auch o. S. 196.
Schon Lysanias (Lehrer des Eratosthenes) hatte ein Buch
περὶ ἰαμβοποιῶν geschrieben (erwähnt bei Athen. VII 304b,
XIV 620c).

Die Lykambiden-Epigramme

Das älteste ist der von G. W. Bond 1952 veröffentlichte
Papyrus im Trinity College in Dublin (o. S. 130). Er stammt
aus dem 3. Jh. v. Chr. und bringt ein Stück (in katal. ia.

tetram.), das für Dioskorides AP VII 351 (o. S. **132**) das
Vorbild gewesen zu sein scheint. Bisher waren Dioskorides
(bzw. der Lemmatist) und Horaz, epist. I, 19, 31 (*sponsae
laqueum famoso carmine nectit*) die ältesten Zeugen für den
Selbstmord der Töchter des Lykambes. Als späte Legende
(A. Piccolomini, Hermes 18, 1883, 264ff.), ja, als Märchen
(Crusius, RE II 495) war diese Geschichte in der Neuzeit
nicht ernst genommen worden: allerdings hatte G. L. Hendrickson (AJPh. 46, 1925, 101ff.) die Entstehung dieser
Legende in viel früherer Zeit, viell. schon bald nach Archilochos, angenommen. Im archilochischen fr. 37 D. wird
κύψαι bei Photios als ἀπάγξασθαι erklärt, was Crusius u.a.
für eine falsche Auslegung gehalten haben: es heiße natürlich „sich duckend", „klein beigebend". Daß auch das neugefundene Epigramm hellenistisch ist, hat Bond gezeigt (vgl.
Peek, Phil. 99, 1955, 46ff.). Frühe Zeugnisse fehlen noch
immer. Die neuen Archilochosfragmente machen es wahrscheinlich, daß der Vorwurf der μαχλοσύνη vom Dichter tatsächlich ausgesprochen war, ergeben aber sonst für die
Klärung dieser Frage nichts. "The burden of proof rests on
those who reject the legend" (Bond).

Verfolgen läßt sich, wie die Legende weiterwuchert. Aus
zwei Lykambestöchtern sind bei Gaetulicus AP VII 71 drei
geworden, die Horazscholien sprechen davon, daß Lykambes
selbst sich das Leben genommen habe infolge der Angriffe
des Archilochos.

Von den antiken Gesamturteilen

verdienen zwei — bereits erwähnte — nachdrücklich hervorgehoben zu werden: die eine Philodemstelle (o. S. **138** und
184) unterstreicht, daß Archilochos keineswegs immer
aggressiv gewesen ist, und gebraucht, wie mir scheint, die
Wendung „Tragisches stellt er dar" nicht ganz zu Unrecht:
wenn anders ein Menschenleben mitunter von Tragik über-
schattet sein kann.

Von besondrem geschichtlichen Interesse ist ein andres
Philodemzeugnis (o. S. 140 und S. 158 Anm. 22). Es spricht von
einer Renaissance der drei alten Klassiker unter den Iambo-
graphen, die gleichzeitig mit der Abkehr von der moralischen
Literaturbetrachtung stattgefunden habe. Damit meint der
Epikureer Philodem die hellenistische Zeit, deren Behand-
lung bei v. Blumenthal, Die Schätzung des Archilochos im
Altertume, mancher Ergänzung und Korrektur bedarf.

NACHWORT

Alkaios (1952), Sappho (1954, 2. Aufl. 1958): nun folgt in der Tusculum-Reihe der große, ungestüme Vorgänger der griechischen Lyriker, der „Iambograph" Archilochos. Einerseits lassen auch hier neue, erst 1954/56 veröffentlichte Funde eine Gesamtausgabe — neben den in Spanien und Frankreich erschienenen — wünschenswert erscheinen: aber auch dieses Büchlein handelt nicht von einem beliebigen Poeten und verdankt sein Entstehen nicht dem Zufall. Wohl hat eine müde gewordene Zeit die Iamben des Archilochos, an die Horaz in seinem Epodenbuch an mehr als einer Stelle auf seine eigene Weise angeknüpft hatte, unerträglich gefunden, bis K. O. Müller und F. G. Welcker seine rechte Einschätzung anbahnten: aber das Altertum belehrt uns darüber, daß von allen Lyrikern (im heutigen Wortsinn) nur dieser eine neben Homer gestellt werden konnte als einer der ganz Großen. Ja, in der Weltliteratur gibt es keinen Bahnbrecher gleich ihm, ist doch durch ihn im 7. Jh. v. Chr. die griechische Dichtung Gegenwartsdichtung geworden, persönliche, unmittelbare Aussage des Dichters. Damit beginnt eine neue Epoche, gekennzeichnet dadurch, daß nun Lyrik — an sich eine Urform der Dichtung — 'literarisch' wird, d. h. die gültige Form wird und bleibt. Die Grundhaltung dieses Archegeten des lyrischen Zeitalters ist nun freilich nicht von lyrischen Stimmungen bestimmt. Beißender Spott überwiegt in seinen Iamben, doch ist damit nur eine Seite seiner sensiblen Eigenart gekennzeichnet. Auch sie verdient es, als Auseinandersetzung eines unerschrockenen Einzelmenschen mit seiner Umwelt und überlebten Vorurteilen verstanden zu werden. Uns sollte es nicht schwer fallen, diesen Dichter zu verstehen.

Sofern die Funde nichts Neues zu bisher bekannten Fragmenttexten bringen, was öfters der Fall ist, sind sie wieder vorangestellt. Meist sind die Papyrusfetzen so klein, daß eine Übersetzung nicht möglich ist. Ein großes Fragment ist dafür auch dichterisch um so bedeutender. Prosaübersetzungen von Versen sind in Antiqua gedruckt. Was im

Nachwort der Sapphoausgabe steht, brauche ich im übrigen hier wohl nicht zu wiederholen.

Im Kommentar habe ich literarischen Fragen, wo möglich, einen Vorrang eingeräumt und mich auf das beschränkt, was mir das Wichtigste schien. Einiges freilich ließ sich nicht kurz abtun: der Leser möge es verzeihen. Öfter als mir lieb ist, mußte ich mich von kühnen Kombinationen distanzieren. Ergänzen läßt sich ein so eigenwilliger Dichter wie Archilochos nie. Auch bei der Textgestaltung ist Zurückhaltung gewahrt; Zuverlässigkeit wurde erstrebt. An einer wichtigeren Textstelle glaubte ich, um eine Kleinigkeit weiter gekommen zu sein, finde die gleiche Lesung jetzt jedoch bei Lasserre. Der Gewinn für den Text blieb gering. Auch negative Kritik kann aber vielleicht förderlich sein.

Benutzt habe ich die Ausgaben:

I. Liebel, Archilochi iambographorum principis reliquiae, Leipzig/Berlin 1812

Th. Bergk, Poetae lyrici Graeci, Bd. II, 4. Aufl. Leipzig 1882 (Neudruck 1915), zitiert: Bgk.

I. M. Edmonds, Greek Elegy and Iambus, tome II (Loeb-Library), London/Cambridge (Mass.) 1931, Neudr. 1954

E. Diehl—R. Beutler, Anthologia lyrica Graeca I, fasc. 3, 3. Aufl., Leipzig 1952 (zit.: D.); sowie:

The Oxyrhynchos Papyri, Part XXII, London 1954, Part XXIII, ebda. 1956, beide hrsg. von *E. Lobel*

The Hibeh Papyri, Part II, London 1955, ed. *E. G. Turner*; endlich die neuen Gesamtausgaben:

F. R. Adrados, Liricos griegos. Elegiacos y Yambógrafos arcaicos, vol. I, Barcelona, Edicione Alma Mater, 1956

F. Lasserre—A. Bonnard, Archiloque. Fragments. Paris, Les Belles Lettres, 1958 (zit.: Lss. oder Bonnard).

Meinen herzlichen Dank sage ich Frl. *M. A. Derbisopoulou* sowie den Herren *M. F. Galiano, M. Gigante, M. Hombert, O. Masson, W. Peek, R. Pfeiffer, B. Snell, F. Sommer* und *E. G. Turner*. Mit der großen, kommentierten Archilochos-Ausgabe, die *Peek* vorbereitet, möchte sich dieses kleine Büchlein in keiner Weise messen.

Denen, die Ernst Heimerans Lebenswerk weiterführen, nicht zuletzt dem Herausgeber der Tusculum-Reihe, *Hans Färber*, ist der Dank vieler gewiß.

München, im Februar 1959 M. T.

REGISTER DER ARCHILOCHOSFRAGMENTE

D. = Diehl, Bgk. = Bergk, Edm. = Edmonds, Lss. = Lasserre-Bonnard, om. = omisi (-erunt). Ein Pluszeichen in der ersten Kolumne besagt, daß die entspr. Fragmente bei Diehl nun durch Papyri Zuwachs gefunden haben. — Die vorletzte Kolumne gibt die Seite an, auf der man den Text findet, die letzte Kolumne verweist auf die Erläuterungen.

28 D.	(46 Lss.)	32	200
29 D.	(175 Lss.)	32	200
30 D. +	(37 Lss.)	32	200
31 D.	(47 Lss.)	32	196. 201
32 D.	(222 Lss.)	34	201. 245
33 D.	(28 Lss.)	34	196. 201. 205
34 D.	(239 Lss.)	34	201
35 D.	(31 Lss.)	34	205
36 D. +	(20 Lss.)	34	201f.
37 D.	(274 Lss.)	34	202. 252
38 D.	(111 Lss.)	34	163 A. 174f. 202
39 D.	(26 Lss.)	36	202
40 D.	(27, 2 Lss.)	36	195. 202f.
41 D. +	(36 Lss.)	36	163 A. 174f. 178. 187. 202f.
42 D. +	(27, 3 Lss.)	36	203f.
43 D.	(206 Lss.)	38	204
44 D.	(33 Lss.)	38	204f.
45 D.	(161 Lss.)	38	204
46 D.	(188 Lss.)	38	238
47 D.	(29 Lss.)	38	161 A. 204f. 246
48 D.	(32 Lss.)	38	174. 205
49 D.	(45 Lss.)	40	205
[50 D.]	(334 Lss.)	om.	
51 D. +	(test. 31 u. fr. 243, 98, 101—2, 324—5, 106—110 Lss.)	40 bis 62	152ff. 157 A. 163 A. 164 A. 175. 183f. 204f. 216. 219. 245
52 D.	(125 Lss.)	62	215
53 D.	(105 Lss.)	62	215
54 D. +	(97 Lss.)	64	215
55 D. +	(126, 14—15 Lss.)	64	216
56 D.	(103 Lss.)	66	163 A. 204. 217
56a D.	(104 Lss.)	66f.	154 A. 217
57 D.	(112 Lss.)	68	174f. 196. 217
58 D.	(123 Lss.)	68	218. 226
59 D.	(92 Lss.)	68	163 A. 218
60 D.	(93 Lss.)	68	198. 218
61 D.	(99 Lss.)	68	175. 219
62 D.	(80 Lss.)	70	163 A. 219
63 D.	(85 Lss.)	70	164 A. 211. 219
64 D.	(117 Lss.)	70	219. 226
65 D.	(83 Lss.)	70	174f. 220
66 D.	(120 Lss.)	70	184. 220

104 D.	(266 Lss.)	94	175. 239
105 D.	(257 Lss.)	94	240
106 D.	(262 Lss.)	94	159 A. 240
107 D.	(153 Lss.)	96	163 A. 196. 240. 247
108 D.	(156 Lss.)	96	240f.
109 D.	(155 Lss.)	96	240f.
110 D.	(154 Lss.)	98	240
111 D.	(260 Lss.)	98	240ff.
112 D.	(245 Lss.)	98	175. 240. 242
113 D.	(235, 1 Lss.)	98	240. 242
114 D.	(235, 2 Lss.)	98	196. 240. 242
115 D.	(238 Lss.)	98	240. 242
116 D.	(244 Lss.)	98	240. 242
117 D.	(243 Lss.)	54	163 A. 212. 240
118 D.	(249, 1 Lss.)	98	240. 242
119 D.	(296 Lss.)	100	154f. 209. 240. 243. 250
120 D.	(298 Lss.)	100	154f. 161 A. 209. 224. 243f. 251
49 Bgk.	(100 Lss.)	213	196
121 Bgk.	(297 Lss.)	100	243
122 Bgk.	(24 Lss.)	104	
123 Bgk.	(44 Lss.)	16	187
124 Bgk.	(207 Lss.)	104	244
125 Bgk.	(289 Lss.)	104	219
127 Bgk.	(213 Lss.)	104	
128 Bgk.	(34 Lss.)	104	205. 244
129 Bgk.	(124 Lss.)	104	244f.
130 Bgk.	(21 Lss.)	104	245
132 Bgk.	(221 Lss.)	104	245
133 Bgk.	(230 Lss.)	106	245
134 Bgk.	(232 Lss.)	106	245
135 Bgk.	(253 Lss.)	106	
136 Bgk.	(236 Lss.)	106	204. 245
137 Bgk.	(200 Lss.)	106	
138 Bgk.	(198 Lss.)	106	211. 245
139 Bgk.	(271 Lss.)	106	245
140 Bgk.	(187 Lss.)	106	
141 Bgk.	(45 app. Lss.)	40	
142 Bgk.	(91 Lss.)	114	177. 248
143 Bgk.	(160 Lss.)	88	237
144 Bgk.	(275 Lss.)	12	185f.
145 Bgk.	(216 Lss.)	112	163 A. 241. 247
146 Bgk.	(299 Lss.)	120	
147 Bgk.	(268–70 Lss.)	108	161 A. 204. 239. 246

148 Bgk.	(301 Lss.)	108	
150 Bgk.	(267 Lss.)	110	161 A. 246
151 Bgk.	(300 Lss.)	114	190. 203
152 Bgk.	(227 Lss.)	116	
153 Bgk.	(178 Lss.)	108	160 A. 246
154 Bgk.	(219 Lss.)	248	
156 Bgk.	(309 Lss.)	248	
157 Bgk.	(42, 5 Lss.)	248	
159 Bgk.	(30 Lss.)	248	205
160 Bgk.	(251 Lss.)	248	
161 Bgk.	(23 Lss.)	248	
162 Bgk.	(311 Lss.)	248	218
163 Bgk.	(204 Lss.)	248	
164 Bgk.	(288 Lss.)	248	
165 Bgk.	(183 Lss.)	248	
166 Bgk.	(231 Lss.)	248	
167 Bgk.	(312 Lss.)	248	
168 Bgk.	(313 Lss.)	248	
169 Bgk.	(306 Lss.)	116	
170 Bgk.	(314 Lss.)	248	245
171 Bgk.	(258 Lss.)	201	
172 Bgk.	(180 Lss.)	248	
173 Bgk.	(286 Lss.)	248	
174 Bgk.	(277 Lss.)	108	
175 Bgk.	(284 Lss.)	245	
176 Bgk.	(49 Lss.)	248	
177 Bgk.	(229 Lss.)	248	
179 Bgk.	(308 Lss.)	114	247 f.
180 Bgk.	(214 Lss.)	249	
181 Bgk.	(276 Lss.)	249	
182 Bgk.	(191 Lss.)	249	
183 Bgk.	(181 Lss.)	114	163 A. 248
184 Bgk.	(240–2, 248 Lss.)	112	163 A.
185 Bgk.	(316 Lss.)	249	
186 Bgk.	(273 Lss.)	108	
188 Bgk.	(193 Lss.)	249	238
189 Bgk.	(172 Lss.)	90	237 f.
190 Bgk.	(215 Lss.)	110	161 A. 246
191 Bgk.	(285 Lss.)	249	
192 Bgk.	(318 Lss.)	249	
193 Bgk.	(319 Lss.)	249	
195 Bgk.	(320 Lss.)	249	
196 Bgk.	(291 Lss.)	249	
197 Bgk.	(321 Lss.)	249	

198 Bgk.	(322 Lss.)	249	
199 Bgk.	(323 Lss.)	249	

178 Edm.		248	
186a Edm.	(189 Lss.)	249	
202 Edm.	(226 Lss.)	248	
(cf. 155 Bgk.)			

an. iamb. 2	(127 Lss.)	64	154 A. 216
col. II D.			

P.Hibeh 173	(52–54 Lss.)	6	172. 174ff. 185
P.Ox. 2310 fr. 1(a)	(35 Lss.)	8f.	154 A. 157. 164 A. 165. 177ff. 186f. 193. 202. 204. 213. 218. 245
P.Ox. 2310 fr. 1(a) col. I, 40ff.	(36 Lss.)	36, cf. 41 D.	
P.Ox. 2310 fr. 1(a) col. II	(37 Lss.)	32, cf. 30 D.	
P.Ox. 2310 fr. 2	(60 Lss.)	20	
P.Ox. 2310 fr. 4	(62 Lss.)	20f.	163 A.
P.Ox. 2311 fr. 1(a)	(38 Lss.)	20f.	163 A. 187. 198. 200
P.Ox. 2311 fr. 1(b)	(39 Lss.)	34, cf. 36 D.	
P.Ox. 2311 fr. 2	(70 Lss.)		187
P.Ox. 2312 fr. 1–3	(41 Lss.)	16	186
P.Ox. 2312 fr. 4	(42 Lss.)	16	186. 196. 199. 208
P.Ox. 2312 fr. 5	(43 Lss.)	17	163 A. 186. 245. 248
P.Ox. 2312 fr. 6–8	(44 Lss.)	17	186
P.Ox. 2312 fr. 9	(71 Lss.)		163 A.
P.Ox. 2312 fr. 14	(27 Lss.)	36, cf. 42 D.	
P.Ox. 2312 fr. 16	(72 Lss.)	204	
P.Ox. 2312 fr. 17	(73 Lss.)		163 A.
P.Ox. 2312 fr. 23	(56 Lss.)	198	
P.Ox. 2313 fr. 1(a)	(82 Lss.)	74, cf. 74 D.	163 A.
P.Ox. 2313 fr. 2	(cf. 101 Lss.)	56, cf. 51 D.	213
P.Ox. 2313 fr. 3	(cf. 110 Lss.)	60, cf. 51 D.	175. 214
P.Ox. 2313 fr. 4(b)	(149 Lss.)		209
P.Ox. 2313 fr. 5	(113 Lss.)	14	186
P.Ox. 2313 fr. 6	(139 Lss.)	18	187
P.Ox. 2313 fr. 8	(137 Lss.)	18f.	187

INHALT

Text

Anhang